Jaeggi

Wer bin ich?

Frag doch die anderen!

Verlag Hans Huber

Sachbuch Psychologie

HUBER

Eva Jaeggi

Wer bin ich? Frag doch die anderen!

Wie Identität entsteht und wie sie sich verändert

Verlag Hans Huber

Dr. Mathilde Fischer, Editionsservice
Herstellung: Jörg Kleine Büning
Bearbeitung: Dr. Mathilde Fischer
Umschlaggestaltung: Anzinger Wüschner Rasp, München
Druckvorstufe: punktgenau gmbH, Bühl
Druck und buchbinderische Verarbeitung: Triltsch GmbH, Ochsenfurt
Printed in Germany

Bibliografische Information der Deutschen Nationalbibliothek
Die Deutsche Nationalbibliothek verzeichnet diese Publikation in der Deutschen Nationalbibliografie; detaillierte bibliografische Daten sind im Internet über http://dnb.d-nb.de abrufbar.

Anregungen und Zuschriften bitte an:
Verlag Hans Huber
Lektorat Psychologie
Länggass-Strasse 76
CH-3000 Bern 9
verlag@hanshuber.com
www.verlag-hanshuber.com

1. Auflage 2014

ISBN 978-3-456-85311-6
E-Book 978-3-456-95361-3
E-PUB 978-3-456-75361-9

Inhalt

Nach einer Weile begriff er, dass er dabei war, eine große Befreiung zu erleben;
die Befreiung von einer selbst auferlegten Beschränkung […];
die Befreiung von einem Bildnis seiner selbst, in dem er auch dann, wenn er nicht las,
einer war, der sich kurzsichtig über verstaubte Bücher beugte;
ein Bildnis, das er nicht selbst entworfen hatte,
das vielmehr langsam und unmerklich gewachsen war;
das Bildnis von Mundus, das nicht nur seine eigene Handschrift trug,
sondern auch die Handschrift vieler anderer … [1]

1 Vorwort

Seit langer Zeit interessieren mich Menschen, die in unseren modernen, schnelllebigen Zeiten sich in besonderer Weise neue Lebensformen «erfinden» müssen, weil ihnen altgediente Traditionen nicht mehr helfen, ihr Leben zu organisieren. Zum Teil sind das Gruppen von Menschen, die es in dieser Form in früheren Zeiten gar nicht gegeben hat (z. B. die modernen Singles oder die sogenannten jungen Alten) oder Menschengruppen (z. B. Eheleute oder Liebende), die unter den Bedingungen moderner Zeiten heute ganz anders leben und fühlen als in früheren Jahrhunderten.

Ich habe in früheren Arbeiten solche Gruppen im Vergleich mit vormodernen Lebensformen analysiert und versucht, nachzuempfinden, wie sich inneres Erleben in modernen Gesellschaften gegenüber traditionellen Gesellschaften wohl verändert hat. Dass z. B. Partnerschaften heute, wo man die Formel «bis der Tod euch scheidet» nicht mehr gebraucht oder jedenfalls nicht mehr ganz so ernst nimmt, auch «von innen» her anders aussehen als früher, scheint verständlich. Die Identität als «Ehefrau/Ehemann» wird folglich auch anders erlebt. Ähnliches gilt für das Identitätsgefühl älterer Menschen, die heutzutage nicht mehr schon mit sechzig als hinfällig angesehen werden.

Immer wieder fiel mir auf, wie die Zugehörigkeit zu einer bestimmten Gruppe jeweils auch das Gefühl für die eigene Person tangiert, wie Liebe oder Alter oder Status das Identitätsgefühl verändern können. Deshalb erschien es mir sinnvoll, über einige dieser Menschen, die ich früher befragt und analysiert hatte, nun neu und jeweils speziell unter dem Gesichtspunkt ihres Identitätsgefühls nachzudenken und alte Erfahrungen neu zu bewerten. Immer wieder hatte ich mich gewundert – in langen Therapien, in Freundschaften und Supervisionen –, wie sich das Gefühl für die eigene Person verändern kann, wie sich die Identität durch Beruf oder

Status oder Alter durch neue Beziehungen neu formieren kann – allerdings eben doch nicht ganz und gar neu, sondern sozusagen als alte Identität, die transformiert wird, ohne dass man sie ganz aufgeben kann.

Kann dieser Gesichtspunkt neue Erkenntnisse bringen?

Je mehr ich mich mit dem Thema befasste, desto sicherer war ich, dass dies auch der Fall sei. Die Frage nach der Identitätsbildung hat in den letzten Jahrzehnten an Bedeutung gewonnen und auch zu vielen neuen theoretischen Überlegungen geführt. Dies ist natürlich kein Zufall: Bedeutet doch die Tatsache, dass wir seit dem 19. Jahrhundert zunehmend mit immer zerbrechlicheren Rollennormen konfrontiert sind, für jeden Menschen auch die Aufgabe alter Sicherheiten. Unter den Vorgaben moderner Zeiten sind wir von solch vielfältigen Einflüssen umgeben, dass es dem Einzelnen oft schwerfällt, sich noch als eine Einheit zu begreifen – sofern er das überhaupt will.

Natürlich haben Kulturtheoretiker, Historiker und Philosophen diesen Tatsachen schon längst Rechnung getragen und sie kommentiert. Identitätstheorien (s. zweites Kapitel) und Debatten mit Bezug auf das Rollenverständnis und die Vielfalt der Individualitäten sind bei den wichtigsten Vertretern all dieser Disziplinen zu finden. Es wird aufgezeigt, wie die Interaktionen zwischen wichtigen und weniger wichtigen Bezugspartnern beitragen zum Gefühl der Identität, wie dieses Gefühl sich unter dem Einfluss neuer Menschen verändert, welch wichtige Rolle dabei die Sprache spielt und wie sehr das Gefühl, man sei «eins» und «immer wieder derselbe», mit dem Gefühl ringt, jetzt «wiederum ganz anders» zu sein.

Gesellschaftlich definierte Rollen (z. B. Berufsrollen oder Statusrollen) und jeweils individuelle und interaktiv hergestellte Zuschreibungen sowie Selbstdeutungen bestimmen das heutige Lebensgefühl. In diesem Buch ist es mir besonders wichtig aufzuzeigen, wie gesellschaftliche und individuelle Zuschreibungen konkret aussehen können. Mich beschäftigen Fragen wie: Durch welche Menschen werden die Zuschreibungen am stärksten geprägt? Wie sieht die «Interaktion» bei diesen Zuschreibungen aus? Durch welche Medien oder konkrete Personen werden gesellschaftliche Etiketten wahrgenommen, und warum ist die Wahrnehmung bei Personen gleicher gesellschaftlicher Gruppen oft so unterschiedlich? Auch wird zu fragen sein, wie sich die Balance zwischen dem oftmals gefühlten

«Einssein» mit dem des «Ganz-anders-Seins» gestaltet und ob diese Balance wirklich heute nur mehr schwer zu halten ist, wie manche Identitätsforscher meinen. Dazu gehört natürlich auch die Frage, unter welchen Bedingungen dies besonders schwierig (oder leicht) ist.

Das aber heißt: Auf der Folie gesellschaftlich definierter Kennzeichen bestimmter moderner Personengruppen wollte ich in jeweils individuellen Fällen genauer analysieren, wie sich die Identität dann doch als eine je einzigartige im Rahmen einer gesellschaftlich bestimmten Gruppe bildet.

Als ein besonders markantes Beispiel dafür bieten sich Singles an. Für längere Zeit alleine, ohne Partnerschaft/Familie zu leben – das führt zu vielerlei Assoziationen, sowohl bei den Singles selbst als auch bei deren Freunden und Bekannten. Manche Assoziationen sind von einer Medienöffentlichkeit übernommen, manche werden durch Freunde erzeugt. Unabhängig aber von diesem Status laufen Identitätszuschreibungen, die man schon in früher Kindheit erfahren hat. Alle Gefühle für sich selbst aber können sich auch wiederum dramatisch verändern, wenn sich der Status ändert und eine neue Beziehung eingegangen wird. Man kann also, wenn man solche Analysen durchführt, sozusagen «unter dem Mikroskop» sehen, wie sich die von Sozialwissenschaftlern erarbeiteten Identitätstheorien bewähren, wenn man sie ganz konkret und im Einzelfall betrachtet und sich vor allem auch mit dem Prozess befasst, innerhalb dessen sich Identität entwickelt. Manches davon erscheint dann als besonders aussagekräftig, manches erscheint übertrieben betont und manchmal fragt man sich auch, wie genau bestimmte Sozialphilosophen ihre Aussagen überprüft haben.

Vor allem bei jungen Menschen wurde schon oft untersucht, in welchem «Status» sich ihre Identität befindet: ob es sich z. B. um eine Identität handelt, in der viel ausprobiert wurde oder schnell eine vorgegebene Identität erreicht wurde, ob die Identität diffus ist oder sich im Stadium eines Moratoriums befindet, u. Ä. m.[2] Untersuchungen zur Identität, die auf Interviews oder Fragebogen beruhen, zeichnen natürlich vor allem Augenblicksbilder. Nicht alle von den Identitätstheoretikern erarbeiteten «Bausteine» von Identität kommen darin vor. Ich habe daher versucht, über längere Zeiträume hinweg und wenn möglich, unter dem Gesichtspunkt der Identitätsentwicklung, einzelne Menschen zu beobachten und zu befragen.

Mein «Forschungsmaterial» sind also Menschen, die ich über lange Zeit beobachten konnte, mit denen ich viel gesprochen habe. Es sind Menschen, die ich aus längeren Therapien kenne, solche, mit denen mich jahrelange Freundschaften verbinden, und andere, die ich indirekt aus langen Supervisionsprozessen kenne. Was ich unter dem Aspekt der Identitätsbildung dabei analysiere, habe ich kaum jemals direkt «erfragt», weil solche Fragen allzu abstrakt sind, die meisten Menschen würden sie als unbeantwortbar ansehen. Identitätsbildung geht unbemerkt vonstatten, die darunterliegenden Prozesse sind subtil und verlaufen mehr oder weniger unbewusst.

Wie immer in solchen Darstellungen: Die darin dargestellten Personen sind anonymisiert. Sie sind nicht nur durch Namen und Beruf anonymisiert, sondern auch dadurch, dass ich oft strukturähnliche «Typen» sozusagen «vermische», weshalb zwar die einzelnen Aussagen und Beobachtungen immer stimmen, aber oft unterschiedlichen Personen zugeschrieben werden; was aber nur dann Sinn ergibt, wenn die persönlichen Strukturen eben dieser Menschen ähnlich sind.

Dieses Buch soll sozusagen eine bildliche Darstellung dessen sein, was Theoretiker über das Thema der Identitätsbildung geschrieben haben. Der Sozialpsychologe Krappmann[3], einer der Pioniere der Identitätstheorien, hat in einem kurzen Kapitel seines wegweisenden Buches die Probleme beschrieben, die sich ergeben, wenn man die Prozesse der Identitätsbildung empirisch überprüfen will. Ende der 1960er-Jahre waren Psychologen häufig stark beeinflusst von den damals gängigen Methoden, auf eine quasinaturwissenschaftliche Weise psychische Prozesse untersuchen zu wollen. Man brauchte Zahlen, Statistiken, Versuche oder Fragebogen, um sich wissenschaftlich auszuweisen. Krappmann hat daher – zögernd und mit vielen Einwänden versehen – eine komplizierte «Versuchsanordnung» vorgeschlagen: Man möge bestimmte Personen unterschiedlicher Berufsgruppen mit einem Mikrofon begleiten, alle Interaktionen per Tonband aufzeichnen und später auswerten. Die dadurch entstehenden prinzipiellen Probleme sind ihm allerdings bewusst: Wer lässt sich schon darauf ein, sich dauernd per Tonband begleiten zu lassen? Und natürlich lässt sich bei den ablaufenden Prozessen auch nicht in den Kopf hineinschauen! Ich weiß nicht, ob je ein Forscher solch einen Versuch gemacht hat, bezweifle auch dessen Stichhaltigkeit.

Dass Krappmann nicht daran gedacht hat, Psychotherapeuten zu befragen, Tagebücher oder längere Lebensläufe zu analysieren, wundert mich nicht: Solche Methoden galten damals als «unsauber», weit entfernt vom Ideal einer «reinen» Naturwissenschaft. Seither hat sich methodisch einiges getan und Beobachtungen, Tagebuchanalysen und eben Berichte von Psychotherapeuten werden auch genutzt, um kniffligen Fragen über das Seelenleben näherzukommen.

Auch dieses Buch ist der Versuch, über mündliche Aussagen von Patienten und Freunden, über Therapieprotokolle sowie manchmal auch über tagebuchartige Notizen sich dem Problem der Identitätsbildung zu nähern. Es ist sozusagen der Versuch, Theorien zu «illustrieren», zu zeigen, wie sie im ganz konkreten Fall sich «bewähren», und sie dadurch eines oft willkürlich erscheinenden Flairs zu entheben.

Natürlich ist man nie «dabei», wenn solche Prozesse sich anbahnen, das Seelenleben konstituiert sich im Allgemeinen langsam. Nur in Ausnahmefällen erinnern sich Menschen an einzelne «Schnappschüsse», sozusagen «lichte Momente» der Identitätserhellung. Manche Zuschreibungen durch andere «sitzen» plötzlich, manchmal findet man auch in irgendwelcher Lektüre etwas, das «passt». Ob diese plötzlichen Eingebungen dann einen festen Platz in unserem Inneren einnehmen oder bald wieder abgelegt werden, ist von der gesamten Biografie abhängig.

Die Frage «Wer bin ich denn?» ist vermutlich auch nicht eine, die von jedem modernen Menschen gestellt wird – weder explizit noch implizit. Dass Richard David Prechts Buch «Wer bin ich und wenn ja, wie viele?» wohl vor allem des Titels wegen es zum Dauerbrenner auf den Bestsellerlisten gebracht hat, zeigt aber an, dass es sich doch um eine weit verbreitete Frage handelt.

Ich hoffe, dass einige Schlaglichter um diesen Prozess der Identitätsbildung herum das Thema erhellen und dass damit mancher Leser ein Gefühl dafür bekommen kann, welch subtile Einflüsse es sind, die unser Identitätsgefühl bestimmen, welch vielfältiges «Bündel von Zuschreibungen» wir sind und dass dennoch etwas da ist, das uns die Vorstellung vermittelt, wir seien irgendwie doch die «Gleichen» geblieben.

Immer wieder wird die – nicht endgültig zu lösende – Frage auftauchen, wie denn das «Besondere» und das «Allgemeine» am

Identitätsgefühl zu bewerten sind. Die von Krappmann so benannte «balancierende Identität» zwischen diesen beiden Polen wird uns daher immer wieder begleiten.

Der Blick zurück sagt uns nämlich oft in wechselnder Beleuchtung: «Wie habe ich mich verändert – war ich das wirklich?», aber auch: «Ich bin doch noch der/die Gleiche – irgendwie ändert man sich nicht!» – solche Aussprüche kann man auch bei den alten Freunden über sich selbst hören, wenn man sich nach langer Zeit wieder einmal trifft.

Das Gefühl des Immergleichen ist wohl nötig, um sich nicht zu verlieren im Dschungel von Identitätsverwirrungen. Die Vorstellung aber, man sei nun doch «ganz anders», zeigt uns an, dass wir ein modernes Postulat, nämlich das der stetigen Entwicklung, befolgt haben. Beides scheint für viele Menschen wichtig und notwendig.

Die Deutlichkeit, mit der viele Zeitgenossen die Beeinflussung ihres Identitätsgefühls durch wichtige andere Menschen thematisieren können, scheint mir interessant in Bezug auf die vielerlei Zeitdiagnosen von Soziologen und Philosophen, die besagen, dass wir mehr denn je heutzutage die «anderen» brauchen, um herauszufinden, wer wir sind. Unabhängig davon aber wurde auch in der Entwicklungspsychologie schon seit einigen Jahren festgestellt, dass Kinder vom ersten Atemzug an (und wohl auch schon früher) nicht nur passiv die Beachtung der nährenden und pflegenden Personen brauchen, sondern aktiv eingreifen in das Beziehungsgeflecht, und die Mutter (meist ist es diese) dazu bringen, sich den Bedürfnissen des Kindes anzupassen, wodurch sich beide verändern.

Zu den einzelnen Abschnitten des Buches:
Das erste Kapitel über die bedeutendsten Identitätstheorien ist ziemlich kurz gehalten. Es gibt dazu sehr viel Ausführlicheres; die entsprechende Literatur wird aber natürlich zitiert.

Der Sozialphilosoph Anthony Giddens[4] spricht davon, dass Menschen in der Moderne dadurch ausgezeichnet sind, dass sie für ihre Handlungen und für ihr Bewusstsein für sich selbst eine jeweils «zweite Reflexionsebene» einnehmen. Damit ist gemeint, dass alles Handeln heutzutage immer wieder neu auf seine Zweckmäßigkeit und auf seine Wertigkeit hin eingeschätzt werden muss und nicht nur (das wäre die erste Reflexionsebene) auf die Übereinstimmung mit schon gegebenen Vorbildern. Auf diese Weise entstehen neue Handlungsformen, neue Erfindungen und Werte. Durch diese dauernde Neueinschätzung des Handelns aber verändert sich auch die Vorstellung, die man von sich selbst hat, sie wird immer wieder neu konstituiert. Dieses ist auch nötig in Hinblick auf die sich ständig wandelnden Informationen, die uns dazu nötigen, dauernd selbst Veränderungen unseres Lebens vorzunehmen. Man kann sich nicht mehr darauf verlassen, dass die «Altvorderen» unser Handeln und unsere Werte als «richtig» angesehen hätten; der moderne Mensch muss vieles neu durchdenken und adjustieren, wobei er sich den dauernden Veränderungen, die dadurch entstehen, anpassen muss. Der «flexible Mensch»[5], ein sehr oft gebrauchtes Bild für den «modernen Menschen», hat daher diese zweite Reflexionsebene nötiger als Menschen der Vormoderne, die ein sehr festgefügtes Rollenverständnis hatten und denen es genügen konnte, sich an Vorbildern zu orientieren. Besonders prägnante Beispiele dafür bieten neue Berufsbilder mit ihren dauernd verlangten neuen Kompetenzen oder auch das Thema Geschlechterrollen und ihre Infragestellung.

In diesem Sinne kann auch die Darstellung derjenigen Prozesse, die uns alle dazu bringen, die Frage «Wer bin ich?» zu stellen und immer wieder neu zu beantworten, hilfreich sein. Es soll klar werden, wie changierend die Antworten auf diese wichtige Frage sind: Immer wieder verändern sie sich, drängen zu weiteren Fragen und zeigen uns, wie viele Möglichkeiten es gibt, das menschliche Seelenleben darzustellen. Menschen in vielerlei sich verändernden Lebenslagen müssen aber vielfältige und neue Kategorien zur Eigenanalyse finden, um sich über eigene Grenzen und Grenzerweiterungen klar zu werden.

Dadurch, so hoffe ich, bietet das Buch auch «Lebenshilfe» – wenn auch nicht etwa im Sinne von «Anleitungen» zum «richtigen» Identitätsgefühl. Es bietet aber vielleicht für manchen Leser eine neue Reflexionsebene an – und dies ist etwas, was wir Menschen in unserer heterogenen modernen Welt heute oft sehr notwendig brauchen.

Im zweiten Kapitel werden die schon erwähnten modernen Singles dargestellt – eine Gruppe von Menschen, die seit vierzig bis fünfzig Jahren sehr zugenommen hat –, aus vielerlei Gründen, wie noch ausgeführt werden soll. Neben vielen individuellen Entwicklungen sind es bei dieser Menschengruppe mehr als bei vielen Vertretern anderer Lebensformen die gesellschaftlichen Klischees, die Alleinlebende zu verarbeiten haben.

Dem gegenübergestellt werden im darauffolgenden Kapitel lang andauernde Partnerschaften. Hier spielen die Zuschreibungen, die der jeweils eine vom anderen, seinem Partner, erhält, eine besonders wichtige Rolle. Dass die Verarbeitung dieser Zuschreibungen viel mit biografischen Determinanten zu tun hat, ist nicht nur Psychoanalytikern aufgefallen.

Menschen ab sechzig werden im vierten Kapitel analysiert. Sie sind in besonderer Weise eine «neue» Gruppe, weil erst eine moderne Welt mit ihrer wirksamen Form der Medizin es ermöglicht, dass sehr viele Menschen in unserem Lebensumkreis mit sechzig Jahren noch längst nicht «zum alten Eisen» gehören, sondern noch körperlich und geistig frisch, jedoch natürlich nicht mehr jugendlich sind. Diese Zwischenphase der «jungen Alten» ist seit etwa zehn bis fünfzehn Jahren dabei, sich neu zu definieren, dadurch fühlen und verhalten die Betreffenden sich auch anders als noch ihre Großeltern.

Es gibt viele Berufsgruppen, deren Identitätsgefühl sich durch die Profession selbst verändert hat. Auf Grund meiner jahrzehntelangen Erfahrung habe ich die Berufsgruppe der Psychotherapeuten ausgewählt, um zu demonstrieren, wie sich ein «neuer» Beruf auf das Identitätsgefühl auswirkt. Das Betätigungsfeld an sich ist ein altes – Heiler, Priester, Arzt –, als Psychotherapeut im modernen Sinn aber ein neuer Beruf, der auch viele neue Etikettierungen mit sich bringt und damit das Identitätsgefühl qua Beruf verändert.

«Frauen» als Geschlechtswesen sind natürlich keine moderne Erfindung – es braucht aber keiner Begründung, weshalb gerade das Lebensgefühl von Frauen sich seit dem letzten Jahrhundert grundlegend geändert hat. Auch hier können wir in einem eigenen Kapitel sehen, wie sehr sich gesellschaftliche und individuelle Zuschreibungen auf das Gefühl für die eigene Identität auswirken.

Ob eine «gefestigte» Identität das Ziel einer Psychotherapie sein kann, ob die Suche nach «Sinn» im Leben dasselbe ist wie die Suche nach einer eigenen Identität, wird in den Kapiteln 7, 8 und 9 abgehandelt.

Liebe und Identität, Liebe in all ihren Formen als ein mächtiger «Generator» von Identität, wird in Kapitel 10 analysiert.

Das vorletzte Kapitel wirft einige Schlaglichter auf belletristische Literatur, die sich in moderner Zeit explizit mit dem Thema Identität befasst hat. Hier habe ich den Kontrast gesucht zu einem der ältesten deutschen Romane, «Die Leiden des jungen Werthers», der noch halb in einer von Traditionen geprägten Zeit spielt, mit modernen Romanen wie «Stiller» und «Mein Name sei Gantenbein» von Max Frisch und «Willkommen auf Skios» von Michael Frayne.

In einem letzten Kapitel wird eine Art bilanzierende Summe dessen präsentiert, was eine solche Darstellung der Identitätsthematik bringen kann.

«Wer bin ich?» – diese Frage weckt Assoziationen zum Chamäleon. Dieses, so scheint es, fühlt sich in seiner Wechselhaftigkeit recht wohl, vorausgesetzt, die Sonne scheint ihm warm auf den Kopf. Die Sonne, die wir Menschen brauchen, kommt von unseren nächsten wichtigen Menschen: Von klein an bestimmen sie (auch) über unsere Gefühle für uns selbst. Bei manchen von uns ist das Gewebe, das für uns gesponnen wird, so dicht, das Leben so eindeutig, dass die Frage gar nicht auftaucht. Das mag für manche Menschen wohltuend sein.

Den meisten von uns aber bleibt die Frage nicht erspart: «Wer bin ich?» Und: Sollen wir wirklich nur die «anderen» fragen? Ein Rest bleibt – und den beantworten wir uns wohl am besten selbst.

2 Nützliche Theorien zur Identität

Identitätsprobleme in der Moderne

Die Frage, wer man denn eigentlich sei, ist nicht selbstverständlich. Solange das Leben ohne besondere Vorkommnisse dahinläuft und solange man sich verlassen kann auf eine stabile Umgebung, kommt die Frage «Wer bin ich?» eigentlich nicht auf.

Es müssen kleinere oder größere Krisen sein, damit man aus dem Gewohnten aufschreckt und sich fragt, was denn «das Ganze soll», wobei die Frage nach der eigenen Person meist mit betroffen ist.[6]

Mit der Frage «Wer bin ich?» sind viele andere Fragen verknüpft: Warum gerade mir? Habe ich richtig gehandelt? Was sagen die anderen zu mir? Wer sind denn die anderen? Brauche ich die anderen? Als was werde ich gesehen? Was spüre ich selbst denn? Manchmal gehört zu dieser Frage auch die Überlegung, ob man denn überhaupt noch in diese Welt passt, und so weiter.

Die Krisen, die solche Fragen auslösen, können kleine, individuelle sein wie der Treuebruch des Partners oder große wie politische Veränderungen wie der Umsturz einer Regierung oder eine Inflation. Die Epoche, die für das Thema der Identität als besonders relevant erscheint, nennt man etwas salopp oft «die Moderne». Die Einteilung der europäischen Geschichte in Abschnitte wie Vormoderne, Moderne, Postmoderne und sogar Post-Postmoderne kann nicht exakt nach Jahreszahlen vollzogen werden, weil sich Zeitströmungen, Kunstrichtungen, Denkangebote dauernd überlappen. So wird die Moderne auch in ihrem zeitlichen Beginn recht unterschiedlich angesetzt. Einige Gesichtspunkte, die sie kennzeichnen, werden aber von den meisten Historikern, Kunsthistorikern und Philosophen übereinstimmend festgehalten.

Der Sozialphilosoph Anthony Giddens[7] lässt die Moderne schon im 17. Jahrhundert beginnen. Er beschreibt ihre Hauptkennzeichen folgendermaßen: «Das Wort Moderne bezieht sich auf Arten des sozialen Lebens oder der sozialen Organisation, die in Europa etwa seit dem 17. Jahrhundert zum Vorschein gekommen sind und deren Einfluss seither mehr oder weniger weltweite Verbreitung gefunden hat.»[8]

Was aber sind die offenbar neuen «Arten des sozialen Lebens», die etwas Neues im Denken und Fühlen der Menschen angestoßen haben? Was bedeutet das für das Identitätsgefühl? Es sind einige übereinstimmende Merkmale, die von den meisten Autoren, die sich mit den Umbrüchen von der sogenannten «Vormoderne» zur «Moderne» beschäftigen, genannt werden.

Die Arten des sozialen Lebens, die er meint, beziehen sich auf das Ende des Feudalismus, die neuen Technologien und die dadurch neu entstehenden sozialen Schichten. All dies, so Giddens, trennt die modernen von den traditionellen Ordnungen. Entwicklung kann von diesem Zeitpunkt an nicht mehr als kontinuierlich gesehen werden, sondern als diskontinuierlich. Die Beschleunigung der Technikentwicklung und die Reichweite des Wandels über die ganze Welt verändern rasch das Gefühl der Menschen für sich selbst und für ihre Eingebundenheit in die Welt. Damit gehen Sicherheit und Vertrauen in bewährte Institutionen und Lebensformen verloren.

Bei Peter Gay[9], der über die vielfältigen Formen der Kunst in der Moderne ein inhaltsschweres Buch geschrieben hat, lässt sich eher an das Ende des 18. und Beginn des 19. Jahrhunderts denken, wenn er von «modernem Denken» spricht.

Übereinstimmend bei allen Autoren wird die Französischen Revolution und mit ihr die Aufklärung als wichtiger Meilenstein der Moderne gesehen. Manchmal findet man aber auch andere Zeitangaben und damit Markierungen als Beginn der Moderne, z. B. den Beginn der Neuzeit im 15. Jahrhundert mit der Entdeckung neuer Erdteile. Manche Autoren[10] sprechen auch von «Zweiter Moderne», wenn sie etwa die zweite Hälfte des 20. Jahrhunderts meinen.

Wenn wir Peter Gay oder Anthony Giddens folgen, dann sind es vor allem die durch die Entwicklung von Naturwissenschaft und Technik bewirkten radikalen Umstürze im sozialen Gefüge, die die Moderne prägen. Die feudalen Ordnungen, nach denen Menschen in die hineingeborenen Verhältnisse fixiert schienen, lösten sich auf, weil bäuerliche Untertanen von Adeligen auswanderten, um in Fabriken Geld zu verdienen und so auch die Städte immer größer wurden. Das neue Transportwesen konnte nun Menschen unterschiedlicher Kulturen und Denkweisen schnell zusammenbringen. Es entstand bekanntlich eine neue – anders als in früheren Zeiten ausgebeutete – Klasse: das Industrieproletariat, aber auch eine neue wohlhabende Mittelschicht, die bald einmal den Adel an Einfluss, Bildung und Kreativität überragen sollte.

Diese Mittelschicht prägte das politische Bewusstsein: Unterdrückung durch den Staat, durch eine Adelskaste und durch ererbte Privilegien sollte es nicht mehr geben. Allein das persönliche Verdienst sollte Möglichkeiten des sozialen und geistigen Aufstiegs garantieren. Liberale Denkströmungen setzten sich durch; sooft auch versucht wurde, sie zu unterdrücken, die Ideen von Demokratie und Freiheit waren letztlich nicht mehr einzudämmen und führten, wenngleich in unterschiedlicher Form und Ausbreitung, zur Entstehung moderner Staaten, die demokratisch legitimiert, organisiert und später auch säkular bestimmt wurden. Die in Europa vorherrschenden christlichen Religionen haben eine Relativierung erfahren, sie haben ihren früheren Einfluss, wenn nicht verloren, so doch gemindert.

Solche mit vielen Krisen versehenen Umbrüche sind immer gekoppelt an eine neue Form des Nachdenkens, der Reflexion darüber, was da gerade geschieht. Deshalb ist für Anthony Giddens ein sehr wesentlicher Gesichtspunkt die sogenannte «Reflexivität der Moderne». Die Reflexion auf das Handeln ist zwar, wie er sagt, eine prinzipielle Besonderheit der Tätigkeit, die wahrscheinlich nur Menschen zukommt, aber diese Reflexion ist in der Moderne anders gestaltet als die Reflexion in traditionell bestimmten Zeiten: «Die Reflexivität des Lebens in der modernen Gesellschaft besteht darin, dass soziale Praktiken ständig in Hinblick auf einlaufende Informationen über eben diese Praktiken überprüft und verbessert werden, sodass ihr Charakter grundlegend geändert wird … Doch erst zur Zeit der Moderne wird die Revision der Moderne derart radikalisiert, dass sie (im Prinzip) alle Aspekte des menschlichen Lebens erfasst … charakteristisch ist die Voraussetzung einer in Bausch und Bogen angewandten Reflexivität, die natürlich auch die Reflexivität über das Wesen der Reflexion selbst einschließt!»[11]

Das wichtige Individuum

Wenn man die Relevanz von Institutionen, von bisher üblichen Traditionen des Verhaltens und der damit oft verbundenen Normen durch eben diese Reflexion immer in Zweifel zieht, dann bleibt es nicht aus, dass man auch die eigene Person, die ja inmitten all dieser institutionellen Verflechtungen steckt, befragt, wie sie denn zu all dem Neuen stehe, welche Position sie einnehmen müsse oder könne. Genau das aber ist die Position des «modernen Menschen», der nicht genau weiß, wie er sich selbst sehen kann, welche Identität ihm eigentlich zukommt.

Die traditionelle Identität, so meint Giddens, besteht in der Übereinstimmung der Person mit sich selbst, sie hat gültige Zuordnungen und eine «typische» Biografie. Moderne Identität aber ist ein «reflexives Projekt», das immer wieder anders aussehen kann. Es ist ein – wie Giddens das nennt – «Kunstprodukt». Das klingt gut, scheint aber eben doch auch recht anstrengend, wenn man es mit den sozusagen «konfektionierten» Identitäten einer vormodernen Zeit vergleicht. Man mag diese Anstrengung mit Bedauern zur Kenntnis nehmen oder als eine Befreiung empfinden wie Welsch, ebenfalls ein wichtiger Theoretiker der Moderne.[12]

Jede moderne Identitätstheorie muss sich auch auf George Herbert Mead beziehen, einen bedeutenden amerikanischen Soziologen, der besonders klar formulierte, dass der Ursprung von Identität auch als eine soziale Interaktion zu verstehen ist. Seine berühmt gewordene Zweiteilung des Selbst in das «I» (Ich) und «Me» (Mich) bestimmt fortan jede anschließende Theorie und kann nicht mehr ignoriert werden. Das «I» als der unreflektierte Akteur steht, wie Honneth[13] es formuliert, einem «Me» gegenüber, das sich auf die Kommentare der «anderen» bezieht. «Zwischen ‹Ich› und ‹Mich› besteht in der Persönlichkeit des Einzelnen mithin eine dem Verhältnis zwischen Dialogpartnern vergleichbare Beziehung.»[14] Der darauf begründete sogenannte «Symbolische Interaktionismus»[15] zeigt in noch schärferen Konturen auf, wie Beziehungen, soziale Gegebenheiten und Gegenstände im Dialog symbolisch Realität konstruieren. Natürlich hatte das für Identitätstheorien wichtige Folgen, denn auch Identität kann, so lässt sich schlussfolgern, auf diese Weise als eine «konstruierte» angesehen werden.

Habermas[16] hat in seinen vielfältigen Identitätstheorien als ein wichtiges Element dieses Dialoges über die Identität noch die Sprachebene eingeführt, ein Element, das in den meisten psychologischen Identitätstheorien merkwürdigerweise fehlt, obwohl es von größter Bedeutung ist. Die Sprache ist nach Habermas das Medium, in der sich die individuelle Geschichte artikuliert, und sie ist das Medium der Kommunikation. Identität entsteht daher am Schnittpunkt des Sprechens mit sich selbst und der Verständigung mit anderen.[17]

Die meisten modernen psychologischen Identitätstheorien betonen außerdem den Aspekt der jeweils individuellen und fortdauernden Neugestaltung der Individualität, wobei «die anderen» in wesentlichem Maße dazugehören. Zirfas[18] bringt dies auf den Punkt mit der Feststellung, dass zur Frage «Wer bin ich?» immer auch die Frage «Wer bist du?» dazugehört. Bei den meisten Identitätstheoretikern wird angenommen, dass die Identitätsentwicklung nie zu einem endgültigen Abschluss kommt, sondern ein Prozessgeschehen ist.

Kontinuität versus Diskontinuität

Dieser Ansatz wird bereits vom Psychoanalytiker Erik Erikson skizziert[19]; trotzdem lässt Erikson sich nicht unbedingt als ein «moderner» Identitätsdenker ansehen. Zwar zeigt er eine «Entwicklung» der Identität auf, diese aber unterliege einer gewissen Normierung, so seine Meinung. Hält man die postulierten Entwicklungsschritte vom Urvertrauen zur integrierten Identität nicht ein, dann kann man von einer fehlgeleiteten Entwicklung sprechen. Es gibt zwar, laut Erikson, – phasengerecht – Identitätskrisen, aber diese sind notwendig, um ein jeweils «höheres» Niveau der Identitätsbildung zu erreichen. Es gibt von Erikson den Ausspruch, dass der Mensch ein «proteisches» Wesen sei, aber dies bezieht sich auf eine vorgegebene Richtung, in die jede Entwicklung einmünden sollte.

Erikson hat nicht nur für die allgemeine Psychologie, sondern speziell auch für die Psychoanalyse große Bedeutung erlangt. Insbesondere hat er die Ich-Psychologie bereichert und damit eine gute Verbindung zwischen allgemeiner und psychoanalytischer Entwicklungspsychologie geschaffen. Dies allerdings hat ihm von Psychoanalytikern einer traditionell Freudschen Schule auch viel Kritik eingebracht.

Natürlich kann kein Beobachter des menschlichen Lebens ignorieren, dass es nicht nur spezifische vorgegebene Entwicklungen des Einzelnen in bestimmten «Phasen» gibt, sondern dass auch die jeweils spezifische Umwelt an der Entfaltung der Individualität beteiligt ist. Es macht aber doch einen wichtigen Unterschied aus, ob man davon ausgeht, dass sich diese Entwicklung – im Normalfall – kontinuierlich vollzieht oder ob es eine «Normbiografie» gar nicht mehr gibt. Es ist die von Giddens so stark betonte Diskontinuität der Entwicklung, die eben nicht nur für historische Epochen und gesellschaftliche Umbrüche gilt, sondern auch für Individuen.

Es macht außerdem einen großen Unterschied aus, ob ein Theoretiker so etwas wie einen «inneren Kern» der Person annimmt oder ob er dieses Konstrukt gänzlich verwirft. Je stärker Diskontinuität und Prozessgeschehen betont werden, desto weniger Platz erhält natürlich der «Wesenskern» eines Menschen bei der Frage nach der Identität.

Beim humanistischen Psychologen Carl Rogers sehen wir diese essentialistische Sicht auf den Menschen noch in ausgeprägter Form, wenngleich nicht alle seine Aussagen darüber sehr klar sind. Für Rogers ist der «Organismus» der zentrale Ort der Auseinandersetzung zwischen Kräften des Selbst und den wichtigen Anderen. Das schwierige Konzept der «Selbstaktualisierung» allerdings verweist letztlich doch auf ein eigenes «Gestaltungsprinzip» jedes Menschen, das ähnlich wie jeder Organismus seine eigene Form schon im Keim in sich trägt. Bommert[20] sieht dieses Konzept kritisch. Es enthält seiner Meinung nach eindeutig eine Entität des «Innen», was sich in Zitaten von Rogers wie «Werde, der du bist» aufzeigen lässt. Eckert und Biermann-Ratje[21] hingegen wollen dies nicht so sehen, sie verteidigen das Roger'sche Konzept als eines, in dem sehr wohl der Dialog berücksichtigt ist. Es ist allerdings wohl nicht zu leugnen, dass die «Selbstaktualisierung» ein Normbegriff ist, der zwar nicht eindeutig zu definieren ist, aber eben deshalb schon vermuten lässt, dass jeder sein eigenes «Selbst» (seine Entwicklungstendenz) in sich trägt.

Wegweiser in der Sozialpsychologie

Wegweisend, weil von der Sozialpsychologie her denkend, ist in Bezug auf die Wechselhaftigkeit der modernen Identität allerdings erst Lothar Krappmann.[22] Er gilt als ein Pionier der Identitätstheorien in der modernen Sozialpsychologie. Sein Konzept der «balancierenden Identität» aus den 70er-Jahren des vorigen Jahrhunderts kommt den sozialphilosophischen Konzepten von Giddens, Habermas, Welsch u. a.[23], die Jahrzehnte später entwickelt wurden, sehr nahe.

Auch er konstatiert eine «kreative Leistung» in der «Identitätsarbeit»[24], weil traditionelle Rollenübernahmen in unserer Zeit nicht mehr möglich sind. «Neugestaltung» und «Interpretation» sind dabei die Stichworte. Die dazu erforderlichen Kompetenzen sind laut Krappmann dabei besonders wichtig und werden in diesem Buch noch eine wichtige Rolle spielen. Es gehören u. a. zu diesen Kompetenzen des modernen Menschen: reflexive Rollendistanz, Deutungsschemata, Ambiguitätstoleranz, Empathie und kommunikative Kompetenz. Dies alles zusammen gewährleistet nach Krappmann eine Integration der persönlichen und der sozialen Identität. Vorgeworfen wird Krappmann allerdings von seinen Kritikern, er setze allzu viel Zuversicht in das «autonome Subjekt» und sähe nicht, wie instabil die sozialen Rollen seien, weil sich das gesellschaftliche System dauernd neu strukturiere.[25]

Diese gesellschaftlichen Veränderungen betont der Sozialpsychologe und Soziologe Heiner Keupp.[26] Er gilt in der Nachfolge als einer der wichtigsten Theoretiker des Themenkomplexes «Identität». In vielen Veröffentlichungen, teilweise auch basierend auf empirischen Arbeiten, hat er das Spektrum der Problematik ausgeleuchtet. Immer wieder betont er die «ergebnisoffene Arbeit», die der Einzelne leisten muss, um sich seiner selbst immer wieder neu zu vergewissern. Der Begriff «Patchworkidentität» ist für ihn eine Leitmetapher. Dieser hat sich auch in der Alltagspsychologie durchgesetzt. Gelingende Identität (nicht im Sinne einer irgendwann festgelegten Form) ist allerdings, wie er immer wieder betont, gekoppelt an gesellschaftliche Bedingungen, die es dem Einzelnen ermöglichen, am gesellschaftlichen Leben teilzuhaben, wozu als grundlegende Bedingung eine gesicherte ökonomische Basis gehört. In sechs Punkten fasst er in seinem Vortrag der Reihe «Tangenten» zusammen, was diese Bedingungen – innerer und äußerer Natur – beinhalten:

Urvertrauen; Dialektik von Bezogenheit und Autonomie; Entwicklung von Lebenskohärenz; Schöpfung von sozialen Ressourcen durch Netzwerkbildung; materielles Kapital als Bedingung für Beziehungskapital; demokratische Alltagskultur durch Partizipation. Ich werde auf alle diese Punkte in den Kapiteln zur Identitätsarbeit unterschiedlicher gesellschaftlicher Gruppen immer wieder zurückkommen.

Kritischer als Heiner Keupp sieht der Amerikaner Richard Sennett die moderne Identität: sein «flexibler Mensch» ist nicht unbedingt eine erstrebenswerte Figur. «Schwache Bindungen» sind es, die flüchtige Formen von Gemeinsamkeit ermöglichen.[27] Eine Tiefe der Personwerdung ist schwer zu erreichen, wenn Beziehungen austauschbar werden. «Fließende Identitäten», ebenfalls ein Begriff von Sennett, kann bedeuten: oberflächliche Identifikation. «Das ist die Verbindung des Flexiblen, des Fließenden mit dem Oberflächlichen. Wir kennen alle nur zu gut die Hochglanzoberflächen und einfachen Botschaften, die für globale Produkte werben.»[28] Bei Sennett gilt dies für die Arbeitswelt genauso wie für menschliche Beziehungen.

Zusammenfassung

Moderne Identität wird also von den meisten Autoren vorrangig gesehen als ein Prozess, der nicht nur von Rollenvorgaben, sondern sehr stark von jeweils wechselnden «anderen» bestimmt ist, was unter den Bedingungen der dauernd wechselnden pluralistischen Lebensformen der Moderne heißt: sich dauernd verändern, oft in chaotischer Form zerrissen sein. Diese «anderen» sind als der halb private, halb institutionelle Personenkreis verstanden, der an eine Person Erwartungen stellt, Zuschreibungen macht, sie bewertet und immer wieder aus einer anderen Perspektive sieht. Da auch die «anderen» dem Prozess der Flexibilisierung unterworfen sind, kann auch von daher keine stabile Identität gewährleistet werden. Allerdings ergibt sich daraus unter Umständen implizit oder explizit eine interaktive «Aushandlung» über diese Zuschreibungen. Dass dabei die Sprachregelungen äußerst wichtig sind, ist plausibel. Kann man also die Frage «Wer bin ich?» als rettungslos altmodisch verwerfen? Ist sie überhaupt noch sinnvoll?

Die Psychoanalytikerin und Entwicklungspsychologin Inge Seiffge-Krenke[29] veröffentlichte kürzlich ein Buch mit dem Titel «Therapieziel Identität». Es scheint, dass unter Therapeuten zumindest die Frage nach der Identität als sinnvoll erachtet, ja sogar als ein Ziel angesehen wird. Worauf kann sich eine Zielsetzung zur Identität aber beziehen, wenn wir in modernen Identitätstheorien vor allem die Dekonstruktion der normativen Grundlagen, die Dauerreflexion und die daraus entstehenden chaotischen Formationen der Identität sehen?

Seiffge-Krenke berichtet vorwiegend über die Behandlung Jugendlicher, insbesondere betont sie die oft sehr verspätete Adoleszenzphase von Menschen, die oft mit Anfang dreißig noch nicht wissen, wie sie ihr Leben begreifen und gestalten sollen. Als Therapeutin ist man in solchen Fällen natürlich daran interessiert, in diese oft chaotischen Lebensläufe «Ordnung» zu bringen, also Hilfe zu geben bei der Stabilisierung von Beziehungen oder bei endgültigen Berufsentscheidungen, Wohnsituationen zu entwirren und Ähnliches mehr. Hat man dieses Ziel erreicht, scheint die Identität «gesichert», die entsprechenden Fallbeschreibungen von Seiffge-Krenke atmen diesen Geist: In eine schwer zu durchschauende Welt wird endlich nach allzu langer Jugendzeit Ordnung gebracht. Das «Therapieziel Identität» ist erreicht. Hier spürt man die «Erleichterung», dass es so etwas wie eine endgültige Einfahrt in den «Hafen der Identität» eben doch geben könnte – trotz aller Schwierigkeiten. Der «innere Kern» wird zwar bei der Psychoanalytikerin Seiffge-Krenke nicht so benannt, aber die Ausrichtung des Buches lässt dieses Konstrukt doch erahnen. Ein «Ziel» muss eine Richtung vorgeben, es sollte zumindest in Ansätzen erreichbar sein.

Ist dies als eine Möglichkeit überhaupt gegeben? Erreichen wir Menschen der Moderne jemals ein solches Ziel, ja, können wir es überhaupt formulieren? Sind nicht immerfort neue Identitätsangebote auf dem Markt? Angebote, die das ganze bisherige Leben dann auch wieder neu strukturieren können? Oder gibt es doch so etwas wie einen «inneren Kern», sei er von der Biologie her gedacht, von einem gottgewollten «Wesen» jedes Einzelnen oder von der «organismischen Erfahrung» nach Carl Rogers?

Dies ist ein sicher nie endgültig zu lösendes Problem. «Balancierende Identität» versus «Wesenskern»: Die Alternative bleibt immer wieder ein Anreiz zur Diskussion, zur immer wieder neuen inneren

Befragung. Wahrscheinlich ist diese Befragung aber nicht ganz so neu, wie wir manchmal denken. Schon bei Michel de Montaigne[30] finden wir, immer wieder neu aufgeworfen, vielfältige Überlegungen zu diesem Thema. Dass wir uns nicht auf beständige Wesenszüge, die unser Denken und Handeln leiten, berufen können, hat dieser geniale Beobachter der Menschen schon im 16. Jahrhundert thematisiert. In den «Essais» stehen Sätze wie: «... und wer immer sich recht aufmerksam prüft, wird in sich, ja sogar in seinem Urteile über sich selbst, diese Unstetigkeit und Unstimmigkeit vorfinden. Ich habe von mir selbst nichts Ganzes, Einheitliches und Festes, ohne Verworrenheit und in einem Gusse auszusagen»[31] oder: «Angesichts der natürlichen Unbeständigkeit unseres Verhaltens und Meinens hat es mir oft geschienen, dass selbst die guten Schriftsteller irren, wenn sie uns um jeden Preis in ein festes und haltbares Gewebe bringen wollen.»[32]

Montaigne aber war eine Ausnahmeerscheinung in Bezug auf Bildung und Reflexionsfähigkeit. Als ein sozusagen «demokratisiertes» Problem aber finden wir die vielfältigen individuellen Überlegungen zur Identität erst in unserer Zeit. Diese Überlegungen sind abhängig, wie oben dargelegt, von historischen Zusammenhängen, von der Unübersichtlichkeit der Lebensumstände, von den vielen Zuschreibungen, die uns die Medien bieten, sowie von der Kenntnis verschiedener kultureller Lebensumstände.

«Ein (innerer) Chor der Stimmen» sei Identität, sagt Kenneth J. Gergen an einer Stelle seines Buches über das «Übersättigte Selbst».[33] Diesen Stimmen sehr konkret nachzuhören ist eine der Aufgaben der Psychotherapie. Als eine Abfolge «innerer Interaktionen» relevanter Personen beschreibt die Psychoanalyse die Identitätsbildung. In humanistischen Therapien, speziell in manchen Formen der Gestalttherapie, werden diese inneren Stimmen sehr argwöhnisch belauscht, weil sie eventuell die Authentizität des Individuums bedrohen und ein «falsches Selbst» gebildet werden könnte, was natürlich andererseits die Vorstellung von einem «richtigen Selbst» beinhaltet. Bei Fritz Perls[34] ist es die Angst davor, dass ein Mensch «zu viel Persönlichkeit» (d.h. von außen aufgezwungene Normen und Routinen) habe, weshalb er schreibt: «Der gesunde Mensch hat möglichst wenig Persönlichkeit.» Das klingt seltsam, zeigt aber auf, wie wichtig es im letzten Jahrhundert noch war, sich eines solchen Kerns der Persönlichkeit zu versichern.

Heutzutage ist dies – zumindest, wenn man die Theorien ansieht – nicht mehr möglich.

Für jeden Einzelnen aber bleibt die Frage dennoch bestehen: Wer bin ich?

3 Singles: Pioniere der Moderne?

Allgemeine Überlegungen[35]

Natürlich sind Singles keine «natürliche» Kategorie. Es gibt viele Singles auf Zeit – Menschen leben als Single vor einer lang andauernden Beziehung, zwischen zwei Beziehungen, nach einer längeren Beziehung und es gibt Singles, die nie eine längere Beziehung eingegangen sind, entweder weil sie dies nicht wollten, oder weil sie es aus inneren oder äußeren Gründen nicht konnten, wobei «wollen» und «können» nicht immer klar zu trennen sind.

Diese Unterschiede spielen natürlich in der Selbstbeschreibung, aber auch in dem, was die Allgemeinheit dazu denkt, eine große Rolle. Vielerlei Phänomenbeschreibungen, Deutungsmöglichkeiten und wertende Stellungnahmen boten sich schon immer an.

In den 90er-Jahren des vorigen Jahrhunderts wurde das Single-Thema auch für eine große Allgemeinheit reflexionsfähig, was sich in einer Fülle von Büchern über das Phänomen zeigte. Es wurde festgestellt, dass vor allem in den Großstädten die Zahl der Single-Haushalte stetig zunahm, und dieses rief allerlei Besorgnisse, Neudeutungen, aber auch Enthusiasmus hervor. Ökologische Bedenken gab es, weil ein Single-Haushalt mehr an Energie verbrauche als eine Familie, auch mehr Abfall produziere. Besorgnisse aus Gründen der Demografie mischten sich mit psychologischen Besorgnissen: Waren die Menschen nun auf dem Weg in eine kinderlose Gesellschaft, in der nur mehr jeder an sich dachte? Kalt, herzlos, egoistisch, alle Menschen auf dem Ego-Trip? Als «kühle Gesellschaft» beschrieb eine der damals viel gelesenen Autorinnen unsere Zivilisation.[36]

Es gab auch Enthusiasten dieser Lebensform. Ein wichtiges Schlagwort damals hieß, Singles seien «Pioniere der Moderne»[37], weil sie das gepriesene Ideal der Moderne – nämlich Autonomie – lebten.

Ohne einen festen Lebenspartner zu sein ist allerdings kein neues Phänomen. Bis weit ins 19. Jahrhundert hinein war es im ländlichen Europa kaum der Hälfte der Menschen vergönnt, eine Familie zu gründen. Die Ursache dafür lag in der Armut – Knechte und Mägde (meist diejenigen Söhne und Töchter von Bauern, die nicht geerbt hatten) waren allzu armselig bezahlt oder wurden mit einer viel zu geringen Mitgift abgefunden; sie hätte niemals gereicht, um eine Familie zu ernähren. Die meisten Unverheirateten lebten jedoch nicht alleine, sondern im Familienverband des Arbeitgebers, also am bäuerlichen Hof oder in der Handwerkerfamilie. Alleine lebten vom Mittelalter bis ins 19. Jahrhundert hinein meist nur Außenseiter der Gesellschaft: Heilkundige (oft ambivalent betrachtet), Eremiten oder Ausgestoßene wie Huren oder anderweitig Zwielichtige.

Das Neue am modernen Single aber ist, dass das Phänomen sich «demokratisiert» hat, das heißt, dass es sich über alle Schichten erstreckt. Er (sie) ist weder ein Sonderling noch ausgestoßen, es ist ohne weiteres möglich, alleine zu leben ohne Sonderstatus – vorausgesetzt, man kann es sich leisten. Man ist Single auf Zeit, so wie es «Ehe auf Zeit» gibt. Das relativiert die Bedeutungsgebung der Singles als «narzisstisch, kalt und egozentrisch». Fast in allen statistischen Untersuchungen zeigt sich übrigens, dass der Freundeskreis von Singles erheblich größer ist als der von Menschen, die in Partnerschaften leben.

Strategien des Single-Lebens

Bei meinen Interviews mit Singles männlichen und weiblichen Geschlechts in den 90er-Jahren zeigte sich, dass viele Singles mit ihrem Status durchaus gut umzugehen wussten und bestimmte Strategien entwickelt hatten, wie man als moderner Single (meist in der Großstadt) ein sehr befriedigendes Leben führen kann. Das Single-Leben galt als eine neue und moderne Lebensform.

Strategien, um mit dem Alleinleben gut zurechtzukommen, habe ich damals folgendermaßen benannt: erhöhte Bewusstheit, selektiver Dialog, Balance von Progression und Regression, Umgang mit der Einsamkeit. Aus all diesen unterschiedlichen Denk-und Handlungsstrategien wurde ersichtlich, wie die Singles zwischen dem Wunsch nach Autonomie und dem Wunsch nach Intimität ein Gleichgewicht herstellen.

Unter «erhöhter Bewusstheit» kennzeichne ich die Tatsache, dass gut lebende Singles – meist nach einer Partnerschaft – sich sehr bewusst darauf besinnen, ihren Alltag zu strukturieren, sich fragen, welche Vorlieben sie haben, welchen Stil des Lebens sie bevorzugen. Vielen ist diese Fähigkeit in der Partnerschaft verloren gegangen. Sie überlegen sich sehr bewusst, was sie wollen, welches ihre «eigentlichen» Bedürfnisse sind. Dazu braucht es Gelassenheit, Fantasie («präzise Fantasie» wurde dies genannt, d. h., dass man sich seine Lebensentwürfe sehr genau vorstellen muss) und Spaß am Ausprobieren.

«Selektiver Dialog» bezeichnet die Fähigkeit, sich zu überlegen, mit wem man welche Interessen teilt und wie man sich die Freunde aussucht, mit denen man bestimmte Dinge erleben möchte. Da niemand seine Weltsicht im Alleingang erkundet, ist der Dialog für jeden Menschen das wichtigste Mittel zur Orientierung. Das Paarleben, auch wenn es in mancher Hinsicht nicht befriedigend sein sollte, ist doch immerhin dadurch ausgezeichnet, dass man Dinge miteinander bespricht, beurteilt, mit Bedeutungen versieht. Nach dem Ende einer Beziehung fällt dies weg; manche Singles empfinden dies zuerst als sehr frustrierend, auch wenn sie oft ehrlicherweise zugeben müssen, dass gerade in den letzten Zeiten der Gemeinsamkeit dieser Austausch gar nicht mehr zufriedenstellend gewesen war. «Du hörst mir ja nie zu», hatte es nur allzu oft geheißen. Trotzdem: Mit dem Alleinleben wird die Situation komplizierter. Entweder geplant oder ganz instinktiv suchen Alleinlebende sich unterschiedliche Menschen, mit denen sie Gespräche führen können. In der ehelichen Gemeinschaft soll sehr viel gemeinsames Gespräch Platz haben – zumindest der Idealvorstellung nach. Beim Alleinleben muss man sich seine Partner suchen – und das geschieht selektiv, je nach Interessensgebiet. Viele Singles berichten von Freunden, mit denen man sich z. B. über bestimmte Hobbys unterhalten kann, und über solche, mit denen man «das Menschliche» bespricht, sowie über jene, mit denen man gerne ins Kino geht – eben je nach Interessen. Viele Studien zeigen, dass Singles mehr Freundschaften haben als Menschen in Partnerschaften. Sie pflegen diese Freundschaften sehr sorgsam und sichern sich so auch die Dialogmöglichkeiten. In mancher Hinsicht betrachten dies Singles nach einer Beziehung als einen Vorteil gegenüber der Zeit davor: Man würde sich jetzt bewusster um Gespräche bemühen.

Unter der «Balance von Progression und Regression» verstehe ich das oft sehr bewusste Bemühen von Singles, weder in Aktivitäten zu ertrinken noch sich ganz zurückzuziehen. Es gilt also, zwischen einer Überstrukturiertheit (dem übervollen Terminkalender) und einem unstrukturierten Chaos (das Wochenende Krimi lesend im Bett zu verbringen) ein Gleichgewicht zu schaffen. In der Partnerschaft gleicht sich das oft aus: wenn einer sich zurückfallen lässt ins Chaos der Langeweile, kann der andere Struktur anbieten. Im Idealfall sind die Rollen immer wieder umkehrbar. Dies muss ein Alleinlebender nun alleine schaffen: weder selbst zu viel Stress mit dem Strukturieren des Alltags zu erzeugen, noch sich regressiv zurückfallen zu lassen. Beides ist notwendig, um psychisch gesund zu bleiben, im Single-Leben aber muss die Balance bewusst gestaltet und immer wieder neu austariert werden.

Dem Problem der «Einsamkeit» zu begegnen gehört zu den schwierigsten Aufgaben der Singles. Es ist für jeden Menschen bedeutend, wenn er sich als «der/die Wichtigste» fühlen kann, also unersetzlich für einen anderen Menschen zu sein. Dieses Gefühl der Unersetzlichkeit und Einmaligkeit ist es, das Kindern für ihr späteres Leben hilft, sich selbst als wertvoll zu erleben. In Freundschaften und in der Liebe ist zeitweise dieses Gefühl sehr stark – umso enttäuschender, wenn es plötzlich nicht mehr gelten soll. Es macht die Trennung von wichtigen Menschen besonders schmerzlich, ist doch die narzisstische Illusion, man sei eben «unersetzlich», man sei «der Wichtigste» damit zunichtegemacht. Wenn man allerdings bedenkt, wie oft es einem auch selbst schon so gegangen ist, dass der oder die vermeintlich wichtigsten Menschen an den zweiten Platz gerückt sind, dann kann man sich mit dieser für fast jedes Leben schmerzlichen Erfahrung vertraut machen, ohne dass man gleich zusammenbricht.

Es ist der «innere Raum»[38], der mit dem Durchleiden dieser Situation wieder an Bedeutung gewinnt. Es ist dies der Zustand, den bei glücklicher Entwicklung schon kleine Kinder ab und zu erreichen: dass sie unabhängig von äußeren Einflüssen und dauernd neuer Information (Berieselung) sich mit sich selbst beschäftigen können und spüren, dass es einen «inneren Raum» gibt, der genügt, um sich wohlzufühlen. Dieser innere Raum ist bei vielen Menschen nur unzureichend besetzt – sie brauchen dauernd neue Anregungen von außen; als Single zu leben – vor allem im mittleren Alter – bedeutet, sich diesen Raum ganz bewusst wieder zurückzuholen.

Alle diese Strategien sind es, die – bewusst oder unbewusst – einem Menschen signalisieren, dass es eine Aufgabe sein kann, sich autonom zu fühlen. Es heißt aber trotzdem: immer wieder zu empfinden, dass man auch in Abhängigkeiten lebt. Als «Pioniere der Moderne» bezeichneten Ulrich Beck und Elisabeth Beck-Gernsheim diese Lebensform, weil es das Gebot der Moderne ist, sich zwischen diesen beiden Polen souverän zu bewegen.

Identitätsprobleme der Singles in der Gesellschaft

Wenn man die Identität des Menschen als eine «Schnittstelle» zwischen vorgegebener Rolle, Zuschreibungen durch andere und individuellen (vielleicht ererbten) Eigenarten versteht, dann kann die Lebensform der Singles natürlich auch unter dem Gesichtspunkt der Identitätsfindung betrachtet werden. Singles als eine «moderne» Form der Lebensgestaltung haben es in besonderer Weise «nötig», sich ihre Lebensform jeweils neu zu erfinden. Alte Muster passen nicht, ragen allerdings noch immer ein wenig hinein in dieses moderne Leben. Dass diese Identitätsfindung (wie übrigens bei allen der besprochenen Lebensformen) nie ein abgeschlossenes Projekt sein kann, sondern sich darstellt als ein sich dauernd wandelnder Prozess, wird auch bei der Betrachtung der Lebensform der Singles klar werden.

Es gab und gibt natürlich vorgegebene Bilder von Singles: Das Bild der vergrämten älteren Frau, die «keinen abgekriegt» hat, bietet sich nur selten an, existiert aber noch immer. Sie ist unattraktiv, entweder ungepflegt oder einfach unmodern, allzu bieder angezogen, und sie benutzt keinen Lippenstift. In ihren Aussprüchen klingen Bitterkeit und Neid an. Beruflich ist sie ebenso unscheinbar wie ihre Kleidung: Schreibhilfe, Verkäuferin, Haushaltshilfe in gehobener Gesellschaft u. Ä. m. So sahen früher die Bilder in Film und Fernsehen aus. Dass solche Personen unglücklich waren und ein äußerst langweiliges, liebeloses Leben führten, war offensichtlich.

In einem Theaterstück von Franz Xaver Kroetz, «Das Wunschkonzert», wird der grausigste Abgrund dieser Existenzform gezeigt: Eine ältere Verkäuferin kommt nach Hause (das Bühnenbild zeigt ein recht schäbiges Heim). Sie wartet sehnsüchtig auf das «Wunschkonzert» im Radio, weil sie offenbar in den Moderator verliebt ist, und bereitet sich auf das Abendritual vor, wozu auch die Einnahme einer Schlaftablette gehört. Irgendwann scheint ihr (es ist ein wortloses Ein-Personen-Stück) klar zu werden, wie sinnlos dies alles ist, und am Ende holt sie eine halbe Flasche eines billigen Piccolo-Sekt aus dem Kühlschrank und trinkt ihn zusammen mit dem Inhalt des gesamten Röhrchens an Schlaftabletten aus. Ich habe das Stück Ende der 80er-Jahre gesehen, in späteren Aufführungen wurde es offenbar «dekonstruiert», z. B. auf der Bühne als Filmaufnahme gezeigt oder auch modernisiert, wobei das Radio durch das Fernsehen ersetzt wurde. Das Sujet aber blieb das gleiche.

Das männliche Pendant kommt meist nicht ganz so ekelhaft daher: Es ist der alte «Hagestolz», der sich durch seine Unfähigkeit zur intimen Bindung selbst isoliert. Dass er «keine abgekriegt» hat, ist selten. Unattraktiv ist meist sein Verhalten, nicht seine äußere Erscheinung. Er ist oft knurrig und asozial.

Beide Bilder verschwinden langsam zugunsten anderer. Auf der weiblichen Seite gibt es den «Sex in the City»-Typ, also die sehr attraktive und meist sexy aufgemachte jüngere Frau, die zwar Affären hat, aber nie den «Richtigen» findet, den sie allerdings dringend sucht. Der männliche moderne Single ist eher der schüchterne Typ, der sich an Frauen nicht herantraut, der aber oft von der «Richtigen» erlöst wird.

Dazwischen steht die «Prada»-Frau: tüchtig, schick, beruflich erfolgreich, Männer dominierend und dadurch abschreckend. Sie möchte zwar gerne eine langfristige Bindung, verhindert dies aber durch ihr allzu forsches Auftreten.

Natürlich finden sich diese Prototypen in vielen Schattierungen: emotional unsicher bis allzu forsch, traumatisiert durch böse Erfahrungen, selbstbewusst und schüchtern, oft beides zugleich. Auf diesen plakativen Folien spielen sich viele Single-Leben ab und sind nicht selten dadurch auch in ihrer Selbstwahrnehmung gefärbt. Spukte noch vor fünfzig bis sechzig Jahren das Bild der vergrämten (manchmal auch selbstlosen) «alten Jungfer» in den Köpfen herum, also derjenigen, die niemand wollte, weil sie zu unattraktiv/arm/zu wenig gesellschaftsfähig war, so unterliegt heute vielen Single-Selbstwahrnehmungen ein ganz anderes Konzept, nämlich das der Bindungsunfähigkeit, ja, des Narzissmus. Da kann man noch so schön und sexy sein, einen tollen Beruf haben und diesen auch wirklich interessant finden: Die Frage, ob man nicht vielleicht doch einen psychischen Defekt hat, schwingt mit bei allem Jammern über die schwierigen Männer (auch die sind narzisstisch), die wenige Zeit, die man hat, um das Beziehungsleben aufrecht zu halten u. Ä. m. Diese Vokabeln – «Bindungsunfähigkeit», «Narzissmus» – sind der Unterton bei den vielen Selbstzweifeln, wenn man das Ideal der Dauerbindung nicht erreicht, sich möglicherweise in vielen Affären verliert und immer wieder «den Falschen» bzw. «die Falsche» erwischt.

Diese Worte haben gerade Hochkonjunktur. «Narzissmus» als Fachbegriff verstanden ist wesentlich vielschichtiger als dessen Alltagsgebrauch, wo er meist einfach «Selbstbezogenheit» bedeutet und sehr oft mit «Egoismus» gleichgestellt wird. Dass ein Narziss «beziehungsunfähig» ist, scheint damit gegeben. Im Weiteren werde ich diese beiden Vokabeln vor allem in ihrer Alltagsbedeutung verwenden, weil sie in dieser Funktion für das Selbstverständnis vieler Menschen Bedeutung hat.

Im Alltagsleben (meist auch in der Psychologie) wird unter «Bindungsfähigkeit» vor allem die Fähigkeit zu lang dauernden und intimen Beziehungen bezeichnet. Meist meint man, dass dies vor allem partnerschaftliche, erotisch-sexuelle Beziehungen betrifft. Dass es auch zur Bindungsfähigkeit gehört, die Beziehung zu den Eltern oder zu Freunden aufrecht zu erhalten, gerät demgegenüber auch in der Fachliteratur in den Hintergrund. Im Gegenteil: Eine allzu enge Bindung an die Eltern wird leicht in den Bereich der Psychopathologie verwiesen.

Da das Wort «Bindungsfähigkeit» sich häufig nur auf die Intimbeziehung unter Partnern bezieht, scheint es vielen Singles als eine geeignete Vokabel, um sich selbst zu bezichtigen. Die meisten sind daher sehr erstaunt – z. B. in der Therapie –, zu hören, dass er/sie doch z. B. noch immer gute Kontakte zu alten Jugendfreunden hat, für alte Eltern sorgt oder sich auch um das Wohl von Arbeitskollegen kümmert, also sehr wohl beziehungsfähig ist.

Ein anderes, recht basales Bild betrifft das, was man als Single nicht hat: nämlich das, was ich die «Goldfolie des Lebens: das Paar» genannt habe. Wenn man unzufriedene Singles (längst nicht alle sind es) fragt, was sie sich denn wünschen, dann kommen unweigerlich Fantasien über das Paarleben: sich anlehnen können, alles besprechen können, verstanden werden, schöne Gespräche, Sex ... Auch wenn die Realität des Paarlebens einem alleinlebenden Mann oder einer alleinstehenden Frau durchaus bekannt ist, auch wenn man dieser Realität vor einiger Zeit entflohen ist: Die Goldfolie baut sich immer wieder von neuem auf. Man vergisst nur allzu leicht, wie oft man sich über Sprachlosigkeit, Unzufriedenheit, Nörgeleien, Unverständnis und ähnliches beklagt hat, und meint, dass nur der/die «Richtige» kommen müsste, damit dies alles anders würde.

Single-Typen

Rosemarie ist eine von vielen Ängsten und Nöten geplagte Frau. Sie ist 52 Jahre alt, eine mit ihrem Beruf zufriedene Lehrerin, fühlt sich aber, wie sie sagt, privat «nicht komplett». Seit zwölf Jahren lebt sie alleine. Die Ehe sei eine «Katastrophe» gewesen, zehn Jahre hatte sie es ausgehalten, nach der Scheidung gab es ein oder zwei Mal kurze Affären – seit sieben Jahren «tut sich nichts». Die Ehe war kinderlos. Ihre Klagen betreffen nicht nur ihre Einsamkeit, sondern auch ihre häufige Lustlosigkeit, irgendetwas zu unternehmen: «Wer will schon mit einem alten Weib zu tun haben!» Das Bild, das sie von sich selbst hat, entspricht einem recht alten Topos – eben dem der «alten Jungfer» –, und so sieht sie auch aus. Lieblos zusammengestellte Kleidungsstücke, keine Schminke, die noch immer vollen und dunklen Haare hängen halblang herunter, ohne rechten Schick. Als Therapeutin sieht man sofort, dass Rosemarie nicht so jämmerlich wirken müsste, weil sie ein gut geschnittenes Gesicht hat, schlank ist und auch nicht gealtert aussieht. Beim ersten Blick allerdings könnte man wirklich denken «altes Weib».

Dieses Selbstbild dominiert immer wieder unsere therapeutischen Gespräche, als Abwehr gegen alle Veränderungsgedanken trägt sie es vor sich her. Als ich ein anderes Bild herbeizaubere, nämlich: «beruflich tüchtige Frau im besten Alter mit interessanten Hobbys (sie ist Kunstlehrerin, malt selbst recht hübsche Bilder und kennt sich in der Kunstszene hervorragend aus), klug und gebildet», wundert sie sich. Vollkommen untherapeutisch sage ich ihr, ob sie sich vorstellen könne, nicht nur grau-schwarz-braune Farben zu tragen? Großes Erstaunen: «Das scheint mir nicht altersgemäß», so ihre Antwort. Rosemarie lässt ihre Identität als Single-Frau weitgehend von einem aus der Mottenkiste stammenden Bild bestimmen.

Ganz anders sieht es bei Lotte aus: Lotte, ebenfalls 52, lebt auch alleine, sie hat immer wieder Liebschaften gehabt und einmal auch mit einem Mann zusammengelebt, etwa drei Jahre lang – alles hat immer wieder irgendwie geendet. Mal waren die Männer «abgesprungen», mal hat sie sich so sehr verliebt, dass sie alles Vorherige zerstört hat. Lotte ist ausgesprochen attraktiv, modisch gekleidet und hat einen interessanten Beruf. Sie hat auf ihre Karriere im Wirtschaftssektor viel Zeit verwendet («zu viel», meint sie manchmal) und dabei ist die Suche nach dem «Richtigen», wie sie meint, auf der Strecke geblieben. Nach der letzten großen Enttäuschung allerdings fragt sie sich oft, ob sie überhaupt «beziehungsfähig» sei. Was sie darunter verstehe? Nun, das wisse man doch: sie könne eben nicht richtig auf einen Mann eingehen, sei vielleicht zu selbstständig, vielleicht auch zu egoistisch – so genau könne sie das auch nicht definieren. Freundschaften allerdings habe sie sehr gute, auch lang dauernde. Dass auch dies unter das Kapitel «Beziehungsfähigkeit» fallen könne, überrascht sie.

Lotte weiß, dass sie vielen Männern gefällt, das sei nicht das Problem. Im Beruf könne sie auch sehr charmant sein, aber vielleicht sei sie «zu modern»? Männer wollen vielleicht lieber eine zurückhaltende Frau, die nicht so viel erreicht hat? Sie ist in dieser Beziehung verunsichert.

Walter, 40 Jahre alt, meint: «Wenn ich mit fünfzig weder Frau noch Kinder noch Haus habe, nehme ich mir das Leben.» Warum diese Radikalität? Nun, er kenne solche «alten verknorzten Typen», die immer wunderlicher werden – dieses Schicksal wolle er ausschließen. Er merke, dass er vielleicht Anlagen dazu haben könnte – jedenfalls habe er kein Glück bei den Frauen, die ihm gefallen.

Anne, 55 Jahre alt, ist seit zehn Jahren ebenfalls Single. Sie geht offenbar sehr souverän mit dieser Lebenssituation um. Ihre Qualitäten liegen, wie sie selbst meint, weniger in ihrem Äußeren als in ihrem Temperament und auch in ihrem beruflichen Umfeld. Sie ist tatsächlich eine auffällige Erscheinung: wilde ziemlich lange Haare, nun schon mit weißen Strähnen, ziemlich grell geschminkt, groß und mit wallenden Kleidern, die irgendwie an indische Saris oder afrikanische lange Kleider erinnern. Sie ist laut und ungestüm, manche Menschen werden sie vermutlich als vulgär empfinden. Sie meint, sie sei «keinem Mann zuzumuten», aber für Affären sei sie schon zu haben. «Und wenn man mich einlädt, dann weiß ich, dass ich gemeint bin und ich eben nicht nur ein Anhängsel eines Mannes bin.» Dieser Gedanke – nur als Frau eines Mannes etwas zu gelten – wäre ihr grässlich, sie sei nicht der «Weibchen-Typ». Anne lebt gerne alleine, aber sie hat einen großen Freundeskreis, auch Männer sind dabei. «Ich bin eine unabhängige Frau und das bleibe ich bis zum Lebensende» – so charakterisiert sie sich.

Ob sie sich nie einsam fühle? Ja, doch, das gäbe es natürlich auch – aber: Wie einsam kann man sich doch auch in der Ehe fühlen!

Diese vier «Typen» von Singles kennt man aus vielerlei Geschichten, Filmen und Fernsehspielen. Da kann man sich leicht identifizieren mit einem drohenden «knurrigen Mann» oder einer unscheinbaren grauen Maus, wenn man vielleicht schon von viel früher – im Elternhaus oder in der Schule – ausersehen war, in diese Richtungen geschubst zu werden. Dazu braucht es manchmal gar nicht viel. Die Medienbilder tun dann irgendwann schnell das ihrige und man kommt schwer heraus aus der Vorstellung, man sei genauso wie diese graue Maus oder jene interessante skurrile Hexe. Hier werden Interaktionen zwischen Bildern, die man in sich aufnimmt, und dem, was andere – die ja dieselben Bilder kennen – einem zuschreiben, zu unveränderbaren Gemälden. Manchmal genügt ein anderes Bild – etwa das der gebildeten Frau mit interessanten Hobbys im Falle von Rosemarie –, um plötzlich einen kleinen Riss hineinzubringen in das düstere Gemälde. Dieser Riss kann in einer Therapie erweitert werden – und langsam verändert sich das Bild und damit die Verhaltensweisen, und es kann vorkommen, dass alte Bekannte sagen: «So kenne ich die (den) ja gar nicht – wie hat sie (er) sich verändert.»

Die «relevanten anderen» der Singles

Neben einigen grundlegenden Bildern, die ein Mensch in der Kindheit von seinen Eltern mitbekommt (s. u.), gibt es noch sehr viele andere wichtige Personen, die im Laufe eines Lebens das Bild prägen, das jemand von sich selbst hat. Auch diese Bilder sind natürlich wiederum von gesellschaftlichen Stereotypen mitbestimmt.

Rosemarie zum Beispiel berichtet von verheirateten Freundinnen, die sie so gut wie nie zusammen mit ihren Männern sieht. Meist geht sie mit ihnen nachmittags ins Kino, oder sie treffen sich im Café. Eine alte Schulfreundin lädt sie immer zum Abendessen ein, wenn ihr Mann weg ist. «Manchmal kommt er dann später noch zu uns, so für eine halbe Stunde, oft mit einer Bemerkung über die ‹Mädelrunde›.» Natürlich braucht man es ihr nicht erst zu sagen, dass sie für die beiden als Paar eben nicht «gesellschaftsfähig» ist. Sie weiß, dass dort ein geselliges Leben geführt wird, aber alleine sei sie nicht «interessant» für eine größere Runde. Warum sie selbst nicht einmal Paare einlädt? Rosemarie ist über die Idee verwundert. Nie im Leben käme sie auf eine solche Idee, das wäre für alle bestimmt langweilig. Warum? Nun ja, es ist evident, es passt zum Bild der «alten Jungfer».

Als ich sie frage, ob es irgendein gesellschaftliches Ereignis gibt, das ihr in diesem Zusammenhang einfällt, kommt spontan die Erinnerung an eine lange zurückliegende Party, die ein Mädchen aus ihrer alten Schulklasse damals, als sie alle 17 Jahre alt waren, veranstaltete. Sie wurde dazu nicht eingeladen. Als ihre beste Freundin die Veranstalterin fragte, warum das so sei, bekam die zur Antwort (und erzählte es ihr prompt weiter): «Ach, die ist mir zu unattraktiv.» Das hat gesessen. Sie hat es sich als ihr «Label» gewählt.

Dass sie klug und gebildet ist, weiß sie allerdings. Es scheint wie ein Kontrapunkt zu ihrem festgefahrenen Selbstbild als Langweilerin. Sie hat Erfolg in der Schule, von Eltern hat sie schon sehr nette Dinge gehört. Sie sei für die Schüler eine große «Anregerin» hat eine Mutter einmal gesagt. In der Schule fühlt sie sich wohl, das sei «ihr Spielfeld», da brauche man auch keinen Mann an der Seite.

Was würde hier «balancierende Identität» nach Krappmann bedeuten? Und wie würden die Kriterien, die Keupp für die gelingende Identität angibt, passen? Der Entwurf, den Rosemarie von sich hat, scheint recht einseitig fixiert auf die Tatsache, dass sie – aus welchen

Gründen auch immer – als alternder Single lebt. Das deutet sie als eine persönliche Schwäche, als Konsequenz «naturgegebener» Anlagen: sie sei nicht (mehr) attraktiv, sie sei alt, sie sei uninteressant. Offensichtlich kann sie wenig Distanz zu dieser Rolle gewinnen und gruppiert viele ihrer Lebensbereiche um diese Rolle herum. Die Assoziationen laufen recht eintönig: allein, alt, langweilig, für Paare ungeeignet. Sie nimmt schon vorweg, was noch gar nicht ausgemacht ist: dass man sie als «gesellschaftsunfähig» ansieht, sodass sie sich kaum irgendwelche sozialen Netzwerke aufbaut. Dass sie beruflich sehr geschätzt wird, scheint wenig beizutragen zu einem positiven Gefühl ihrer selbst. Es wird nicht integriert. Es ist natürlich eine sich selbst erfüllende Prophezeiung: Wenn sie es erst gar nicht versucht, Paare für sich zu interessieren, dann bleibt das Etikett «uninteressant für Paare» eben haften, und die anderen scheinen es zu bestätigen. Ihre Identität bleibt starr, obwohl sie sehr viele Möglichkeiten hätte, einen andersartigen Prozess der Identitätsbildung zu durchlaufen.

Lotte bekommt sehr viele Komplimente. Wie gut sie aussähe, wie charmant sie sei, wie gut sie mit Kunden umgehen könne, sie sei ein «guter Kumpel und gleichzeitig eine Dame» – das alles erzählt sie mit großem Stolz. Aber auch: dass Arthur, einige Zeit lang ihr Lebensgefährte, ihr Selbstbewusstsein zerstört habe: Er war Psychologe und habe sie dauernd analysiert. Sie sei «exhibitionistisch», das sei der Schlüssel zu ihrem Erfolg in der Wirtschaft. Dass sie ihrer «ödipalen Fixierung» wegen keinen Mann lieben könne, hat sie besonders getroffen. Tatsächlich kann kein Mann an ihren Vater herankommen. Vielleicht ist dies wirklich der Schlüssel zu ihrer «Beziehungsschwäche»?

Und: Was hilft ihr die Bewunderung der anderen, so Lotte weiter, wenn sie dann doch nie privates Glück finden könne? Jemand, an den man sich «anlehnen» kann? Wie sehr aber hat sie sich für diese «Diagnose» angeboten? Dass sie Arthur (der ein Vielschwätzer zu sein scheint), immer gezeigt hat, wie selbstständig sie sein konnte, wie wenig abhängig sie von ihm war: Das hat ihn zu seinen halb bösartigen, halb richtigen Anmerkungen geführt. Unter dem Strich aber das Fazit für Lotte: beziehungsunfähig.

Walter meint, er sei einfach oft zu «schüchtern», schon in der Schule habe man ihm das immer gesagt. Er hat sich oft in der Pause zurückgezogen, manchmal sei er einfach in die Toilette gegangen und dort während der Pause geblieben, weil niemand mit ihm gesprochen oder gespielt habe. «Mauerblümchen» habe er eine Zeit lang geheißen, das hätten einige der Rüpel in der Klasse über ihn gesagt und ihn auch offen so gerufen. Auch hier geht eine Spirale los: Walter bestätigt die bösen Worte seiner Kameraden und die Spirale fängt an, sich zu drehen.

Anne weiß ziemlich genau, dass man sie oft recht zwiespältig sieht: Manchen bin ich zu laut und zu direkt; ich mache immer «mein Ding», aber alle wissen, dass sie sich auf mich verlassen können, so ihre Einschätzung. Sie sei eine «gute Freundin», das sähe sie als ihre beste Eigenschaft an. Sie könne nämlich «gut zuhören». Wenn sie wütend sei, dann sei aber mit ihr nicht zu spaßen, das könne man so und so sehen. Ihre Ehe sei «eine schlimme Zeit» gewesen, ihr Mann habe sich nur zurückgezogen und auf sie gar keine Rücksicht genommen. Ihm sei nur die Karriere wichtig gewesen. Zu Beginn habe er sehr zäh um sie geworben – aber später sei sie ihm «zu viel» gewesen. Das hat er oft gesagt.

Anne ist eine gute Gastgeberin, sie nutzt ihre Talente, um für andere interessant zu sein. Sie geht auf andere ein, sie stellt bei ihren Einladungen gute «Teams» zusammen. Hier sieht man deutlich, dass die von Krappmann als «Identitätskompetenz» gekennzeichnete Empathie und die Rollendistanz zu einem altmodischen Single-Bild für eine gelingende Single-Lebensform eine wichtige Rolle spielt. Anne weiß, wer sie ist, und auch manch traurig-zweifelnder Moment wird als eine unaufhebbare Zwiespältigkeit des Lebens akzeptiert.

Identitätsprobleme der Singles durch frühe Prägungen

Natürlich sind es vor allem die Eltern und andere Primärpersonen, die den Grundstein dafür legen, wie gesellschaftliche Stereotypen und Zuschreibungen durch andere Personen später verarbeitet werden. Die frühe Kindheit ist eine Art Folie des Lebens, die nie ganz verschwindet, allerdings kann sich jeder Mensch daran «abarbeiten», sodass schließlich diese Folie in einem anderen Licht erscheint.

Bei Rosemarie zum Beispiel verbindet sich das Bild der «alten Jungfer» sozusagen in destruktiv-idealer Weise mit ihrer Biografie, die von einem recht miesepetrigen Vater bestimmt ist. Er versagte dem Kind alle bewundernde Aufmerksamkeit, er hat Rosemarie immer als eine Art Aschenputtel betrachtet und konnte durch keinerlei Bemühungen des Kindes darin umgestimmt werden. Vermutlich, so arbeiteten wir in der Therapie heraus, hat er den Tod eines kleinen Sohnes, der vor Rosemaries Geburt gestorben ist, nicht verwunden? Das ist jetzt alles schwer zu eruieren, aber das Bild, das Rosemarie von sich hat, ist von lebenslanger Dauer. Sie hat es in der Jugendzeit ein wenig unterdrücken können, ab und zu fand sie Bewunderer, verliebte sich auch manchmal und fühlte sich dann schön, frisch und kräftig.

Eine lieblose Ehe mit einem stets abwertenden Ehemann hat aber dieses bisschen Selbstbewusstsein offenbar zerstört. Rosemarie ist wieder zurückgefallen auf ihr altes Selbstbild und hat das passende gesellschaftliche Stereotyp gefunden. Sie kann einfach nicht sehen, dass sie eine anziehende Frau sein könnte. Im Gegenteil: Sie tut alles, um nicht als eine solche wahrgenommen zu werden. In gewisser Weise fühlt sie sich sogar wohl und sicher in ihrer Nische als beliebte Lehrerin ohne eigenes Leben als Frau.

Natürlich war auch die Mutter an diesen grundlegenden Einstellungen beteiligt: Grau und mäuschenhaft huschte sie durch die Wohnung, verwöhnte Rosemarie mit gutem Essen, vielen Spielsachen und Liebkosungen. Aber eines konnte sie nicht: Rosemarie vor ihrem Vater schützen. Sie war ja selbst ein Opfer, das sich belügen und betrügen ließ. Die Furcht vor dem Vater ließ die beiden immer recht schnell in eine Ecke verschwinden und «unsichtbar» sein.

Das ist eine schlechte Vorbereitung für das Leben als Frau. Auf diesem Boden kann man das Single-Leben nur als Bestrafung dafür empfinden, dass man irgendwie nicht «richtig» ist. Ihre unglückliche Ehe hat ihr Konzept von sich selbst noch untermauert, und so hat sie es nicht ausgehalten, sich «balancierend», wie Krappmann dies nennt, zwischen einer Identität als kluge und gebildete Frau und einer, die auch oft Einsamkeit schmerzlich empfindet, zurechtzufinden. Der Entwurf, den Rosemarie von sich hat, scheint recht einseitig fixiert auf die Tatsache, dass sie – aus welchen Gründen auch immer – als alternde Single-Frau lebt. Das deutet sie als eine persönliche Schwäche, als Konsequenz «naturgegebener» Anlagen: Sie sei nicht (mehr) attraktiv, sie sei alt, sie sei uninteressant. Immer wieder fokussiert sie sich nur auf einen Pol – und das macht unglücklich und lässt die eigene Person nicht wachsen.

Dass Lotte mit ihrem Leben nicht ganz zufrieden ist, könnte, wie der bösartige Arthur gemeint hat, tatsächlich mit ihrem Status als «Papas Prinzessin» zusammenhängen. («Ödipal fixiert» hat er das genannt). Die Mutter war ganz plötzlich gestorben, als Lotte 12 Jahre alt gewesen war. Von da an lebte sie bis zu ihrem 25. Lebensjahr mit dem Vater zusammen. Dieser wollte einen Ausgleich schaffen für den schrecklichen Verlust. Er verwöhnte Lotte, er bewunderte alles, was sie tat, er förderte sie in jeder Hinsicht. Da sie sich als ein recht attraktives Mädchen entpuppte, nahm er sie gerne mit zu irgendwelchen sozialen Veranstaltungen – vor allem dann, wenn man Ausländer zu Gast hatte. Lotte sprach bald besser Englisch und Französisch als ihr Vater, und dieser präsentierte die hübsche, intelligente junge Frau mit Stolz seinen Gästen. Lotte war also Bewunderung gewohnt und wusste ihre Gaben auch auszunutzen. Der Vater war immer bereit zur Bewunderung, er war ein Kavalier, er war beruflich sehr erfolgreich, mit einem Wort: Einen solchen Mann konnte es ein zweites Mal gar nicht geben. Und so waren eben alle Männerbeziehungen zum Scheitern verurteilt. Die kluge Lotte hatte schon lange aufgehört, dies nur den «ach so unsensiblen» Männern anzulasten.

Auch bei Walter spielt für das «Grundgefühl» des Lebens die verwöhnende Mutter eine Rolle. Er ist der Einzige geblieben, nachdem seine Eltern sich getrennt haben. Die Mutter lebte nur für Walter, die groben Einmischungen des Vaters hatte sie sich immer verbeten, und der hatte es auch bald aufgegeben. Dass sein Sohn ein «Weichei» sei, hatte er mehr als ein Mal gesagt. Walter war klar, dass er beim Vater nie die Anerkennung finden würde, die er bei der Mutter und deren Schwestern haben könnte.

Da er es nie gewagt hat, sich als selbständiger junger Mann zu bewähren, bleibt seine Rolle als Mann ganz undeutlich, unkonturiert. Niemand wird ihn je so verwöhnen wie die Mutter, deshalb ist er wahrscheinlich stecken geblieben in der Rolle des «Sohnes», den keine andere Frau je verstehen kann. Die damit verbundenen

Verhaltensweisen forderten schon recht früh andere dazu heraus, sich spöttisch zu äußern, und nur allzu leicht waren die dazu passenden Begriffe gefunden.

Warum aber ist Anne solch ein fröhlicher und selbstbewusster Single? Ob es eine «natürliche» Widerstandskraft gibt oder ob sie sich dies erst errungen hat? Jedenfalls war sie es, die schon als Fünfjährige den Vater angebrüllt hat, wenn er wieder einmal daheim angetrunken tobte und die Mutter sogar schlug. Sie war immer der kleine Rabauke, sie war aber auch die Verteidigerin der Schwachen und hat diese Rolle als Jeanne d'Arc gegen die Männerwelt perfektioniert, als sie merkte, dass man als Frau noch mehr Möglichkeiten hat als nur die Fäuste. Alleine zu leben, ohne den «Schutz» eines Mannes: Das fällt ihr nicht schwer, denn von diesem Schutz hält sie natürlich sowieso nicht viel.

Diese «Mischungen» von natürlich gegebenen Anlagen, dadurch bedingten Zuschreibungen der Eltern und anderer wichtiger Personen und all den Bildern, die einem für die eigene Position – in diesem Fall die Position als Single – vorgegeben sind, lassen Identität entstehen. Die Single-Position ist natürlich nur ein Teilaspekt der Identität (die Rolle als Lehrerin, als Wirtschaftsfachfrau, als gute Freundin etc. sind natürlich auch bestimmend), für manche Personen aber so bestimmend, dass sie diese als einen Angelpunkt ihres Lebens ansehen.

Das muss nicht so sein. Es gibt genügend Singles, die sich auf andere Teilaspekte ihrer Identität konzentrieren: auf den Beruf, auf ihre Rolle im Freundeskreis, auf ihre Schönheit und Eleganz. Manche Situationen wechseln schnell und tragen nur kurz bei zur Beschreibung der eigenen Person, manches ist von Dauer. Immer wieder erstaunt es mich aber, wie lange sich bestimmte Worte einprägen und in Krisensituationen immer wieder hervorgeholt werden, um die eigene Person zu kennzeichnen. «Unser Problemkind» wurde eine meiner Patientinnen daheim immer genannt. Als sie erwachsen wurde, bäumte sie sich dagegen auf – aber eigentlich tat sie viel dazu, um dieser Stigmatisierung immer wieder Recht zu geben. Dass sie trotz ihrer unbestritten vielen Qualitäten mit 40 Jahren noch immer Single war, spielte in ihrer Selbstbeschreibung eine große Rolle. «Ich bin zu problematisch ....»

Identität und Sprache

Walter, das «Weichei» und «Mauerblümchen», scheint vollkommen überwältigt von solchen Zuschreibungen. Seine düsteren Fantasien (er würde sich umbringen, wenn er kein normales Leben erreiche) zeigen auf, wie wichtig es für ihn wäre, all dieses abschütteln zu können.

Zuschreibungen werden nicht nur von den anderen «gemacht», Bilder drängen sich nicht einfach auf. Es ist eine sehr aktive Interaktion, die hier am Werke ist. Es ist allerdings nicht sehr leicht, diese Interaktion zu beschreiben, sie läuft über lange Zeitspannen mit immer wieder wechselnden Bedeutungsverlagerungen ab. Sprache und Sprachverständnis spielen dabei eine nicht unwichtige Rolle. Habermas[39] bezeichnet Identität als den «Schnittpunkt» des Sprechens mit sich selbst und der Verständigung durch andere. In diesem Prozess der Selbstdeutung ist die Sprache «porös», wie er meint, und das habe seinen guten Sinn. Die umgangssprachliche Kommunikation sei stets durchsetzt von «gebrochenen» Vokabeln. Wären sie starr festgelegt wie in einem Lexikon, dann wäre die Identität, die sich in der Kommunikation immer wieder neu bildet, nur mehr ein starres Gerüst. In der komplizierten, aber tiefgründigen Sprache von Habermas: «Sprachen, die nach innen zu nicht mehr porös sind und zu starren Systemen sich verfestigen, tilgen die Brechungen der Intersubjektivität und zugleich den hermeneutischen Abstand der Individuen untereinander. Sie ermöglichen nicht länger die verletzbare Balance zwischen Trennung und Vereinigung in der sich Identität eines jeden Ich einspielen muss.»[40]

Dies ist wohl eines der großen Probleme, die jeder Psychotherapeut bearbeiten muss: sich klar zu werden darüber, in welch «starrem» Wortgefängnis jemand eingesperrt ist und wie dies seine Fähigkeit zur Kommunikation verändert. Der Satz von der «Trennung und Vereinigung», in der sich Identität bildet, bezeichnet genau den Punkt, an dem ein Mensch sich immer wieder neu adjustieren muss, seine Zuschreibungen abschütteln oder relativieren muss und an diesem Punkt das «je eigene» sich immer wieder neu herauskristallisiert. Dies geschieht in der inneren Sprache genauso wie im Sprechen mit anderen.

Bezogen auf das Single-Thema hieße das in den meisten Fällen, dass gerade die Festlegungen rund um das dubiose Konstrukt der

«Beziehungsfähigkeit» immer wieder neu zu positionieren sind, sie einzubauen sind in immer wieder neue Orte innerhalb der eigenen Person.

Seit das Single-Thema medienfähig wurde, ist natürlich die Gefahr, sich von vorgefertigten Bildern und Worten einfangen zu lassen, besonders groß. «Ich bin ein typischer Single» – Was heißt das wohl? Besonders «ichbezogen» oder besonders «autonom»?

Solche Zuschreibungen, die man oft recht schnell verinnerlicht, werden natürlich längst nicht nur kognitiv verarbeitet, sie geben dem Selbsterleben den emotionalen Rahmen, sie lösen heftige oft zwiespältige Gefühle aus. Worte, die das Innenleben beschreiben oder zu Adjektiven und Substantiven erstarrt sind, haben diese Eigenschaft des «Porösen» besonders oft an sich. Welches Kind müssen wir uns vorstellen, das von seinen Eltern als «typischer Einzelgänger» bezeichnet wird? Und der «kleine Dickkopf, der sie schon immer war»? Die damit verbundenen Verhaltensweisen sind nicht lexikalisch zu definieren, sondern nur im Bedeutungsraum der je eigenen Familie. In einem anderen Kreis bekommen sie eine vollkommene andere Färbung und verfärben die Vorstellungen, die ein Mensch von sich selbst hat. Diese Zuschreibungen sind gerade ihrer Vieldeutigkeit wegen aber auch eine Herausforderung. Ist der «kleine Dickkopf» ein Lob oder eine Abwertung? Zeichnet sich das tobende trotzige Kind nicht ein wenig später dadurch aus, dass es sich in der Schule nicht alles gefallen lässt? Und: Vielleicht führt das ja auch zu einer ausgeprägten Haltung in Bezug auf Gerechtigkeit? So lässt sich immer weiter fragen und Bedeutung verändern – auch im eigenen Inneren.

Der «innere Kern» – eine Illusion?

Und der «innere Kern»? Das Gefühl, man sei irgendwie «doch derselbe» geblieben? Ist das nur Illusion? Haben überhaupt alle Menschen diese Vorstellung, oder ist es eine «Eigenschaft» nur mancher Menschen, diesen Kerngedanken zu erleben, wie andere Eigenschaften auch? Woher aber kommen die Theorien, die die essentialistische Annahme über das «innerste» Selbst entwickelt haben? Doch wohl aus einem Gefühl, man sei eben doch «derselbe» geblieben, mit einer eigenen Biografie, Erinnerungen, prägenden Eindrücken.

Auch in der Single-Identität gibt es oft so etwas wie einen «festen Kern». Eine Freundin, die jahrelang alleine gelebt hatte und damit durchaus zufrieden gewesen war, lebt seit einiger Zeit sehr glücklich mit einem Mann zusammen. «Du warst doch immer eine solch selbstbewusste Single-Frau», sagen die Freunde, «wie fühlst du dich denn da in einer Partnerschaft?» Ihre Antwort hat mir gut gefallen. «Ich genieße es, mit Walter so vieles teilen zu können, vor allem jetzt, wo wir älter werden. Aber die Erinnerung an meine Selbständigkeit in der Single-Zeit steckt noch immer in mir. Sollte sich irgendetwas bei uns ändern, dann wird diese Erinnerung wieder Kraft zum Handeln geben.»

Es sind diese Schwankungen zwischen dem Gefühl «Ich bin doch immer dieselbe» und dem gegenteiligen Gefühl «Wie habe ich mich verändert», die unsere Identität mit prägen. Die Schwankungen können größer oder kleiner sein, bemerkt oder unbemerkt – je nach Reflexionsfähigkeit. Große Schwankungen kann dieses Gefühl für sich selbst durch eine Therapie erfahren (oft ist es mit emotionalen Einbrüchen verbunden), aber natürlich auch durch außergewöhnliche äußere Ereignisse. (Wie in der Emigration aus einem selbstbewussten deutschen Kaufmann ein gedemütigter Arbeiter geworden ist, der nie ordentlich Englisch lernte, beschreibt Peter Gay seinen Vater in seiner Autobiografie auf sehr berührende Weise.[41])

Wenn man, um die Single-Thematik wieder aufzunehmen, zehn Jahre lang verheiratet war, dann aber seit dreißig Jahren alleine lebt, weil die Partnerin gestorben ist, bestimmt sich die Vorstellung von der eigenen Person als Single anders, als wenn man nie eine festere Beziehung gehabt hat. Sie ändert sich aber auch wieder, wenn eine neue Liebe auftaucht und man durchaus harmonisch ein neues Paarleben aufnimmt. Das Thema «Wer bin ich?» kann für lange Zeit das Leben nur leise begleiten, es kann aber vor allem in Krisenzeiten bestimmend sein für das Identitätsgefühl als Alleinlebende(r).

Der (die) zufriedene Single[42] ist keine Ausnahmeerscheinung, obwohl die «Goldfolie des Paarlebens» immer wieder geeignet ist, das Gefühl zu produzieren, man sei eben nur «zweitrangig». Es ist aber wechselhaft, dieses Gefühl, es kann durchaus einem Zufriedenheitsgefühl weichen, dass man frei ist, gut zurechtkommt und autonom entscheiden kann.

Das ist es, was zum Beispiel Anne kennzeichnet: Sie hat eine Balance von Bezogenheit und Autonomie gefunden. Nie würde sie von sich sagen, sie sei «beziehungsunfähig», sie weiß ihre sozialen Ressourcen[43] gut zu nutzen und ist eine beliebte Gastgeberin. Genau dies bleibt der «alten Jungfer» Rosemarie versagt, obwohl sie objektiv nicht schlechter dasteht als Anne. Rosemarie könnte natürlich – schon ihrer Begabungsressourcen wegen – gut einsteigen in ein soziales Leben, das sie ja eigentlich ersehnt. Es würde ihr viel Ressentiment erspart bleiben, wenn sie es ausnützen könnte. Vielleicht fehlt ihr das, was man «Urvertrauen» nennt?

In einer Welt, in der das bürgerliche Paarleben dominant war, wurden lange Zeit Singles als etwas «Eigenartiges», das aus der Normalbiografie herausfiel, angesehen. Dementsprechend waren auch manche Gefühle für sich selbst vom Status her bestimmt. Ende der Neunzigerjahre des vorigen Jahrhunderts änderte sich das – aber eine gewisse Unsicherheit für die eigene Identität als Single ist geblieben. Man kann stolz sein auf die Unabhängigkeit, die man sich errungen hat, und dann doch wieder zu alten Bildern zurückgreifen, die das Selbstwertgefühl beeinträchtigen. Solche Unsicherheiten müssen Singles bewältigen.

Die Unabhängigkeit, die Singles leben, eine Unabhängigkeit, die moderne Menschen ganz allgemein für sich beanspruchen, hat, nach Meinung mancher Soziologen, Vorbildcharakter. In diesem Sinn sind sie vielleicht wirklich «Pioniere der Moderne».

4 Wir kennen uns – wirklich?: Partnerschaften und Identität

Was «sehe» ich, wenn ich liebe?

Wenn man jemanden liebt, so die allgemeine Meinung, dann liebt man ihn «so, wie er ist». Nein, heißt ein schönes Wort von Erich Fromm: Man liebt ihn so, wie Gott ihn gemeint hat, also mit allen seinen Möglichkeiten. Sind damit auch die bösen, noch unentdeckten Möglichkeiten gemeint? – so fragt man sich dann aber auch. Und natürlich gibt es den Spruch von der Liebe, die blind macht (womit sicher die Verliebtheit gemeint ist).

Solche Überlegungen jedoch vernachlässigen die Tatsache, dass der Prozess der Annäherung von Liebenden nicht nur etwas mit Entdeckungen zu tun hat, sondern auch – wie bei allen Begegnungen: mit einem «Neu-Schaffen». Und das hat nicht unbedingt mit Sex und Kinderkriegen zu tun.

Was aber wird neu geschaffen? Die erste Phase, die Verliebtheit, ist natürlich nicht gerade die geeignetste, um den anderen einigermaßen realistisch zu sehen. Welche Eigenschaften auch immer er hat, welche Begabungen, welche Haltungen: Man kann davon ausgehen, dass ein Weichzeichner nicht nur das Äußere verschönt. Es gibt ab und zu einige Scharfseher, die schon in den ersten Momenten auch Flecken und Kratzer im Seelenleben des anderen bemerken – sie sind aber selten, eigentlich möchte man ihnen die Begabung zum Sichverlieben gar nicht zugestehen. Wie auch immer: Verliebte sind meist nicht die besten Menschenkenner.

Es soll aber auch nicht von Verliebtheit die Rede sein, sondern von jenem Prozess, durch den man einem anderen Menschen langsam näherkommt, sich darüber klar wird, dass man mit ihm zusammen sein möchte, und sich gefühlsmäßig und auch erotisch angezogen fühlt. Es ist also in diesem Kapitel meist von der Liebe zweier erwachsener Menschen (hetero- oder homosexuell) die Rede. Diese Liebe umfasst auch die Vorstellung von einer gewissen Dauer und wird meist auch so erlebt. Man zieht vielleicht zusammen oder zumindest bezieht man sich so aufeinander, dass man spürt: Diese Person ist etwas Einzigartiges in meinem Leben und ist nicht austauschbar. Dass an jedem dieser Bestimmungsstücke auch gerüttelt werden kann, ist bekannt. Wenn man von «Liebe» zwischen zwei Personen spricht, dann werden aber doch fast immer diese Bestimmungsstücke mit bedacht. Das «Liebesgefühl» sieht bei jedem etwas anders aus (während Verliebtheit schon in den ältesten Liebesgedichten so beschrieben wird, dass auch jeder moderne Mensch sie gut erkennen kann). Das Gefühl, «den/die liebe ich», ist also variabel, hat viele Zwischentöne, und es kann vorkommen, dass die Liebenden es selbst gar nicht so recht wissen, ob sie lieben. Manchmal kann dann ein Schock sie aufwecken: Der andere will nicht mehr mitmachen, er beklagt sich oder er findet einen Dritten. Das kann dann zum Erwachen führen: Aber ich liebe ihn (sie) doch …

Was aber wird «neu geschaffen», was hat es mit Identität zu tun? Selbstverständlich ist unter Liebenden der Prozess der Identitätsbildung besonders prägnant. In fortlaufenden Interaktionen wird – meist implizit – immer wieder eine neue Facette der Identität hervorgehoben. Wichtige Zuschreibungen von Eigenschaften, Handlungskompetenzen und ganz individuellen Besonderheiten werden in immer wieder neuen Situationen gemeinsam für jeden partnerschaftlich Lebenden gekennzeichnet.

Thomas Krauß[44] hat in seinem äußerst lesenswerten und tiefgründigen Buch über die Liebe in klugen Reflexionen den Prozesscharakter des Liebens herausgearbeitet, wobei er sich auf das Reden, das Handeln, die Sexualität bezogen hat. Er warnt vor den Verkrustungen im Liebesleben, die durch vorgefertigte Bilder entstehen, und er beschreibt die Lebendigkeit des Liebesprozesses in immer neuen Wendungen. Gerade dem Prozess der Zuschreibungen durch den Geliebten (die Geliebte) kommt wohl unter all den vielen Interaktionen eine besondere Rolle zu. Das soll näher beleuchtet werden.

Wir werden überladen mit Bildern, Metaphern und Gedanken über die Liebe, die von außen an uns herangetragen werden. Wie man Liebe erhält, bereichert, wie man mit dem Geliebten umzugehen hat, ihn (sie) aufmuntert und überredet: Das alles ist längst vorgeformt in unzähligen Liebesromanen, Liebesfilmen, in Theaterstücken und in Fernsehserien.

François de La Rochefoucauld sagte einmal, wir würden uns nie verlieben, wenn wir nicht davon schon gehört hätten. Das mag übertrieben sein – aber die Art und Weise, wie wir unsere Liebesgefühle organisieren, ist sicher sehr stark bestimmt von allem, was wir über die Liebe gehört und gelesen haben.[45] Wir leben in einem gesellschaftlichen Liebeskontext, der uns vieles, wenn auch nicht vorschreibt, so doch anbietet. Wir können wählen.

Wir können natürlich auch wählen unter vielen Eigenschaften, Haltungen und Erfahrungen, die uns die/der Geliebte anbietet, denn auch er/sie weiß ja um die verschiedenen Liebessprachen und Liebessignale. Die Forderungen und Erwartungen, die man an Liebende stellt, sind in moderner Zeit etwa: dass man «Konflikte austragen kann», dass man «die Balance von Nähe und Distanz» austariert, dass man «hingabefähig und zärtlich» ist, allerdings auch wiederum ein eigenständiges Persönlichkeitsprofil hat, also auch eine autonome Person ist. Da niemand alle diese Idealeigenschaften verkörpern kann, erweitert sich gerade in Liebesbeziehungen im Laufe der Zeit der Raum möglicher Unzufriedenheit und damit fester Zuschreibungen. Das Wort «immer» und «nie» gerät auffallend häufig ins Vokabular. «Du bist immer so taktlos». «Du hast nie Humor» etc.

Festgefahrene Identität

Die Gefahr, stecken zu bleiben in einem relativ groben Gerüst der Zuschreibung, die an eine Art «Diagnostik» erinnern mag, erleben besonders Paartherapeuten nur allzu oft.

Dass Renate «eben kein zärtliche Typ» ist, hat Rudi schon so oft gesagt, dass man es ihm glaubt. Auch Renate selbst empfindet sich als «kalt». Sie sei «frigide», erzählt mir Rudi einmal, man könne sie nicht «erwecken». Die beiden sind seit fünfzehn Jahren verheiratet, kennen sich seit zwanzig Jahren und sind jetzt Anfang 40. Renate solle eine Sexualtherapie machen, findet Rudi, der sich übrigens mit einer Arbeitskollegin getröstet hat – der Grund, weshalb sie Paartherapie gesucht haben.

Das Paar hat sich sehr jung kennen gelernt, da waren sie im ersten Semester. Ihre Begegnung war so romantisch wie man sich nur wünschen kann: gemeinsame Interessen, gemeinsame wunderbare Musikerlebnisse, Freunde, die man gerne mochte, mit denen man vieles unternommen hat – alle sahen in Renate und Rudi ein ideales Paar. Sie waren beide sehr klug, sie konnten über dieselben Dinge lachen, sich unterhalten – sie wurden beneidet.

Sexualität? Das war ein schwieriges Kapitel, meinen beide. Sie hatten wenig Erfahrung, Renate ist in einem sehr prüden Elternhaus aufgewachsen, das Thema wurde schamhaft umgangen. Rudi aber hatte schon sehr sehnsüchtig «darauf gewartet» und konnte nicht verstehen, dass seine Geliebte sich immer wieder verweigerte, keine Lust verspürte und ihm dadurch das Gefühl gab, sie sei eben «frigide». Die Geschichte ging nicht gut aus. Erstaunlicherweise verliebte sich Renate in einen sehr viel jüngeren Mann – und das Thema »Frigidität» war vom Tisch. Sie wollte auch nicht mehr wirklich zurück zu Rudi, sie spürte, dass sie ihrer (angeblichen?) «Frigidität» bei ihm nicht entkommen konnte. Viele Jahre lang hatte sie unter diesem Wort gelitten, mit Rudi zusammen, so meinte sie, konnte sie sich nicht als sexuell starke Frau erleben.

Rudi heiratete ein zweites Mal: Diese Frau allerdings bestach ihn durch eine besondere Lebendigkeit, eine ausgeprägte Sinnlichkeit, die sie auch sehr deutlich nach außen trug. Rudi war hingerissen. Seine neue Frau wusste alles über Renate und bedauerte Rudi: So lange habe er mit dieser «frigiden Frau» zusammenleben müssen, so viele verlorene Jahre.

Ich traf Rudi zehn Jahre später: Nun sähe er alles anders. Seine zweite Frau sei einfach zu «schlicht gestrickt» für ihn. Was er als ihre besondere Lebendigkeit gepriesen habe, sei einfach Primitivität, eine Art von Sinnlichkeit, die ihn jetzt langweile. Ich nehme an, dass seine zweite Frau aus dieser (schlicht gestrickten) Masche ebenso wenig herauskommt wie Renate aus ihrer «Frigidität», wenn sie sich nicht von Rudi trennt.

Es ist schwer, nicht an solchen Urteilen haften zu bleiben, und natürlich ist es ein Prozess der Gegenseitigkeit, aus dem man schwer aussteigen kann. Noch immer meint Rudi, es wäre letztlich mit Renate «wegen dieser Frigidität» nicht gut gegangen, obwohl sie ihm eigentlich – alles in allem – sehr viel mehr an Anregungen geboten habe. Eigentlich, so meint er, liebe er sie noch immer – und bei ihr sei es wohl auch ähnlich.

Nun kann man diese verunglückte Ehegeschichte natürlich unter sehr vielen Aspekten analysieren: die Vorgeschichte der drei handelnden Personen, ihre jeweiligen Elternhäuser, ihre je spezifischen Haltungen (Rudi will offenbar immer etwas «geboten» haben, Renate «braucht» viel Geduld etc.), ihre Bindungsfähigkeit und noch vieles andere.

Natürlich werden Paare, die sich gut kennen, einander immer wieder einige «Kern-Identitäten» zuschreiben, sonst würde man den anderen ja gar nicht «kennen lernen». Diese «Kern-Identitäten» sind Zusammenfassungen von Eigenschaften, mit denen der eine Partner den anderen meist in überspitzter Weise kennzeichnet. «Meine Frau ist ein sensibler Typ». – «Mein Mann ist ein ‹Alpha-Tier›» – das sind für den Außenstehenden recht unklare Bezeichnungen, werden aber im intimen Raum meist gut verstanden. Es ist sehr destruktiv, wenn diese Kern-Identitäten oder «Identitätskerne» nur mit negativen Vorzeichen versehen werden und nicht die ambivalenten Bedeutungen der meisten Worte mit einbezogen werden. Dann sieht manches anders aus. «Ilona ist schlampig», klarerweise keine sehr angenehme Eigenschaft. Hat diese Eigenschaft aber nicht auch Randzonen der Bedeutung, die anders klingen? «Schlampig, aber großzügig» wäre ein solches Beispiel. Man kann aber natürlich dabei bleiben, dass «schlampig» einfach nur unangenehmes Chaos bedeutet, dass der/die Partner/in sich um nichts kümmert usw. Der Partner hat dann wenig Chancen, sich aus dem Netz dieser unangenehmen Zuschreibung zu befreien.

Wie kommen solche häufig sehr festsitzende Zuschreibungen unter Liebenden zustande? Oft steckt dahinter eine langsam fortschreitende innere Unbeweglichkeit. Zu Beginn hat man sich die Welt noch gemeinsam zurechtgerückt, Erfahrungen beurteilt, aneinander ausprobiert, wie man sich selbst sehen könnte. In diesem Prozess ist viel Neues möglich: ein Neuentdecken von Haltungen, Eigenschaften, Begabungen. Man bleibt dabei durchaus beweglich, kann einiges revidieren, manches ganz weglassen. Es kann aber passieren, dass man sich diesen Prozess erspart im Gefühl: nun sei alles gesagt und gedacht, nun «kenne» man den anderen und sich selbst vielleicht auch (zumindest sich selbst in der Partnerschaft). Nun bleibt man an Kurzcharakterisierungen hängen – «frigide», «schlampig», «besserwisserisch» –, hat man sich mit solch einer Charakterisierung (für sich selbst oder für den anderen) einmal arrangiert, dann bleibt der Prozess sozusagen stecken. Es werden vielschichtige Handlungs- und Einstellungszusammenhänge auf eine Kurzformel gebracht. Meist ist es eine «Eigenschaft», die man dem anderen zuschreibt – und die bleiben oft «kleben». Der andere IST dann so oder so.

Die Schwierigkeit, sich neu zu entdecken

Es ist schwierig, anders zu denken – unsere Sprache ist darauf angelegt, den anderen mit Eigenschaften zu beschreiben, die ihm sozusagen wesensmäßig zukommen, das ist eine ihrer Gefahren. Dass mit wechselnden Kontaktpersonen oder wechselnden gesellschaftlichen Verhältnissen sich solche Beschreibungen sehr stark ändern können, wird dabei übersehen. Erst wenn man jedes Wort, mit dem man den anderen beschreibt (und sich damit «zurechtmacht»), wiederum in seine vielen Bedeutungsebenen zerlegt, hat man die Chance, von allzu starren Festlegungen (noch dazu solchen der negativen Art) frei zu werden. Auch positive Festlegungen sind übrigens weder unbedingt interessant noch belebend für das Paar. Und: Jede Festlegung zieht auf der anderen Seite ebenfalls sehr leicht starre Begrifflichkeit nach sich.

Ich befragte eine ältere Frau, ob sie – sozusagen als Nachbetrachtung ihrer verschiedenen (kürzeren und längeren) Liebesaffären und Partnerschaften – feststellen könne, wie sie selbst von den jeweils verschiedenen Liebespartnern «gesehen» wurde und was auf der anderen Seite sie selbst in den jeweiligen Partnern gesehen hat. Sie ist dieser verzwickten Aufgabe schriftlich nachgekommen und hatte, wie sie sagt, einige Mühe damit. Ihr Protokoll sah folgendermaßen aus:

Nr. 1: Ich bin ein kleines Mädchen, uninteressant, nicht sehr hübsch. Er ist genial.
Nr. 2: Ich bin eine lebhafte und gebildete hübsche junge Frau. Er ist lieb und bescheiden.

Nr. 3: Ich bin ein zauberhaftes, rätselhaftes Geschöpf, charmant und von hoher Kultur. Er ist ein etwas klobiger Aufsteiger.
Nr. 4: Ich bin ein hinreißendes Mädchen, voll von Witz und Neugierde. Er ist ein väterlicher Liebhaber, aber allzu vorsichtig.
Nr. 5: Ich bin eine bourgeoise, schlecht gekleidete Person, die nichts versteht von dem, was wichtig ist. Er ist ein verkanntes Genie.
Nr. 6: Ich bin eine schöne und kluge Zauberin, die der Welt Glanz verleiht. Er ist ein Prinz.
Nr. 7: Ich bin ein fremdes Rätsel. Er ist ein fremdes Rätsel.
Nr. 8: Ich bin eine Sexbombe. Er ist verklemmt.
Nr. 9: Ich bin ein Luxusweibchen. Er ist launisch, egozentrisch und geizig.
Nr. 10: Ich bin lieb und manchmal kompliziert. Er ist ein heiterer Lebenskünstler, der das Leben nimmt, wie es kommt.

Daraus ergibt sich natürlich eine Person, die offenbar sehr gegensätzliche Eigenschaften in sich vereint, sie muss sich wohl im Laufe ihres langen Liebeslebens recht unterschiedlich gefühlt haben. «Diejenigen, die mich am schlechtesten beurteilt haben, mit denen habe ich am längsten gelebt. Daraus kannst du jetzt eine Diagnose stellen», meint sie.

«Was ist davon geblieben?», so frage ich sie.

Sie kann darauf schlecht antworten, meint, dass von «allem etwas» haften geblieben ist. Und: dass sich innerhalb dieser Liebesbeziehungen jeweils nicht sehr viel geändert hat, teilweise trotz vielfachen Redens, trotz Streit und Diskussion. Natürlich könnte sie noch andere Begriffe finden – aber die Richtung bliebe etwa gleich. Sie sei noch immer sehr abhängig von solchen Zuschreibungen, meint sie. Wer sie «wirklich» ist? Ach, meint sie zögernd: Jetzt bin ich vor allem eines – alt! Sie lacht dazu, wirkt nicht unglücklich und deutet auf ihren letzten Lebensgefährten. «Mit ihm ist das aber leicht.» Mehr will sie dazu dann nicht mehr sagen.

Sollte man sich ein Bild machen?

Dass man sich «keine Bilder machen» soll (von Gott), das haben wir Älteren in der Bibel gelesen (Beginn der Zehn Gebote, Ex 20,1-5), die Jüngeren lasen in der Schule «Andorra» von Max Frisch, und bestimmt gibt es irgendwelche Popsänger, die dieselbe Weisheit auch zum Besten geben. Die Bilder, die man sich vom anderen macht, haben dieser Literatur zufolge, schon manches Liebesglück zerstört.

Aber auch die andere Seite der Zuschreibungen in den Liebesbeziehungen ist zu bedenken: Es festigt das Gefühl für sich selbst, wenn man sich «aufgehoben» fühlen kann im Wissen, dass der andere (der/die Wichtigste) bestimmte Vorstellungen, die er von einem hat, in sich bewahrt.

Es gibt Halt, überhaupt beachtet zu werden, und als einer, der so und so geartet ist, beschrieben zu werden. Man kann sich dagegen wehren, das tut man auch oft. «Ich bin nicht so dickköpfig, wie du mir immer unterstellst» – aber auch die Möglichkeit, sich zu wehren, das «Sich-Reiben» ergibt eine neue Facette und trägt bei zum Gefühl, man sei wichtig und einzigartig. Die Nahtstelle zwischen dem, was der «wichtigste» andere, der Liebespartner, in einer Person sieht, und dem, was man als etwas «Überdauerndes» in sich selbst spürt, ist sozusagen schief und krumpelig, kann immer wieder aufgetrennt werden und verschiebt sich häufig. Das macht es für die meisten Menschen schwer, sich selbst zu beschreiben. Man «ändert» sich, sagt man dann. Wer oder was ändert sich aber? Ist man wirklich ein Chamäleon, das sich je nach Umgebung «so oder auch wieder anders» sehen kann?

In der psychoanalytischen Diagnostik neueren Datums wird der Frage, wie jemand sich selbst beschreibt und wie er seine Selbstbeschreibungen von den Darstellungen seiner wichtigsten Mitmenschen abhebt, große Bedeutung beigemessen. Differenzierte Selbstbeschreibungen liefern zu können zeigt an, dass Menschen «Struktur» besitzen, dass sie über sich selbst nachdenken können, eine einigermaßen konsistente Meinung von sich entwickelt haben und sich damit auch von anderen Menschen gut abgrenzen können. Dies gilt als «gesund», während Menschen, die über sich selbst oder andere nur vage Aussagen machen können, als «gestört» betrachtet werden. Es ist für den jeweiligen Diagnostiker nicht ganz leicht, sich darüber klar zu werden, wo die Grenzen zwischen einem differenzierten und einem undifferenzierten Selbst- und Fremdbild zu ziehen sind. Im Laufe der näheren Kenntnis eines Patienten stellt man nämlich oft fest, dass man sich hat täuschen lassen: Eine klare Beschreibung, die ein Mensch von sich geben kann, heißt unter Umständen nur, dass er gut erkennt, was ihm von den wichtigsten

Menschen seiner Umgebung «zugeschrieben» wurde. Es ist nicht unbedingt gesagt, dass er eine sozusagen «solide» Struktur für seine Person gefunden hat. Im obigen Bild hieße das, dass er (sie) nicht einbeziehen kann, wie sich die «Nahtstelle» zwischen den Zuschreibungen des Partners und einer Beschreibung, die sich einem «ganz eigenen» Gefühl verdankt, immer wieder verändert. Man merkt als Therapeut, wenn die Behandlung länger dauert, dass sich auch das Bild, das einer von sich hat, ändern kann. Das ist natürlich etwas, was man von einer Therapie erwarten kann. In manchen Fällen aber geht es «zu schnell», und man fühlt, dass hier die Flexibilität zu groß ist. Trotzdem: Es ist wichtig, sich «beschrieben» zu fühlen, sei es explizit oder implizit. In der (längeren) Liebesbeziehung aber ist es auch wichtig, die Veränderungen wahrzunehmen, die sich in der Beschreibung ergeben.

Nichts kann schlimmer sein als die Einsamkeit desjenigen, der/die von niemandem «gesehen» wird. Natürlich wird man auch von Freunden, Kollegen, Verwandten gesehen und bekommt ein Gefühl dafür, wie man sich in dieser Sicht ausnimmt. Vieles davon wird verinnerlicht und trägt zum Gefühl der Ich-Identität bei. Die Wichtigkeit einer Partnerschaft aber bemisst sich ganz besonders an den Zuschreibungen, die uns das Gefühl geben, lebendig zu sein. Unsere Kondition als soziale Wesen bringt es mit sich, dass wir uns «gesehen» fühlen wollen. Auch der einsam lebende Eremit sieht sich von Gott «gesehen». Es ist bestimmt nicht ganz falsch zu denken, dass die vielerlei Vorstellungen, die sich Menschen von einem höheren Wesen machen, deshalb offenbar als eine anthropologische Grundkonstante angesehen werden, weil dieses «Gesehen-Werden» in uns angelegt ist. Die Einsamkeit des hohen Alters, wo man von den meisten vertrauten Personen nicht mehr «gesehen» wird, ist deshalb so bitter und schwer zu ertragen, weil eben eines der wichtigsten seelischen Bedürfnisse nur mehr mangelhaft erfüllt wird.

Wie sich Identitäten in der Partnerschaft immer neu formieren

Doris war Herbert (zwei Menschen an die achtzig) schon in ihrer gemeinsamen Studentenzeit als eine besonders lebhafte und lustige Person aufgefallen. Sie war umgeben von Freunden – mehr oder weniger platonisch, wie er hoffte. Nie hätte er sich an die attraktive und charmante junge Frau herangewagt. Beide studierten Chemie, allerdings war Herbert schon um einiges weiter. Er galt nicht zu Unrecht als einer der besten, der bestimmt in der Wissenschaft landen würde. Schon seine Diplomarbeit hatte für einiges Aufsehen gesorgt, und er bekam die begehrte Stelle bei einem bekannten Professor, natürlich mit Aussicht auf Promotion und Habilitation. Die lustige Doris verlor er nicht aus den Augen. Ihre Studienleistungen waren eher unterdurchschnittlich, er konnte es irgendwann so drehen, dass er sie bei der Anfertigung ihrer Abschlussarbeit beraten durfte. Sie war, wie er schnell feststellte, weder an der Wissenschaft besonders interessiert noch sehr fleißig. «Für Schulchemie geeignet», hieß das in seinen Kreisen etwas abschätzig. Mehr wollte Doris aber auch nicht. Sie bewunderte Herberts Intelligenz und Wissen. Sie hatte den «Traummann» des Instituts bekommen – zweifellos den begabtesten unter all ihren Verehrern.

Sie wurden ein Paar. Herbert war beglückt: Seine Doris eroberte mit ihrem Charme und Witz alle seine Bekannten, seine kritische Familie und sogar seine Mutter fand, sie sei ein «Hauptgewinn». Wenn er sie damals beschrieb, waren es immer dieselben begeisterten Worte: Charme, Witz, Schönheit, Humor. Doris selbst sah sich auch so, allerdings hatten ihre nur mäßigen Studienerfolge für sie mehr Bedeutung als für Herbert. Er war ein konservativer Typ, der nicht fand, dass der Beruf für eine Frau wichtig sei. Doris sollte sich um das häusliche Leben kümmern, später für die Kinder da sein. Dass sie daneben auch als Lehrerin Geld verdienen konnte, passte natürlich ganz gut. Herbert hatte kein großes Bedürfnis, mit Doris über wissenschaftliche Probleme zu sprechen, seine Interessen hätte sie nun schon kaum noch verstanden.

Doris sah sich selbst als künftige «Professorengattin», und diese Vorstellung sollte sich auch relativ bald erfüllen. Ihr kurzes Gastspiel als Lehrerin am Gymnasium war für sie sowieso nicht recht überzeugend gewesen. Sie sei nicht «die geborene Lehrerin», fand sie.

Herbert und Doris zogen in eine andere Stadt, wo Herbert eine hoch angesehene Professur antrat. Es kamen zwei Kinder. Doris hörte mit der Arbeit auf, sie war nun Mutter und Hausfrau, und außerdem verkörperte sie wirklich noch das alte Ideal der «Professorengattin», die ein gesellschaftlich interessantes Leben arrangierte und auch im Kollegenkreis von Herbert bewundert wurde.

Dort aber gab es natürlich auch «Gattinnen» – und zwar zufälligerweise solche einer ganz anderen Art. Man näherte sich dem Jahr 1968. Es gab unter diesen Frauen, die übrigens auch befreundet waren, drei, die sich geweigert hatten, die Rolle zu übernehmen, die Doris so bereitwillig ausfüllte. Eine davon war Leiterin einer Erziehungsberatungsstelle, die andere arbeitete als Juristin in einer gehobenen Position im Ministerium und die dritte war Ärztin mit eigener Praxis.

Schon beim ersten Treffen war es Doris nicht entgangen, dass die drei sich lustig machten über das Ansinnen «Professorengattin» zu spielen. Die Fragen an Doris waren dementsprechend überheblich. Erst als sie von ihrem Chemiestudium erzählte, lockerte sich die Atmosphäre. Das galt natürlich mehr als das selbst gewählte Hausfrau-Mutter-Leben. Herbert, das spürte Doris nun sehr klar, war beeindruckt von den drei Damen.

Langsam kristallisierte sich etwas anderes heraus, das nun nicht mehr unbedingt positiv klang: «Willst du denn nie mehr zur Schule gehen? Die Kinder sind doch im Kindergarten und in der Schule und Frau Müller ist doch auch jeden Tag vier Stunden da …» War das ein Vorwurf? Oder: «Na ja, Wissenschaft ist ja nicht gerade deine stärkste Seite.» Oder, indirekt: «Frau X. (die Juristin) wird jetzt sogar als Staatssekretärin gehandelt – tolle Frau. Und dabei sieht sie gut aus und managt auch Kinder und den Haushalt.»

Doris war noch immer lebendig und lustig, nach einem gelungenen Abend mit Freunden konnte Herbert ihr Komplimente machen wie früher. Aber: War das alles? Doris' Bewunderung für Herbert, den großen Wissenschaftler, ließ ein wenig nach. Im Bett, so fand sie, war er recht bieder, überhaupt: sein etwas linkisches Auftreten, die nun schon spärlichen Haare – der Traummann war er nicht mehr unbedingt. Und Fantasie hatte er offenbar auch nur in seiner Wissenschaft. Das reale Leben mit ihm war doch recht eintönig. Und so änderten sich die Bilder, die jeder vom anderen hatte.

Doris traf sich heimlich mit einem Geliebten, Erwin. Er fand sie nicht nur charmant und lustig, er bewunderte auch die intellektuellen Seiten, die er an ihr entdeckte. Was sie alles gelesen hatte! Wie oft sie ins Theater ging! Und dann noch ein naturwissenschaftliches Studium. Erwin hatte nach einem schnellen BWL-Studium den väterlichen Betrieb übernommen, er war tüchtig, er war sehr wohlhabend geworden und fand, dass eine heimliche Geliebte zu ihm passte. Für die «feineren» Seiten des Lebens hatte er allerdings nicht so viel übrig. Doris empfand sich als «interessant», als «autonom», aber ein schlechtes Gewissen hatte sie trotzdem. Sie wollte eigentlich nicht so recht «Vamp» spielen, irgendwie passte das dann doch nicht zu ihrem Selbstbild. Nach einem Jahr beendete sie die ewige Heimlichtuerei.

Es hatte ihr aber, wie sie ihrer Freundin sagte, «gutgetan». Diese Freundin beneidete sie um ihre heimliche Liebe und Doris fühlte sich wohl mit dem Wissen, dass sie sich eine Affäre «geleistet» hatte. Auch ihr Bild von Herbert hatte sich durch ihre Affäre geändert: Ein wenig bemitleidete sie ihn sogar. Er war nun heruntergestiegen von der Leiter des ewig unerreichbaren Genies (seit er einen hoch dotierten Wissenschaftspreis bekommen hatte, wurde überall in solch hohen Tönen von ihm gesprochen). Er war einer, der weltfremd, leicht zu betrügen und ein wenig kindlich war. Wenn sie mit ihm über die Alltagsorganisation sprach, gab es öfters Bemerkungen wie: «Aber du willst ja sowieso nur das Übliche» oder «Neues probierst du nur im Labor aus» u. Ä. m. Herbert hörte das wohl, wusste aber nicht recht, was er anders hätte machen sollen. War er ein Langweiler? Konnte man das ändern? Er wollte doch einfach nur Ruhe zum Arbeiten.

Doris übernahm nun tatsächlich einige Stunden an der Schule. Im Gymnasium gab es keine freien Stellen, aber an der Berufsschule suchte man dringend Chemiker; sie unterrichtete nun chemisch-technische Laboranten und fand bald heraus, dass sie mit diesen meist erwachsenen Schülern sehr viel besser umgehen konnte als früher mit den Kindern. Herbert war überrascht, wie fantasievoll seine Frau mit dem Unterrichtsstoff umging, Doris hörte ihn zu einem Kollegen sagen, man sollte an der Uni auch Didaktik-Kurse einrichten, er lerne nun viel von seiner Frau.

Das Älterwerden, das nicht mehr ganz so hübsche Äußere, machte Doris allerdings zu schaffen. Ihre Rolle als besonders reizvolle Frau war ein wichtiger Bestandteil ihrer Identität gewesen. Nun bröckelte dieses Bild, wie sie kritisch im Spiegel feststellen musste.

Herbert aber bewunderte sie nun wieder wie in jüngeren Zeiten. Sie sei die Allerschönste, sie sei nun, reifer geworden, noch viel anziehender … etc. Doris schwankte zwischen dem Bild der «reifen Schönheit» und der «verblühten Schönheit», aber irgendwann fand sie sich ab damit, dass sie nun älter war und – dieses Bild wurde nun immer wichtiger: dass sie zwar keine besonders gute Chemikerin war, dass sie aber in Didaktik des Chemieunterrichts als Expertin galt. Sie gab nun Seminare für Gymnasiallehrer – und langsam wurde für sie ihr Bild von sich selbst als Fachfrau immer wichtiger.

Herbert wurde in ihren Augen wieder «größer». Natürlich, er war ein wenig kindlich, verträumt, aber neben seiner Intelligenz auch recht gutherzig, als Vater wurde er, da die Kinder in die Pubertät kamen, sogar richtig bewundernswert. Besser als Doris verstand er viele Probleme der Kinder, die Widerspenstigkeit des Mädchens, die Null-Bock-Haltung des Jungen. Doris fand nun, sie selbst habe sich früher viel zu sehr gehen lassen, das wollte sie ihrem Sohn austreiben. Herbert fand, sie sei «zu streng» als Mutter. Dass der Sohn aber beruflich recht tüchtig geworden war, das, so meint sie wiederum, sei eben ihrer «Strenge» zu verdanken (das eben ist es übrigens, was die Porosität von Zuschreibungen ausmacht!). Es sieht so aus, als hätten die beiden, nun alt geworden, noch einige Wendungen in den Bildern und Vorstellungen, die sie von sich selbst und den anderen haben, vor sich. Wie werden sie einander sehen, wenn einer oder beide schwach, krank, behindert ist? Was werden die Enkelkinder mit ihnen machen?

Doris und Herbert sind mit den sich verändernden Bildern, die sie voneinander haben und einander ja auch implizit oder explizit mitteilen, für viele Paare recht «typisch». Obwohl nicht alles, was sie voneinander denken, sehr schmeichelhaft ist, so ist es doch interessant zu sehen, wie beide darauf reagieren: Sie werden unsicher, sie nehmen diese Bilder, auch wenn sie unangenehm sind, in sich auf und verhalten sich dementsprechend: reaktiv-widerspenstig oder auch geschmeichelt, oft auch wollen sie diese Bilder gar nicht annehmen und doch sind sie davon geprägt.

Dieses Paar hat Glück: Beide sind flexibel, sie haben sowohl äußere als auch innere Ressourcen. Sich den wandelnden Entwicklungsphasen des Paarlebens, des Berufslebens und der Kinder jeweils auch innerlich anzupassen, gelingt ihnen immer wieder. Die Vorstellungen, die sie vom Partner entwickeln, die Art, wie sie ihn beschreiben, sind wandlungsfähig. Es bleibt auch nicht alles verhaftet im Innenleben, sie registrieren auch die von außen kommenden Einflüsse: Doris bemerkt sehr wohl, wie man sie als «Nur-Hausfrau» einschätzt, sie zieht aber auch später Selbstbewusstsein aus ihrem

Erfolg als Lehrerin. Herbert, der ja immer etwas weniger abhängig war von den Einschätzungen anderer, ist durch seine Erfolge durchaus selbstbewusster geworden. Dass auch Doris dies nun einfließen lässt in ihre Bemerkungen über ihn, hat sein Selbstbild natürlich auch gewandelt.

Stillstand bis ans bittere Ende

Helga und Fritz sind sozusagen ein «Gegenstück» zu diesem Prozess. Auch sie gehen nun dem Alter entgegen und scheinen ganz und gar nicht zufrieden mit sich und ihrem Leben – obwohl rein äußerlich alles recht befriedigend erscheint. Sie haben einander in der Jugend im selben Betrieb kennengelernt. Helga arbeitete als Sekretärin, Fritz war für die Buchhaltung zuständig. Da sie keine Kinder bekamen und daher beide bis zur Rente arbeiten konnten, sind sie finanziell recht gut gestellt. Das kleine Häuschen ist abbezahlt, Helgas große Begeisterung für den Garten hatte sich ausgezahlt. Jeder bewundert diese Blütenpracht. Fritz ist ein ruhiger Mensch, der den ganzen Vormittag mit der Zeitung verbringen kann. Helga, das Kind aus einer turbulenten Ehe, hatte am Beginn ihrer Beziehung diese selbstverständliche Ruhe sehr genossen. Ihr Fritz war eine «Oase», so hatte sie es genannt. Fritz sah in Helga ein kleines Mädchen, das er beschützen konnte. «Mein Mädchen» hatte er sie auch oft genannt. Dass sie solche Begeisterung für das Wachsen und Blühen im Garten hatte, befriedigte ihn. Er sah ihr gerne zu, wenn sie dort arbeitete. Er selbst allerdings hat «keinen grünen Daumen», wie er meint.

Er war zufrieden mit dem Leben, das sie sich eingerichtet hatten. Die Kinderlosigkeit war für ihn kein Problem, für Helga hätte er sich Kinder vielleicht vorstellen können, aber so sehr schien sie auch nicht darauf erpicht zu sein.

Helgas Liebe zu ihrer «Oase» aber wurde mit der Zeit brüchig. «Langweiler» nennt sie ihn jetzt oft. Er kann darauf nichts erwidern. Warum lässt sie ihn nicht ruhig seine Zeitung lesen? Sie war leider eine «Meckertante» geworden – da konnte man nichts machen. Er richtet sich ein mit seinem Leben als Langweiler – denn tatsächlich fällt ihm nichts Besseres ein als Zeitunglesen, wenn der Vormittag so lang ist. Manchmal denkt er daran, dass sie ja auch einmal abends «ausgehen» könnten. Es fällt ihm aber auch da nichts Rechtes ein. Am Hochzeitstag allerdings lud er Helga ins Restaurant ein. Sie hatte sich darüber gefreut, aber eigentlich hätte er einen gemütlichen Abend daheim fast netter gefunden.

Man kann sich denken, dass das Gespräch zwischen den beiden nie recht in Gang kommt. Er hat sich, wie er meint, «eine dicke Haut» zugelegt, wenn sie fast täglich eine anzügliche Bemerkung über die lange Zeitungslektüre macht, maliziös erzählt, welch spannende Reisen frühere Bürokollegen unternehmen, während bei ihnen der Spaziergang auf der Seepromenade den Höhepunkt des Tages bilde, und überhaupt. Sie muss halt meckern. Gut, dass der Garten sie ablenken kann, und er ist ja auch bereit, die Produkte ihres Fleißes zu bewundern.

Jeder der beiden hat diese Definition für sich selbst auch übernommen; ganz im Geheimen aber hat jeder doch das Gefühl, er sei vielleicht doch auch noch «anders» – hätte man eben einen anderen Partner wählen sollen? Es sieht nicht so aus, als wären für dieses kinderlose Paar Freunde relevant. Ihre Beziehungen zu anderen Menschen sind recht eingeschränkt, sodass die gegenseitigen Beschreibungen großes Gewicht haben und nicht ausgeglichen werden könnten durch das, was andere wichtige Menschen über sie denken.

Es gibt aber auch bei Paaren, die mehr Außenkontakt haben als das oben beschriebene, oft eine ziemlich festgelegte «Privatsprache»: ziemlich festgefügte Worte («Meckertante», «Langweiler»), die durch häufigen Gebrauch wenig Mehrdeutigkeit erlauben. Dabei kann man gerade bei der Beschreibung von Fritz als «Langweiler» recht gut sehen, wie sich vermutlich die Beschreibung «desselben» Fritz' durch eine Verschiebung des Wortes verändert. Er war früher eine «Oase», also einer, der ruhig war, sich nicht groß veränderte, inmitten von Getöse immer gleich blieb. Man assoziiert dazu Stille, Stetigkeit. Ist das sehr weit entfernt vom «Langeweiler»? Natürlich nicht. Was sich drastisch geändert hat, ist die Umwelt. Das Paar ist nun alt und hat viel weniger Erlebnisse, die von außen kommen. Da wäre Fantasie gefragt, mehr innere Lebendigkeit, der Versuch, ein wenig Neues ins Leben zu bringen. Dazu scheint übrigens auch Helga nicht in der Lage zu sein. Nun bekommt die ruhige Stetigkeit von Fritz eine andere Tönung – leider nicht zum Besseren. Längst nicht jede Partnerschaftsbiografie endet versöhnlich; leider ist es oft erst der Tod des einen, der ihm wiederum ein neues Gesicht verleiht und idealisierende, weil nicht mehr an der Realität zu vermessende Eigenschaften zuschreibt.

Gibt es «Partnerschafts-Normbiografien»? Von der idealisierenden ersten Begegnung über Sturm und Drang hin zur altersweisen Gelassenheit? Ganz sicher gibt es solche Normen nicht. Man kann aber Partnerschaftsbeziehungen auch danach beurteilen, ob sie hauptsächlich geprägt sind von den Zuschreibungen des Partners oder ob sich die Außenwelt lautstark einmischt in das Gefühl, wer man «eigentlich» sei. Schwer zu sagen, welche Form von Lebenslauf die «bessere» ist. Es gibt Paare, die so sehr aufeinander bezogen leben, dass die Wahrnehmung durch den anderen fast die einzige Quelle der Identität ist – das kann je nachdem viel Vertrauen geben, aber auch eine Quelle von Unzufriedenheit sein. Moderne Partnerschaftsspezialisten aber würden vermutlich immer dafür plädieren, dass sich ein Paar nach außen hin «öffnet», um Korrekturen zuzulassen am Bild des anderen.

Eine Regel gibt es nicht – Liebesbiografien sehen recht unterschiedlich aus –, es sind die äußeren Umstände, die Ideologien, die gesellschaftlichen Bedingungen, die ebenfalls sehr viel mitzureden haben an den Zuschreibungen, die ein Paar sich selbst gibt, bezogen auf den anderen und im Hinblick auf das Paarleben selbst. Denn auch dieses ist wichtig: «Wir führen eine gute Ehe» oder «Wir ergänzen uns», «Wir sind ein typisches Streitpaar» u. Ä. m. – auch solche Zuschreibungen bestimmen das Selbstgefühl. «Wir als Paar»: Auch das ist eine wichtige Facette des Selbsterlebens.

5 In voller Blüte? – Identitätsprobleme in den mittleren Lebensjahren[46]

Allgemeine Überlegungen

Man könnte meinen, gerade in den mittleren Jahren sei die Identität der meisten Menschen ziemlich gefestigt: der Beruf gefunden, eine Familie gegründet, ein Freundeskreis gesichert. Solche unhinterfragbaren Existenzen gibt es zweifellos auch in unserer Zeit. Und doch wurde schon seit den 70er- und 80er-Jahren des vorigen Jahrhunderts von vielen Menschen auch dieser Altersgruppe die Frage aufgeworfen: «Ist das alles? Muss es so weitergehen?» Eine Häufung von Ratgeberliteratur für alle Sparten des Lebens weist darauf hin, dass auch in den mittleren Jahren die Unsicherheit über das, was das «richtige Leben» bedeuten kann, schwankt. Berufsrollen, Statusrollen und die privat gelebten Rollen als Mann, Frau und Eltern werden immer brüchiger. Auf die Art und Weise, wie die Eltern und Großeltern gelebt haben, will man selten zurückgreifen. Es gibt neue Anforderungen für fast jede Lebenslage.

Aber welche Anforderungen sind es, die so vielen Menschen zu schaffen machen? Ist es die Anforderung an die «lebenslange Entwicklung»? Sind es die äußeren Umstände, die sich sehr schnell ändern können? Ist es die Verschiebung der Altersgrenzen? Offenbar sind alle diese Themen miteinander verflochten. Und: Was genau ist darunter zu verstehen?

Zentral scheint das Postulat der «lebenslangen Entwicklung» oder, schärfer formuliert, das Postulat des «lebenslangen Lernens» zu sein. Wie der Name sagt, weist es darauf hin, dass die persönliche Entwicklung nie abgeschlossen ist, dass wir – und das macht es besonders problematisch – uns aktiv bemühen müssen um immer wieder neue Entwicklungsschritte. Natürlich ist diese Entwicklung sehr oft verbunden mit ganz neuen Lebenssituationen: mit neuen Partnern, neuen beruflichen Richtungen oder mit dem Umsturz aller gewohnten Lebensformen – man denke an die im letzten Jahrhundert sehr oft gegründeten Landkommunen durch junge Intellektuelle und Handwerker.

«Lebenslange Entwicklung» ist bekanntlich ein Begriff, den es in dieser Form früher nicht gegeben hat. Unter dem Einfluss der Psychoanalyse war bis in die 50er-Jahre des letzten Jahrhunderts hinein eher die Vorstellung dominierend, dass in der frühen Kindheit die großen Weichen gestellt werden; später kamen Pubertät und Adoleszenz als «die zweite Chance»[47] für die Erweiterung des möglichen Entfaltungsraumes der Person dazu.

Es ist wieder einmal Erikson[48], dem wir an dieser Stelle die ersten konkreten Überlegungen über die Identität der mittleren Jahre verdanken. Sein Entwicklungsmodell sieht für das «Erwachsenenalter», das zwischen dem «Alter» und dem «frühen Erwachsenenalter» liegt, als die wichtigste Kompetenz die Erlangung von Fürsorgequalitäten an. Generativität zu erlangen (versus Stagnation, wenn das Ziel nicht erreicht wird) ist wichtigstes Ziel dieser mittleren Jahre. Den Begriff Generativität will Erikson weiter gefasst wissen als den Begriff «Fortpflanzung». Er meint damit alle Strebungen, die daraufhin ausgerichtet sind, an kommende Generationen zu denken, ihren Lebensraum und ihr Fortkommen zu schützen, ihr Aufwachsen zu überwachen und sich darin auch zu spiegeln. Die Aufgabe aller Lebensalter ist die mit den jeweiligen Spezialaufgaben verbundene Etablierung einer kohärenten Identität.

Diese Kennzeichnung des Erwachsenenalters setzt eine eher konstante Umwelt und damit Lebensläufe voraus, die man als «durchschnittlich» bezeichnen kann. Dazu gehört auch eine einigermaßen ubiquitär anerkannte Wertewelt, speziell in Bezug auf die Lebensformen. Wie aber sieht das Erwachsenenalter heute aus, wenn man es mit dem früherer Jahre vergleicht? Wie sieht «Fürsorge für die nächste Generation» aus, wenn mehr Menschen als je zuvor in den mittleren Jahren nicht fest gebunden sind und auch keine Kinder haben? Wie wirkt sich die bekannte «Individualisierung» aus, wenn man vor allem für sich alleine sorgen muss und kaum Einfluss nehmen kann auf ein allgemeines Wohl der späteren Generationen? Ist Mülltrennung, das Wählen der «Grünen» und eine monatliche Unterstützung von «Greenpeace» genug? Man muss gar nicht sehr weit die Generationenreihe zurückgehen, um frappierende Unterschiede zu sehen. Abgesehen davon, dass auch die «mittleren Jahre» nicht mehr unbedingt mit denselben Lebensjahren zusammenfallen wie noch bei Erikson, haben sich auch die Vorstellungen davon, was man in diesen Jahren bewältigen sollte, geändert.

Dass Pubertät etwas mit «Identitätsfindung» zu tun habe, ist klar. Dass es aber über diesen Abschnitt der Pubertät hinaus auch noch «Identitätsarbeit»[49] zu leisten gilt und dass diese immer weiter ins Lebensalter hineinreicht: das ist nicht immer so deutlich gesehen worden. «Arbeit» hat natürlich immer auch den Beiklang von Mühe, aber auch von Scheitern. Die «lebenslange Entwicklung» ist zwar auch von Erikson als eine Aufgabe angesehen worden, der man sich unterziehen muss, die auch scheitern und in die Stagnation führen kann. Er hat allerdings für jede Lebensphase sichere Normen entwickelt. Diese kann man verfehlen, aber dies ist dann eben sehr klar eine verfehlte Norm.

Anders sieht die Lage bei der heutigen Generation der «mittleren Jahre» aus. Die von ihnen geforderten Entwicklungsschritte sind nicht so sehr von äußeren als von inneren Normen bestimmt. Man muss «spüren», was man braucht, um sich zu entwickeln. Weder die Berufsfindung noch die Partnerschaft müssen unbedingt für immer das «Richtige» sein. Zum «lebenslangen Lernen» gehört auch die Möglichkeit, sich radikal zu verändern. Der Begriff selbst ist erst von den Altersforschern in den Neunzigerjahren des vorigen Jahrhunderts erfunden worden: Er zeigt die neuen Freiheitsräume auf sowie die Verpflichtungen und damit verbunden die neuen Mühen. Viel stärker als es bei Erikson der Fall war, wird die Aktivität beim Erlernen neuer Lebensformen betont. Verbunden mit der «Identitätsarbeit» kann dies zu einer fast bedrohlichen Aufforderung werden.

In der Freudschen Psychoanalyse gab es den Begriff der Identität früher so gut wie nie, aber Freud hatte durchaus eine Vorstellung vom «Einheitsbestreben» der Psyche, in späteren Schriften wurde diese Aufgabe dem «Ich» zugeteilt. Aber die große Wichtigkeit der frühen Kindheit verdeckte ein ausgefeilteres Konzept davon, dass über die Pubertät/Adoleszenz hinaus sich im psychischen System noch Relevantes verändern könne. Das aber kann auch heißen, dass Identität als «Schnittstelle zwischen Person-Kern ... den Selbst-Objektrepräsentanzen und der Übernahme sozialer Rollen, Verhaltensweisen und Überzeugungen»[50] als etwas Statisches gesehen werden kann. Demgegenüber, so wiederum Werner Bohleber, kann man diese Schnittstelle aber auch als etwas dauernd Veränderliches ansehen, als einen dauernden Prozess, der die ganze Lebensspanne umfasst. Identität ist für Bohleber, einen Experten psychoanalytischer Identitätsproblematik, nur denkbar als ein selbstreflexives und daher auch prozessuales Geschehen. Identität wird außerdem, auch beim Psychoanalytiker Bohleber, nicht unvermittelt erfahren, sondern immer auch in der Spiegelung eines bedeutungsvollen Anderen.

Themen und Probleme der mittleren Jahre

Einige Fallbeispiele sollen den Gegensatz zwischen Menschen in den mittleren Jahren in früheren Zeiten und in der Jetztzeit verdeutlichen:

Szenario 1

Das erste Fallbeispiel stammt aus der Zeit des Zweiten Weltkrieges, als traditionelle Lebensformen noch weit verbreitet waren, im Zuge der Kriegsereignisse allerdings kurzfristig aufgebrochen wurden:

Die 92-jährige Mutter einer Freundin erzählt, dass sie 1945, 32-jährig, mit vier Kindern (das Jüngste ein Säugling) aus dem brennenden Berlin fliehen musste. Sie stahl Getreide von den Feldern, musste eine Zeitlang im Schweinestall eines Bauern übernachten und wusste im Übrigen nicht, ob ihr Mann noch lebte. 1947, nachdem ihr Mann wieder daheim, aber arbeitslos war, kam ihr letztes Kind zur Welt. Es war in solchem Maße unterernährt, dass man lange Zeit nicht wusste, ob es überleben würde. Ihre kurze Berufslaufbahn als Kinderschwester war vom ersten Kind an beendet, was sie als ganz selbstverständlich empfand. Ihr weiteres Leben drehte sich um die Familie, später um die erweiterte Familie, sie erfüllte viele soziale Aufgaben und war damit reichlich beschäftigt, bis Alter und Krankheit sie zwangen, sich von der Familie pflegen zu lassen. Dass sie auch als Greisin noch das anerkannte «Zentrum» der Familie war, erfüllte sie mit Stolz.

Szenario 2
60er-Jahre des letzten Jahrhunderts – eine Umbruchszeit für Lebensformen:
Die heute 70-jährige Ärztin bekam mit 32 Jahren ihr erstes Kind und galt damit damals als «Spätgebärerin». Sie kämpfte hart um ihren Beruf, machte viele Abstriche und wütete sich in eine Opposition gegen ihren typisch traditionell denkenden Ehemann hinein, was die Ehe schließlich zerbrechen ließ. Aus diesem Grund wollte sie auch kein zweites Kind. Sie begnügte sich schließlich mit einer Position, die unter ihrem ursprünglichen Berufsziel stand, und wurde Vertrauensärztin bei einer Behörde. Sie ist zwar nicht ganz unzufrieden mit ihrem Lebenslauf, hätte sich aber, wie sie meint, mehr zugetraut.

Szenario 3
Gegenwart:
Eine nunmehr 31-jährige Patientin, die in einem sozialen Beruf arbeitet, klagt über ihre schwierigen Beziehungen bzw. Beziehungsabbrüche; sie fragt sich explizit immer wieder «Wer bin ich denn eigentlich?» und schwankt hin und her zwischen einem Selbstbild als «sexy Girl», «Dame» und «sportlicher Berufstätiger». Mütterliches Vorbild, gute Freundinnen und Berufskollegen bestimmen ihr jeweiliges Ideal. Vom Äußeren her könnte sie auch gut als Abiturientin durchgehen. Sie überlegt einen Berufswechsel. Sie entspricht eindeutig dem Konstrukt der «emerging adulthood».[51]

Szenario 4
stammt ebenfalls aus der Gegenwart:
Die 50-jährige alleinerziehende Mutter eines Achtjährigen hat beruflich im Wirtschaftsleben ungewöhnlich viel erreicht, ist jugendlich und begehrenswert, hat in ihrem Leben viele Liebhaber gehabt, aber nie eine länger dauernde Partnerschaft. Sie quält sich seit einigen Jahren mit der Frage «Bin ich denn beziehungsunfähig?», denn an Männern, die mit ihr leben wollten, hat es nie gefehlt. Das Kind hat sie trotz ungewollter Schwangerschaft sehr bewusst bekommen, und sie hat dem Vater nie von seiner Existenz erzählt. Sie ist eine sehr fürsorgliche und überlegte Mutter, fragt sich aber, was sie dem Kind vorenthalten hat, als sie den Vater so konsequent aus ihrem Leben ausblendete. Sie stellt ihr früheres Lebenskonzept –

glanzvolle Konferenzen in aller Welt, Verehrer in vielen Ländern u. Ä. m. – jetzt in Frage, ihre Suche nach «Männern von Welt» betrachtet sie als Irrtum, ohne dass ihr aber andere Männer wirklich zusagen. Aber «eigentlich» möchte sie nichts als eine traditionelle gemütliche Familie – wie sie meint.

Szenario 5

stammt ebenfalls aus der Gegenwart:

Die 39-jährige Sozialarbeiterin hat nach acht Jahren ihren Ehemann verlassen, um mit einer Frau zu leben, in die sie sich verliebt hat. Es ist ihre erste Frauenbeziehung, und sie besteht darauf, dass sie «nicht lesbisch» sei. Sie hatte sich damals nach dem Scheitern einer In-vitro-Fertilisation in diese Frau verliebt, hat aber jetzt den Wunsch nach einem Kind aufgegeben. Seit einiger Zeit ist sie mit ihrer Freundin verheiratet.

Szenario 6

Gegenwart:

Mein Finanzberater, ein ursprünglich sportlich-adrett gekleideter Mann von vielleicht 40 Jahren, erschien eines Tages mit langen Haaren und dichtem Vollbart in Jeans und T-Shirt. Er werde demnächst seinen Job aufgeben, weil er in einem Selbsterfahrungsworkshop entdeckt habe, dass er «heilende Hände» habe. Das materialistische Denken sei ihm schon seit langem zuwider, es gäbe im Leben Höheres. Etwa fünf Jahre später traf ich ihn bei einem teuren Innenstadt-Friseur wieder: flott sportlich gekleidet, ohne Bart, mit gutem Haarschnitt. Er habe jetzt die Geschäftsführung in einem florierenden Kosmetik-Institut nach Rudolf Steiner übernommen.

Die Notwendigkeit, mit sich selbst nicht allzu identisch zu sein

Alle diese Lebensläufe zeigen immer wieder auf: Den durchschnittlichen erwachsenen Lebenslauf gibt es nicht mehr. Viele Menschen fallen heraus, ohne dass sie dadurch in besonderer Weise auffällig sind oder individuelle Abnormitäten aufweisen. Die von mir beschriebenen Menschen sind sehr unterschiedlich alt und haben recht unterschiedliche Probleme. Dass eine 32-Jährige vier Kinder unter äußerst prekären Umständen durchbringen muss, ist in unserem Land kriegsbedingt und hat sich Gott sei Dank nicht mehr wiederholt. In anderen Ländern und anderen Bevölkerungsschichten aber gibt es das noch immer. Die 32-Jährige ein oder zwei Generationen früher hätte sich aber auch kaum mehr darum gesorgt, ob sie noch teenagerhafte kurze Röckchen oder elegante zweiteilige Kostüme tragen solle. Es war mehr oder weniger festgelegt, wie man sich verhalten und kleiden solle und wie man seine Rolle als vierfache Mutter in bürgerlichen Verhältnissen auszufüllen hatte. Man sollte ganz sicher nicht mehr wie ein Teenager aussehen.

Mit der Ungewissheit der Alterszuordnung in Bezug auf die «mittleren Jahre» aber ist schon einmal ein erstes Identitätsproblem gegeben. Viele Menschen dieser Jahre «wundern» sich, dass sie schon so alt sind, weil sie sich gar nicht so fühlen. Sie sehen übrigens auch meist – zumindest in der Mittelschicht – recht jugendlich aus, was mit gesundem Leben und wenig körperlicher Arbeit zu tun hat.

Marcia[52] fand in seiner Identitätsuntersuchung bei Jugendlichen, dass sich in den Jahren zwischen 1964 und 1984 (Interviews) der Anteil derjenigen Jugendlichen, denen man eine «Identitätsdiffusion» zuschreiben könne, von 20 % auf 40 % erhöht hat. Er erklärt dieses überraschende Ergebnis nicht als ein Ansteigen der pathologischen Fälle, sondern als Ergebnis der kulturellen Anforderungen, die dazu führen, dass es schwieriger sei, Optionen durchzuhalten und sich selbst als etwas «Gleichbleibendes» zu empfinden. Er nennt dies «kulturell adaptive Diffusion». Es gibt keine gleichartige Untersuchung für Erwachsene in den mittleren Jahren, aber ich glaube, dass man mit ähnlichen Ergebnissen rechnen könnte. Sehr oft hört man von Endzwanzigern oder Mittdreißigern, dass sie sich noch sehr jung fühlten und noch immer nicht wüssten, was das heißt: erwachsen sein. Einer der wichtigen Faktoren bei dieser Neubewertung der mittleren Jahre ist sicher die Emanzipation der Frau, wodurch auch das Alter für das erste Kind häufig weit nach hinten geschoben wird.

Das aber bedeutet einen weitaus größeren Spielraum für verschiedene Identitätsentwürfe, und natürlich ist auch in den mittleren Jahren die Interaktion mit den anderen sehr relevant. Die wenigsten Menschen können von sich behaupten, sie seien jetzt «abgeschlossene Persönlichkeiten», ja es wäre geradezu merkwürdig, wenn sie es täten. Wandlung gehört zum modernen Menschen, eine abgeschlossene Persönlichkeit wäre – als Starrheit konnotiert – eher so etwas wie ein Versagen.

Dieser Weg der Identitätsbildung über den Prozess der Spiegelung durch die anderen, der mit der Spiegelung durch die Primärpersonen beginnt, bedeutet nun für den Menschen der mittleren Jahre, dass sich die Suche nach Identität nicht, wie noch Erikson vermutet, als eine Konsolidierungsarbeit darstellt, die über die Adoleszenz hinausweist. Es mag zwar bei einigen Menschen in den mittleren Jahren trotzdem so sein – die «typisch» moderne Realität des Menschen in den mittleren Jahren spiegelt es nicht. Es bedeutet vielmehr, dass gerade in den mittleren Jahren, wo sich die äußeren Möglichkeiten der Lebensgestaltung nicht vereinheitlichen, sondern oft drastisch ausweiten, ganz andere und jeweils variable Identitätskonzepte am Horizont des Einzelnen auftauchen. Dieses bedingt dann die vielzitierte Midlife-Crisis.

Wenn wir zurückgehen zu den «Lebensaufgaben» in den mittleren Jahren: die Sorge für die Nachkommen (Generativität: Erikson), das Schaffen von Werten über das eigene Leben hinaus[53], die berufliche Konsolidierung und die Festigung der intimen Partnerschaft[54] –, dann wird klar, wie prinzipiell anders sich in der heutigen Zeit dies alles für Menschen in den mittleren Jahren darstellt, wenn man es z. B. mit den Lebensaufgaben der Nachkriegszeit vergleicht. Ich zähle ein paar der altbekannten Fakten auf, die hier hineinspielen:

Die räumliche Mobilität: Neue Berufe, große Firmen verlangen Flexibilität, nicht nur im Denken, sondern auch ganz konkret in Bezug auf den Wohnort und die Kompetenzen. Was in den USA schon sehr viel länger Usus ist, wird auch bei uns üblich. Junge Familienväter und Mütter ziehen drei- bis viermal im Laufe der Kindheit ihrer Kinder um. Das aber heißt: neue Nachbarn, neue Freunde, neue Eltern im Kindergarten und in der Schule, neue Berufskollegen.

Neue Partnerschaftsmodelle: Partnerschaften werden leichter aufgelöst als früher. Man hat kirchliche oder staatliche Sanktionen dabei nicht mehr zu befürchten, außerdem beanspruchen Menschen im Laufe der oft sehr langen Partnerschaftszeiten unterschiedliche Entwicklungsmöglichkeiten. Neue Beziehungen stellen sich ein; zwei-, dreimal verheiratet zu sein ist kein Makel. Ein vorsichtiges Austarieren innerhalb der neu gegründeten Beziehungen und Familien wird nötig. Natürlich fällt in diesen Problemkreis auch die

Toleranz und das Verständnis für verschiedenartige sexuelle Orientierungen, wobei auch der Wechsel bei ein und derselben Person durchaus möglich erscheint.

Freundschaften: Viele Untersuchungen deuten darauf hin, dass Freundschaften nicht nur in der Mittelschicht – vermutlich gerade unter dem Druck labiler intimer Beziehungen – einen großen Wert darstellen. Allerdings geht es mit diesen Freundschaften ähnlich wie mit Partnerschaften: Sie klingen bei Wohnortwechsel leicht aus, werden blass und durch neue ersetzt. Zeitmangel ermöglicht es nicht, sich in weit entfernten Orten zu besuchen, die Muße zum Briefeschreiben (und auch die Techniken) fehlen oft. Bei manchen Menschen wird jetzt eine neue Form der Beziehung durch E-Mails oder Facebook gepflegt.

Familie: Erstaunlich oft halten die ursprünglichen Familienbande – trotz weiter Distanzen. Allerdings ergeben sich auch da oft Missverständnisse, die der Alltag nicht sofort bereinigen kann. Zuschreibungen verfestigen sich, werden abgewehrt und bleiben als konflikthafter Bestandteil des Seelenlebens bestehen. Familientreffen scheinen oft wieder Konjunktur zu haben, werden aber häufig auch recht zwiespältig erlebt.

Berufsrealität: Bekanntlich ist es für viele Menschen heutzutage schwierig, sich kontinuierlich in ihrem Beruf zu halten. Auch wenn sie innerhalb des von ihnen gewählten Feldes bleiben: Es werden neue Qualifikationen verlangt, Umlernen ist gefragt, der Aufstieg ist für viele ein Ziel. Viele bleiben aber nicht einmal in der Nähe des Ursprungsberufes. Von einer Konsolidierung kann keine Rede sein – ganz abgesehen von der Situation der vielen Arbeitslosen.

Identitätswechsel – Anreiz für Entwicklung?

Auch die Schwierigkeit, die «mittleren Jahre» altersmäßig einzugrenzen, ist mit diesen unsicheren Gegebenheiten verbunden. Eine 40-jährige Frau, die gerade ihr erstes Kind bekommt – eine unter Akademikerinnen häufige Situation –, erlebt ihr Muttersein und ihre Berufstätigkeit sicher ganz anders als eine 25-Jährige. Ob «alte Mütter» besser oder schlechter sind, ist in diesem Zusammenhang nicht von Belang. Sicherlich sind sie «anders»: Die erstaunliche Jugendlichkeit mancher Frau als 40-jährige Mutter, manches 45-jährigen Vaters eines Babys wirkt sich aus auf das Gefühl für die eigene Identität und für die Zuschreibungen durch die anderen. Besorgte Stimmen («Unverantwortlich, wenn das Kind zu studieren beginnt, gehen die in Rente!») wechseln mit Begeisterung («Wunderbar, die haben Mut!»).

Alle diese Felder sind – und dies ist für das Identitätsthema natürlich besonders wichtig – besetzt mit Kontakten mehr oder weniger intimer Form. Überall gibt es neue Beziehungen, neuartige Menschen werden kennengelernt (die 40- bis 45-jährige Mutter sitzt mit Mitte Zwanzigjährigen im gleichen Stillkurs oder auf der Parkbank), und mit Erstaunen muss man feststellen, dass man in einen immer wieder neuen Sog von Zuschreibungen und Selbstbeschreibungen gerät.

Aber auch die Instabilität des Berufslebens bewirkt bemerkenswerte Veränderungen in der Bestimmung von Identitäten durch Selbst- und Fremdzuschreibungen:

Schon vor und vor allem nach dem Abitur verdiente ein mir bekannter junger Mann jahrelang sein Geld gar nicht schlecht als «Zauberer» – er hatte alle in diesem Kreis offiziellen Lehrgänge durchlaufen. Etwas später gründete er eine Band, mit der er ebenfalls Geld verdiente; ein Studium verfolgte er nebenbei, ein Abschluss war nicht in Sicht. Als seine Freundin, die Sängerin in der Band, unerwartet schwanger wurde, war er 32, freute sich sehr über das Kind, ging nun mit Riesenschritten durch das Studium und wurde Lehrer. Das Kind hatte ihn ganz schnell vom Jugendlichen zum Erwachsenen gemacht, und er fing an, über eine Ausbildungsversicherung für seinen Sohn nachzudenken. Die Leben in diesen verschiedenen Milieus hatten ihm, wie er sagte, großen Spaß gemacht.

Ein fast gegensätzliches Schicksal hatte der 50-jährige Rockmusiker, der mit 25 Jahren große Erfolge feierte, es danach aber unaufhaltsam bergab ging und der schließlich in einer Musikalienhandlung Gitarren verkaufte. Ihm wurde dort bald gekündigt, weil er sich Kunden gegenüber nicht zurückhalten konnte und etwas Pöbelhaftes an sich hatte. Sein Chef bezeichnete ihn als «jungenhaften Rowdy».

Erst durch die Situation der dauernd gebrochenen und veränderten Lebensläufe wird die Theorie von den sozial konstruierten Identitäten in hohem Maß plausibel. Wenn wir mit Bohleber Identität als die «Schnittstelle» zwischen innerer und äußerer Identität ansehen und diese als einen Prozess begreifen, wird klar, warum der Sozialpsychologe Kenneth J. Gergen sein Buch zu dieser Thematik «Das übersättigte Selbst» nennt.[55] Einen «Chor von Stimmen» in jedem Einzelnen propagiert er – kein Wunder, wenn dieser Chor auch öfters misstönig erlebt wird. Das kohärente Selbst ist dabei oft nicht mehr so leicht zu erkennen. Um im Bilde zu bleiben: Die Ursprungsmelodie, das überdauernde Thema kann sehr, sehr leise werden. Dieses nennt man eine «Dezentralisierung von Identität».[56] Krappmann, wie mehrfach erwähnt, hat es mit dem Begriff der «balancierenden Identität» gekennzeichnet und vom Einzelnen «Ambiguitätstoleranz» gefordert, damit dieser Prozess nicht zur persönlichen Verwirrung führt. Ist diese «dezentralisierte Identität» vom Subjekt noch zu «kontrollieren?», so fragt auch Keupp. Erikson unterstellte noch einen hohen Grad von individueller Kontrolle über die eigene Lebenssituation, und wenn die Kontrolle entgleiste, dann konnte man das als bedauerliche Pathologie ansehen. Ist aber diese dauernde Neuorientierung, diese immer wieder neue Einstellung zur eigenen Person (hervorgerufen durch die wechselnden anderen) nicht eine recht «gesunde» Reaktion, eben das, was Marcia eine «kulturelle Adaptation» nennt? Ist immerwährende Pubertät also der Normalfall und eben dadurch: eine Verpflichtung zur Dauer-Entwicklung?

Identitätsbruch – oder die konstante Leitmelodie

Diesem Bild der dauernd wechselnden Identitäten als etwas Problembehaftetem kann man aber auch mit relativierender Skepsis begegnen. Man kann sich fragen, ob es einerseits nicht überzeichnet ist und andererseits diese modernen Identitäten nicht auch positive Seiten haben. Dass die Vorstellung von der dauernd wechselnden Identität (übrigens hatten wir in den 1950er-Jahren bei David Riesman[57] schon Vorläufer davon im «Radarmenschen») Energien freisetzen kann, deutete auch Heiner Keupp schon vor einem Jahrzehnt an.

Wenn wir die Bestimmungsstücke der Identität durch den Psychoanalytiker Werner Bohleber genau betrachten, könnte man auch bezweifeln, dass der Wechsel von Identitäten wirklich in solch einschneidender Weise für den Einzelnen relevant ist. Neben den in unserer Zeit bestimmt sehr wechselhaften sozialen Rollen sind es eben doch Bestimmungsstücke, die im psychoanalytischen Diskurs als verhältnismäßig dauerhaft angesehen werden: die früh der Person zugrunde gelegten Strukturen von Es, Ich und Überich sowie die Selbst-und Objektrepräsentanzen. Letztere gelten ja meist auch als sehr früh prägende Interaktionserfahrungen, die im Kindesalter verinnerlicht werden.

Diese «Bestandteile» der Identität sollten es zulassen, nach alter psychoanalytischer Tradition zu fragen, ob denn hier nicht sehr grundsätzliche und recht früh zugrundegelegte Mechanismen dafür sorgen, dass eine wichtige Instanz der Identitätsbildung kontinuierlich erhalten bleibt. Man kann sich also fragen, ob dem «Chor der Stimmen» nicht eben doch eine wichtige Leitmelodie erhalten bleibt. Jeder praktizierende Therapeut ist daran gewöhnt, eine solche «Grundmelodie» herauszuhören und seinem Patienten diese als «zentralen Beziehungskonflikt» oder «Narzissmus» oder «Konflikt-Abwehr-Geschehen» deutlich zu machen. Wenn dies stimmt, dann verdeutlicht der Therapeut eine zentrale Identitätsfacette, die sich nicht so leicht verändert. Oder: Ist dies wiederum nur eine veränderbare Zuschreibung, der sich das Identitätsgefühl des Patienten «beugt»?

Ein «Person-Kern» bleibt vielleicht doch erhalten und sorgt dafür, dass sowohl im Selbstgefühl als auch in den Augen der anderen eine gewisse Kontinuität spürbar bleibt. Trotzdem: Es gibt viele sozusagen freischwebende Identitätsbestandteile, die «aufgegriffen» werden können, und die Frage, ob dies nicht auch eine Bereicherung darstellt, scheint nicht ganz unsinnig.

Trifft man alte Bekannte, die man lange nicht gesehen hat, ist die Frage, ob der andere (man selbst) «noch der/die Alte» ist, vordringlich. Kann man anknüpfen? Ist der ehemalige Student der APO noch bewegt durch gesellschaftliche Probleme oder ist er mit Familie und seinem Hobby, der Numismatik, so ausgefüllt, dass man mit ihm kaum mehr über modernes Demokratieverständnis sprechen kann? Ist sein Beruf als Architekt daran schuld? Früher war er nicht zu stoppen gewesen, wenn es um die Schwachstellen innerhalb der Demokratie ging, jetzt arbeitet er in einer Behörde – seine Kritik am Architekturverständnis der Politiker ist auch nicht mehr sehr heftig.

Das heißt: Soziale Rollen werden durchlässig, Überzeugungen und Verhaltensweisen ändern sich manchmal radikal. Und damit ist natürlich auch das Identitätsgefühl sehr stark tangiert. Vergleichen wir das Rollenverständnis traditioneller Zeiten – wir müssen nur das 19. Jahrhundert ins Auge fassen –, dann fällt allerdings auch die persönliche Einengung durch ein festes Rollenverständnis sehr stark ins Auge; die erzählende Literatur des 19. und des beginnenden 20. Jahrhunderts ist voll von diesen Problemen.

Können wir also optimistisch sagen: Das haben wir überwunden, jeder von uns ist offen für immer wieder neue Erfahrungen, er macht sie notgedrungen und kann sie immer wieder neu einordnen? Oder bleiben gewisse innere Strukturen doch gleich? Sind die vielen Identitätsbrüche nur äußere Verpackung? Alter Wein, der durch neue Schläuche fließt? Vielleicht ist auch das nur die halbe Wahrheit. Es steht fest, dass moderne junge Menschen sehr viel weltläufiger leben und denken, als ältere das je gekonnt haben. Sie kennen nicht nur sehr unterschiedliche Lebensformen, sie probieren sie selbst aus und versuchen, sie von «innen» her zu beurteilen.

Wie fühlt man sich als «Heiler», wenn man auch das Finanzwesen mit seinen Zwängen von innen her kennt? Wie denkt man über gleichgeschlechtliche Beziehungen, wenn man mit beiden Geschlechtern Erfahrungen hat? So kann immer weitergefragt werden. Aber: Wissen wir dann noch, wer wir sind? Ist diese Art der konstatierten Identitätskonfusion nicht schmerzhaft, führt sie irgendwann dann doch ins Pathologische oder schlimmstenfalls ins sektenhaft gebundene Sicherheitsbestreben? Auch dies ist eine Gefahr – nicht nur für Jugendliche. Plötzlich starre Positionen ehemaliger Linker als Nationalisten oder sogar Rechtsextremisten (ein prägnantes Beispiele dafür wäre Horst Mahler) sind auch für Menschen der mittleren Jahre möglich. Ebenso sind Sektenanhänger durchaus auch in den mittleren Jahrgängen vertreten. Man hat dann allerdings oft das Gefühl, dass hier Flexibilität zugunsten einer neuen Starrheit, die mit der alten Identität zumindest äußerlich nur wenig zu tun hat, aufgegeben wurde – allerdings verrät dieses dann doch wieder ein altes «Kern-Selbst», nämlich das des «Sektierers». Die neue Chance der Ambiguitätstoleranz wird dann verspielt.

Ein Plädoyer für das «wahre Ich» ist möglich

Weltläufigkeit ist prinzipiell gegeben und prinzipiell sowohl kreativ als auch pathologisch nutzbar. Sie ist allerdings als eine Möglichkeit gegeben, die auch bewältigt werden muss. Die Konsistenz des «Person-Kerns» kann man zwar intellektuell verleugnen, und es gibt sicher kein ganz und gar schlüssiges Argument für eine Konsistenz, also für die Auffassung, dass jeder ein essentiell «wahres» Ich habe. Aber wir «spüren» dieses von G.H. Mead sogenannte «Ich». Das Ich, das sich als eine Instanz fühlt, die für Kreativität und Spontaneität steht und trotzdem als ein kontinuierliches Ich erlebt wird. Das Ich, das auch, nach den Vorstellungen des Sozialphilosophen Charles Taylor[58], als die Quelle eines nicht näher zu begründenden Gefühls von Authentizität angesehen werden kann.

Es gibt kaum anthropologische Lehren, in denen eine solche stabile Instanz nicht angenommen wird. Ich erwähne hier nur zum Beispiel die Gestalttherapie, die mit dem komplizierten Konstrukt des «Selbst an der Erfahrungsgrenze» ebenfalls eine solche innere Instanz angenommen hat. Fritz Perls, der Begründer der Gestalttherapie, hat damit die stets neue Veränderung der Person durch jeweils neue Erfahrungsmöglichkeiten (allerdings geknüpft an einen konsistenten «Person-Kern»), gekennzeichnet. Dieses Konstrukt ist deshalb interessant, weil es sehr bewusst schon sehr früh (nämlich in den 40er-Jahren des vorigen Jahrhunderts) die Prozessqualität der Personwerdung mit einer gewissen Kontinuität verbunden hat. Das Selbst ändert sich mit jeder neuen Erfahrung und bleibt doch konstant.

Das modernere Konzept der «Authentizität» aber ist es, das sozusagen als Kontrapunkt der flexiblen Identitätskonstrukte angesehen werden kann. Dieses Konzept spielt in der Humanistischen Psychologie eine große Rolle und wurde ganz explizit von Charles Taylor auf einer philosophisch-historischen Ebene reflektiert und präzisiert. Authentizität wird von ihm vor allem als Prüfstein für die Moralität des Handelns angesehen in einer Welt unsicherer äußerer Kriterien für Moral.

Dieses Gefühl der Authentizität, also das, was «von innen» kommt, ist nichts Selbstverständliches. Zwar gab es seit Augustinus' «Bekenntnissen»[59] immer wieder außergewöhnlich sensible Denker (z.B. Michel de Montaigne), die sich auf ihre «innere Stimme» berufen haben und das ganz Besondere und Individuelle zu ihrem Thema machten (im Gegensatz zu René Descartes und vielen anderen Philosophen, denen das Erforschen des «Allgemeinen» am Herzen lag).

Zum allgemein wichtigen Thema[60] wurde das «Authentische» erst Ende des 18. Jahrhunderts – also zu einer Zeit, als die ersten Rollenaufweichungen zu spüren waren. Lionel Trilling zeigt es an Beispielen aus der Literatur auf. Bis ins 17. Jahrhundert hinein lebte diese von Verwechslungsspielen: Man täuschte einander, spielte Verkleidungsspiele, die Frage der Aufrichtigkeit oder Unaufrichtigkeit der Person stand im Mittelpunkt. Später aber war dieses Thema nicht mehr von Belang: Wichtiger wurde das Thema der Selbsttäuschung oder der Ehrlichkeit sich selbst gegenüber und damit der Zwang, nach innen zu schauen und auf dieses «innere Gefühl» zu achten. Auch die Calvinisten haben dieses «Nach-innen-Schauen» verlangt, da man sich immer wieder von Neuem vergewissern musste, ob man auch ein gottwohlgefälliges Leben führe – ein Leben, das nicht mehr dem äußeren Prüfstein des Beichtspiegels genügen musste, sondern von einem inneren Gefühl her bestimmt war.

Mit dieser Forderung nach Innenschau entsteht im 17./18. Jahrhundert die moderne Reflexivität, die der Sozialphilosoph Giddens als ein das handlungsbegleitende übliche menschliche Reflektieren übersteigendes Denken beschreibt (s. Kapitel 2). Es handelt sich um die immer wieder neue Erarbeitung des Gegenstandes und nicht die reflektierende Korrektur, die nach alten Vorlagen arbeitet und daran nicht viel ändert. Es ist sozusagen ein «Maßschneidern» der neuen Lebensformen für jeden Einzelnen gefragt – und natürlich auch ein Maßschneidern der Beziehungen. Das aber heißt für das Thema der Identität auch: ein Maßschneidern der eigenen Identität. Dass Dauerreflexion bei häufig wechselnden Lebensumständen auch bedeutet: Dauerreflexion über die eigene Identität, scheint logisch. Die von Keupp sogenannte Patchwork-Identität fügt immer wieder sozusagen einen neuen Flicken ein in dieses Identitätsmuster, nimmt aber auch immer wieder alte Flicken heraus. Um im Bild zu bleiben: Die Vorstellung einer die Flicken überlagernden Farbgebung ist ebenfalls möglich.

Aufgaben der mittleren Jahre

Wenn wir die «Lebensaufgaben» des mittleren Erwachsenenalters im Lichte dieser Überlegungen ansehen, dann wird ein wenig klarer, wie diese Aufgaben zu erfüllen wären. Es ginge also darum, die verschiedenen Identitätsangebote, die uns von unseren wechselnden Erfahrungen gemacht werden, in einer distanzierenden Form zu relativieren und immer wieder neu zu überprüfen, welche Spiegelung wir mit einem «gefühlten» und «authentischen Kern» in Übereinstimmung bringen können. Auch dieses ist, wie oben dargelegt, kein endgültiges und zu Ende bringendes Unterfangen. Eine abgeschlossene Identität gibt es für moderne Menschen nicht. Es gibt aber die in der Moderne immer wieder erforderliche Reflexion der Gegebenheiten, die zweite Reflexionsebene, die uns heraussträgt aus den unmittelbar gegebenen Angeboten. Diese Identitätsarbeit wird nie zu einem klaren Ende kommen.

Die sogenannte Midlife-Crisis ist eingebaut in dieses moderne Leben. «War das alles?» ist die Frage derjenigen, die nicht den Ausweg in eine uns übersteigende außerweltliche Transzendenz sehen – und das haben im Sinne naiver Religionen in einer modernen Gesellschaft nicht mehr sehr viele Menschen. Den Ausweg in eine innerweltliche transzendente Bewegung, die das jeweils Gegebene reflektierend übersteigt: Das haben auch moderne Menschen allemal. Sie haben es in sehr persönlicher Weise, jeder muss sich sein eigenes Identitätspotential und damit seinen eigenen Lebensweg erkämpfen – sei es mit Hilfe einer intimen Partnerschaft, sei es mit Hilfe einer Psychotherapie oder was es sonst noch an modernen Lebenshilfen gibt. All dies – Lektüre, Meditation, Therapie oder Poesie – kann diese Aufgabe erleichtern. Den Schritt hinaus über die Frage «Wer bin ich denn?» – den muss jeder selbst machen. Der gegenwärtige erwachsene Mensch befindet sich gleichsam in der Position eines Spitzentänzers: Ruhend auf einem mehr oder weniger sicheren Gefühl für das innere Gleichgewicht dreht er seine Pirouetten, wechselt das Gesichtsfeld und zeigt dem Betrachter eine jeweils andere Seite. Ob er das Gleichgewicht halten kann? Das ist für jeden Einzelnen unterschiedlich zu beantworten.

6 Altwerden gegen alle Vorurteile: Die «jungen Alten»

Wer ist denn «alt»?

Ganz einfach ist es noch nie gewesen, alt zu werden. Junge Menschen bringen dem Alter oft recht zwiespältige Gefühle entgegen, auch die alten Menschen selbst sind mit ihrem Los nicht immer zufrieden.

Wie der Altersspezialist Rosenmayer[61] berichtet, ist die Ambivalenz, die man dem Alter entgegenbringt, umso größer, je ärmer eine Gesellschaft ist. Arme Gesellschaften können es sich oft nicht «leisten», viele unnütze Esser mitzuschleppen. Ist eine Gesellschaft wohlhabend, dann kann allerdings den Alten eine wichtige Aufgabe zuteilwerden. Sie sind dann nämlich verantwortlich für die Verbindung zu höheren Mächten, oft zu den verehrten Ahnen. Eine wichtige Rolle beim Wohlwollen den Alten gegenüber spielt natürlich auch die Tatsache, dass es noch immer Gesellschaften gibt, die die Kompetenzen und Erfahrungen der alten Menschen nötig haben. Man kann dann von diesen Erfahrungen profitieren, was aber meist nur für traditionelle Gesellschaften gilt.

Wie auch immer Ehrfurcht und die Ehrerbietung einer Gesellschaft gegenüber ihren Alten begründet sein mag: Sie wird ganz schnell zu Missgunst und Ungeduld, wenn die materiellen Ressourcen knapp werden. Alte Menschen werden dann, ungeachtet ihrer besonderen Möglichkeiten, zu «nutzlosen» Mitgliedern. Diese allgemein ambivalente Haltung gegenüber alten Menschen schlägt sich auch nieder im Gefühl, das ältere und alte Menschen für sich selbst entwickeln.

Wenn man die gesellschaftlichen Rahmenbedingungen der modernen alten Menschen genauer betrachtet, fragt man sich natürlich sofort: Wer ist denn eigentlich «alt»? Sind es schon die Rentner, also die 65-Jährigen? Muss man erst ein Greis ab achtzig sein, um als alter Mensch eingestuft zu werden? Und wie steht es mit den sogenannten jungen Alten? – ein nun schon lange gebräuchlicher Begriff, der etwas darüber aussagt, wie schwierig und auch ungleich die Abgrenzungen sind.

Ohne Zweifel sind viele Menschen in unserer Gesellschaft anders alt als ihre Großeltern und Urgroßeltern: Dank besserer Lebensumstände finden wir in großer Zahl Menschen ab 60, die körperlich und geistig fit sind, sich sportlich betätigen, weite Reisen machen und allenfalls den Fotos ihrer Großeltern zwischen 45 und 50 ähneln. Vor zehn bis fünfzehn Jahren galten als «junge Alte» die 60 bis 70-Jährigen. Inzwischen könne man, so meinen Altersforscher heutzutage, auch 75-Jährige so bezeichnen. Es ist vorauszusehen, dass in Zukunft diese Spanne noch weiter gedehnt werden kann.

Trotzdem: In den meisten Berufen hört das Arbeitsleben mit Mitte sechzig auf und kann auch kaum mehr wieder aufgenommen werden. Rentner belasten unsere Wirtschaft, wie uns von allen Seiten erklärt wird; jungen Menschen wird immer wieder ein Schreckgespenst vor Augen gehalten: Ein junger Mensch wird im Jahr 2050 sechs oder sieben Alte, die nicht mehr am Berufsleben teilnehmen, «am Rücken schleppen» müssen.[62]

Von der subjektiven Seite her gesehen: Was sollen alle diese beruflich untätigen alten Menschen anfangen mit den vielen Jahren, die ihnen bis zum Tod noch bleiben? Viele sind keineswegs hinfällig und könnten noch einiges leisten. Oft fühlen sie sich noch recht «jung», oder zumindest behaupten sie das. Sich «jung fühlen»: Was soll das denn heißen, wenn man die Sechzig überschritten hat? Soll es bedeuten, dass man die Entwicklungsgesetzlichkeiten der Jugend noch immer zu befolgen hat? Das hieße dann also: dass man eher expansiv eingestellt ist, sich mit einer Zukunft befasst, in der man seine Möglichkeiten erweitert, sich noch ausprobieren muss und dass die eigenen Kompetenzen noch eine große Rolle spielen könnten? Oder heißt «sich noch jung fühlen» einfach, dass man noch nicht alt ist?

Wieder einmal gibt es recht unterschiedliche Bilder, die bei den älteren Menschen ankommen: Die «Nutzlosigkeit» der eigenen

Existenz, die sich nur mehr in der Vergangenheit spiegelt, begegnet dem Bild der noch jugendlich-aktiven Sechziger oder Siebziger, die Schifahren gehen oder den Atlas überqueren, um den Sternenhimmel besser beobachten zu können. Sie wollen das Leben genießen oder, je nach Berufssparte, auch noch unverdrossen beruflich weitermachen.

Was aber lässt sich damit anfangen? Kann man wirklich noch etwas «Neues» erwarten und anstreben? Der Gedanke, man müsse sich dauernd weiterentwickeln und dürfe nicht «stehen bleiben», kann hinderlich sein für die Entwicklung neuer Möglichkeiten jenseits oder am Ende des Berufslebens. Vorstellungen von «Neuentwicklung», denen man nicht mehr genügen kann, könnten die Entwicklung von ganz anderen neuen Möglichkeiten verhindern.

Neuerfindungen des Lebens ab 65

Es gibt zwar ausgereifte Bilder des geruhsamen Alters, aber kaum solche des jungen Alters. Das «junge Alter» zeichnet sich eben, wie der Name schon sagt, durch Negation aus. Weder alt noch jung – also: weder behaglicher Lehnstuhl, Gebrechlichkeit, Schonung und Langsamkeit noch glamouröse Schi-Abfahrten und Erkundung neuer beruflicher Terrains.

Neuerfindungen des eigenen Lebens in dieser Altersspanne sind daher geboten. Das sind Erfindungen, die mit neuen Identitätskonzepten einhergehen müssen, weil sich sonst wirklich nichts Neues mehr entwickeln kann. Wie sehen solche kreativen Neuerfindungen des Lebens aus?

Es ist nicht sehr kreativ, wenn die 65-Jährige sich nur mehr als Großmutter sieht, weil sie sich immer schon als «sorgend-mütterlich» definiert hat und diese Rolle nun einfach auf die Enkel ausdehnt. Diese alte und gesellschaftlich bewährte Identität ist möglich, oft sinnvoll und notwendig – aber sie ist für viele Menschen nicht lebbar, schon gar nicht für viele Männer. Der Wechsel zu neuen Definitionen gelingt nur, wenn «junge Alte» bereit sind zum Umdenken, auch sich selbst gegenüber.

Es ist die kreative Neugestaltung einer Lebensphase, die es vor hundert, ja auch vor fünfzig Jahren kaum gab, die vielen Menschen das Gefühl geben kann, dass es nicht nur bergab geht, sondern dass es ganz neue Wege gibt, die man noch beschreiten kann. Wege, die andere Erfahrungen als die bisherigen ermöglichen. Das erlaubt auch eine neue Sicht auf die eigene Person. Langsam ändern sich alte Festschreibungen, wenn man neue Entdeckungen macht: neue Bekannte, neue Tätigkeiten, Reisen auf ungewöhnliche Art – jedenfalls alles, was die neue Freiheit vom Beruf ermöglicht. Alles ist besser, als sich nur auf die nächste Phase – das richtige beschwerliche Alter – vorzubereiten oder, noch schlimmer, dem alten Leben nachzutrauern.

Was «junge Alte» von den anderen – den gleichaltrigen Freunden, mehr aber noch von den Jüngeren – oft hören, klingt erfreulich. Komplimente, erstaunte Ausrufe, wenn sie zum 65.?, zum 70.? Geburtstag einladen. Das kann doch nicht sein ...! Was kann man davon glauben?

Etwas anderes bezeugen Treffen mit den Freunden aus der Jugendzeit: Wie sind sie doch alt geworden, diese ehemals so attraktiven Mädchen, die straffen Jungen ... Zweifel schleichen sich ein ob der immer wieder behaupteten eigenen Jugendlichkeit. Sieht man nicht ähnlich zerknittert aus?

Das Klassentreffen: ein beliebtes Sujet der Literatur, spielt mit diesen Zuschreibungen. Hier treffen alte Zuschreibungen auf neu auftauchende Bilder. «Du warst ja immer so brav/lebhaft/klug», etc. – Und nun? Keines der Adjektive trifft jetzt noch so richtig.

Ich erinnere mich an eine Episode, da war ich Ende fünfzig und war eingeladen von einem ehemaligen Studienfreund zu einem Vortrag. Ich hatte ihn seit vielen Jahren nicht mehr gesehen. Nachher Treffen mit seinen Kollegen. Ich fühlte mich zufrieden, der Vortrag war freundlich aufgenommen worden, der gesellige Teil nett. Mein ehemaliger Studentenfreund aber schien irritiert. «Ihr könnt euch ja nicht vorstellen, wie lebhaft Eva früher gewesen ist, sie war ein Ausbund an Charme und Lebendigkeit, wirklich, das lustigste Mädchen im Institut», so ging es immer wieder von Neuem los. Ich versank in immer gequälteres Schweigen. Also war ich jetzt offenbar eine langweilige Alte geworden, steif und unlebendig? Rasch verabschiedete ich mich. Ich denke nur mit Unbehagen an dieses Treffen zurück. Meine Zweifel richteten sich auch noch in die Vergangenheit: Wie albern musste ich früher gewesen sein, wie hysterisch aufgekratzt? Es ist offenbar schwer, sich von alten (und wahrscheinlich schiefen) Bildern der Jugendzeit zu lösen.

Beim Klassentreffen zum 40. Jahrestag unseres Abiturs ging es mir in gewisser Weise umgekehrt. Ich traf Traude wieder, ein Mädchen, das mir immer langweilig erschienen war. Ich hatte damals in der Schule wenig Kontakt mit ihr gehabt. Wir konnten miteinander nichts Rechtes anfangen. Es ergab sich, dass wir Tisch-Nachbarinnen waren. Welche Überraschung: Traude war eine sehr offene Gesprächspartnerin, erzählte freimütig von ihrem schweren Schicksal als junge Witwe mit zwei kleinen Kindern und erwies sich für mich als eine «Entdeckung», die nun in ganz anderem Licht dastand als früher. Am Ende der Feier sagte sie: «Ich bin richtig froh, dass wir uns jetzt getroffen haben. Ich habe dich immer für arrogant gehalten. Welch falsches Bild man doch in der Jugend voneinander hat ...» Wir bestätigten einander, dass wir nun – als ältere Frauen doch sehr viel «weiser» geworden waren.

Hier hatte sich früher wahrscheinlich eine recht destruktive Interaktion entwickelt, die uns beide in Bilder verstrickte, die wir damals nur schwer abschütteln konnten. Um ehrlich zu sein: Natürlich war ich ihr gegenüber arrogant gewesen, ich hatte mich nie um sie gekümmert und dadurch war sie natürlich nicht «interessanter» geworden, sondern für mich scheu und unzugänglich.

Sonjas Neuerfindungen des Lebens

Sonja war 63 Jahre alt, als sie mich einer Therapie wegen aufsuchte. Sie war seit Kurzem verwitwet, wollte nur «einige Beratungsstunden», weil sie gerade in einem seelischen Tief angelangt war, wie sie meinte. Aber genau genommen fühle sie sich nicht krank. Ich habe Sonjas Weg fünf Jahre lang verfolgt, teils machte sie Therapie, zwischen längeren Pausen wollte sie mich manchmal nur wenige Male hintereinander sehen, dann gab es wieder monatelange engere Therapiephasen. Ab und zu höre ich noch immer von ihr, Weihnachtsgrüße, ein längeres Telefonat.

Bei Sonja lässt sich die schwierige Phase der Identitätsfindung in der Zeit der «jungen Alten» besonders gut nachzeichnen. Ihr waren die Fragen der eigenen Identität sehr präsent und bewusst. Sie hatte damals, so kurz nach dem Tod ihres Mannes, keine rechte Vorstellung davon gehabt, wie sie nun ihr Leben gestalten sollte. Während der letzten Jahre war sie einesteils mit der Pflege ihres Mannes, andererseits mit ihrem Beruf sehr ausgelastet gewesen; da blieb nicht viel Zeit zum Nachdenken über eine neue Lebensphase. Nun aber stellten sich einige Fragen: Einfach weiter arbeiten? Etwas Neues beginnen? Das Wort «Witwe» begleitete sie nun und rief in ihr seltsame Bilder von grauer Kümmernis hervor.

Sonja hatte mit 25 Jahren einen um mehr als 20 Jahre älteren Mann geheiratet, ein sehr imponierender Mann, der in seinem Beruf als Wirtschaftsfachmann sehr erfolgreich gewesen war und höchste Ehren errungen hatte. Sonja hatte seinetwegen ihr sowieso nur dahindümpelndes Studium der Kunstgeschichte aufgegeben. Sie hatte sich aber viel später, da waren die zwei Kinder schon selbstständig, noch zu einem Studium der Psychologie entschlossen und arbeitet seither als selbstständiger Coach, vorwiegend für Menschen aus der Wirtschaft.

Ihre Ehe schildert Sonja als durchaus zufriedenstellend. Ihr Mann war großzügig und hilfsbereit gewesen, er hatte die Familie bestens versorgen können, sich aber auch – in Maßen – um die Kinder gekümmert. Es gab wenig Streit, allenfalls kleine Verstimmungen am Beginn ihrer neuen Studienzeit, weil er nicht ganz einsehen konnte, was dieses Studium eigentlich sollte. Später hatte er gemerkt, wie wichtig ihr eine gewisse Selbständigkeit war, und hatte sich damit abgefunden – wenn auch ihr Verdienst an seine Pension nicht im entferntesten heranreichte und er manchmal spitz bemerkte, dass sie nur für die dadurch höheren Steuern arbeite. Sein Tod allerdings war für sie weniger tragisch, als man denken könnte, denn während der letzten drei, vier Jahre war er plötzlich sehr gealtert und auch geistig nicht mehr ganz auf der Höhe gewesen. Bevor die Demenz jedoch so weit fortgeschritten war, dass sie alleine dieses nicht mehr hätte bewältigen können, machte ein Herzschlag seinem Leben ein Ende. In gewisser Weise war Sonja erleichtert, dass ihnen ein jahrelanges Siechtum erspart geblieben war.

Ihre jetzige niedergeschlagene Stimmung war denn auch weniger dem Tod des Ehemannes an sich geschuldet als ihrer eigenen Reaktion auf seinen intellektuellen Niedergang. «Ich kenne mich nicht wieder», sagte sie gleich zu Beginn, «ich war oft so schrecklich zu ihm. Ich konnte mich nicht damit abfinden, dass dieser geistig überlegene Mann nun immer wieder solch unsinniges Zeug daherredete, die einfachsten Dinge vergaß und sich auch oft bei den Freunden blamierte.

Ich habe aber auch Angst, nun keine wirkliche Lebensaufgabe mehr zu haben, im Beruf werde ich ja nicht ewig weitermachen.»

Aus Sonjas langen und vielfältigen Schilderungen geht hervor, dass sie nicht nur ein sehr schönes, sondern auch ein sehr verwöhntes Kind und junges Mädchen gewesen war. Ihr Elternhaus war bildungsbürgerlich, liberal-konservativ und bot ihr alle Möglichkeiten, ihre Talente auszubilden. Dazu gehörte neben den üblichen Schulen eine besondere Ausbildung im Zeichnen und Malen. Sie brachte es zwar nie zu wirklich originellen Kunstwerken, aber ihre Fertigkeit im Aquarellieren war bemerkenswert, vor allem Porträts gelangen ihr sehr gut. Das Studium der Kunstgeschichte, mit Begeisterung begonnen, aber mit der Zeit als langweilig empfunden, wurde durch mehrere Auslandsaufenthalte («Studienaufenthalte» wurde das etwas euphemistisch genannt) unterbrochen, zuletzt lernte sie in Frankreich ihren späteren Mann kennen und damit war es zu Ende mit dem Studentenleben. Die Eltern waren damit sehr zufrieden, wenn auch der große Altersunterschied ihrer Mutter ein wenig Sorgen machte.

«Ich dachte damals, die Welt dreht sich um mich», meint sie heute. Sie fühlte sich in jener Zeit meist sehr gut, wenn auch die Frage, was sie mit dem Studium anfangen wolle, lästig wurde. «Da kam mein Mann und erklärte mir in seiner sehr überzeugenden und stürmischen Art, um wie viel mehr wir gemeinsam erreichen könnten, wenn wir ‹im Gleichschritt marschieren› würden. Eigentlich sei mit der Heirat bestätigt worden, was sie immer von sich gedacht hatte: dass sie schön und begehrenswert sei, dass sie dazu geschaffen sei, im Mittelpunkt zu stehen – und das habe sie auch wirklich gut gekonnt. Sie habe ganz in der Art und Weise der damaligen Zeit ihrem Mann den Rücken frei gehalten, habe Feste organisiert, sei viel mit ihm gereist – «ich konnte alles», «ich habe sehr viel Bewunderung erfahren» –, und ihr Mann sei ihr eifrigster Verehrer gewesen. «Ich dachte, das Leben wird immer so weitergehen, ich werde immer schön und jung sein und für immer die Geliebte meines Mannes.»

Sonja wunderte sich in der Therapie immer wieder, «wie oberflächlich» sie gewesen sei. «Ich war charmant, lieb, immer bemüht, allen zu gefallen.» Ob sie diese ungeteilte Bewunderung schon als Kind erfahren habe? Vermutlich schon, meint sie, der jüngere Bruder galt immer als «wenig begabt», während sie in der Schule die guten Noten abgeräumt habe und ihr Zeichentalent auch im weiteren Familienkreis gerühmt wurde. Ihr Bruder sei ihr gegenüber benachteiligt gewesen, ihm sei selten etwas auf Anhieb geglückt, und sie sei ihm auch oft als Beispiel vorgehalten worden. «Ich war immer obenauf», meint sie, «der Sonnenschein» – die günstige Heirat habe dann sozusagen «bestätigt», dass sie etwas Besonderes sei.

Es gibt, neben der «Oberflächlichkeit», durchaus einen dunklen Punkt in dieser Serie von sonnigen Selbstbeschreibungen – das ist ihre Rolle als Mutter: «Ich habe die beiden, Zwillinge, nicht wirklich in mein Leben hineingenommen. Sie waren nette Dekoration, aber der Mittelpunkt war das Leben mit meinem Mann, inmitten der Gesellschaft. Natürlich hatten die Kinder alles, was nötig ist – inklusive einer Kinderfrau, die viele Jahre mit der Familie lebte. Das distanzierte Verhältnis zu ihren beiden Mädchen kann sie sehr gut darauf zurückführen. «Gisa, die Kinderfrau, ist die wahre Mutter – ich bin nur eine Art nette Tante, die ziemlich viel Luxus ermöglicht hat.» Sie weiß recht wenig Bescheid über die wichtigen Entwicklungsschritte ihrer Kinder, aber nach Art von Zwillingen haben sie sich auch recht gut mit sich selbst beschäftigen können. Beide sind gut versorgt, haben ordentliche Berufe – aber Enkelkinder gibt es nicht.

Diese Prinzessinnenrolle (wie sie das selbst nennt) wurde im Laufe der Zeit aber doch ein wenig dünn, auch wenn sie gegenüber vielen Ehefrauen mit ihrer größeren Bildung prunken konnte. Der Ehemann wurde mit allen Ehren (und versehen mit Ehrenämtern) pensioniert, das lebhafte gesellschaftliche Leben hielt noch eine Weile – aber langsam wurde es doch stiller. Ihr Mann hatte auch nicht mehr solch große Lust, überall mitzumachen – vielleicht doch schon Anzeichen der Demenz?

«Ich habe gemerkt, dass es neben mir doch auch noch Schönere und vor allem Jüngere gibt» – das war solch ein langsamer Prozess. Die «Du wirst ja immer jünger»-Komplimente der Kollegen ihres Mannes wurden abgeschmackter. Irgendwann hatte sie das Gefühl, dass auch ihr Mann nicht mehr so ganz daran glaubte, oder sie nicht mehr für so wichtig hielt in seinem Leben. Er zog sich oft zurück, wollte nicht mehr so gerne ausgehen und verzichtete immer öfters auf Premieren und Empfänge.

«Eines meiner Talente, vielleicht wirklich das beste, war meine Fähigkeit, mit anderen Menschen rasch ins Gespräch zu kommen.» Auch die meist nicht unbedingt reflexionsfähigen Kollegen des Mannes hätten sich oft gewundert, wie viel sie ihr erzählt hätten, die meisten haben sich darüber gefreut, dass sie so interessiert an ihrem inneren und äußeren Leben gewesen sei.

Sie war Mitte/Ende vierzig, als sie anfing, unzufrieden zu werden. Sie langweilte sich. Ihr Mann war damals wenig Hilfe, er schlug ihr immer wieder vor, irgendwelche Ehrenämter zu bekleiden, das Zeichnen und Malen wieder verstärkt zu betreiben und Ähnliches. Ihr wurde nun aber doch bewusst, dass die Rolle des «Mittelpunktes» nicht mehr tragen konnte. Sie kritisierte sich selbst als oberflächlich, nichtssagend und eigentlich uninteressant. Es gab damals schon recht viele Frauen, die diese typische Frauenrolle abgelehnt hatten. Zwar hatte man in ihren Kreisen nur Hohn und Spott für die hässlichen Emanzen übrig («Die Alice-Schwarzer-Witze waren unerträglich, aber ich habe mitgelacht»), aber sie wurde langsam aufmerksamer. Sie las nun nicht nur mehr «Bildungsgüter», also Romane von Thomas Mann und Theodor Fontane, später die von Max Frisch und Martin Walser, sondern mehr und mehr auch Pamphlete und Bücher der Feministinnen. »Ich kam mir vor wie eine dumme alte Pute, noch immer in der eleganten Zwangsjacke der dienenden Ehefrau.»

Der Entschluss, Psychologie zu studieren, kam recht plötzlich. Eine alte Schulkollegin, mit der sie immer Kontakt gehalten hatte, selbst eine Psychologin, ermunterte sie. «Sie wies darauf hin, dass ich doch immer als so besonders intelligent gegolten hatte, dass ich immer schon Interesse an Menschen gehabt habe – warum nicht Psychologie studieren? Ich glaube, sie hat mich an einem einzigen Abend umgestimmt. Es kam fast wie ein Blitz – auf einmal fühlte ich mich wieder klug und tatkräftig. Und ich habe es durchgezogen, und zwar sehr rasch. Ich konnte sogar sehen, dass ich vielen Jüngeren überlegen war in meiner Auffassungsgabe.» Sonja studierte in Rekordzeit; ihre Diplomarbeit bekam einen kleinen Preis, der von einer progressiven Frauenzeitschrift für ein feministisches Thema gestiftet worden war. Dass sie Coach wurde, verdankte sie einigen Freunden ihres Mannes, aber sie machte sich bald auch selbst einen Namen in diesem Bereich.

«Ein paar Jahre lang war ich zu hundert Prozent mit meinem neuen Beruf verwachsen. Ich habe studiert, Kurse besucht, schließlich selbst Kurse gegeben und war sehr stolz auf mich – aber diesmal war es ein anderer Stolz. Ich hatte etwas bewiesen, was nichts mit der schönen Prinzessin zu tun hatte.»

Eigentlich hätte sie zufrieden sein können, denn als Coach konnte sie ja noch lange arbeiten. Ihre Probleme als nunmehr 63-Jährige betrafen aber trotzdem das Alter. Sie fand nach Blick in den Spiegel, dass sie eigentlich noch immer recht hübsch aussah – allerdings: Drehten sich noch Männer nach ihr um? Natürlich nicht. Und: Könne sie sich vorstellen, nochmals das Begehren eines Mannes zu erringen? Schwer zu sagen … Und: Wollte sie denn überhaupt nochmals eine Bindung? Die letzten Jahre mit dem dementen Mann hatten sie unsicher werden lassen an ihrer Beziehungsfähigkeit. Wie oft ist sie einfach «geflohen» und hat ihren Mann der Pflegerin überlassen. Eigentlich hätte sie ja nicht so viel arbeiten müssen, sie hätte ihm mehr Zeit widmen sollen – «ich bin da nicht stolz auf mich», meint sie. Das Studium habe ihr einiges klar gemacht über ihre Rolle als verwöhnte Prinzessin.

Und jetzt? «Manchmal, vor allem am Morgen, komme ich mir wie eine verwitterte und vergrämte Alte vor. Wenn ich dann in meinem ziemlich eleganten Arbeitskostüm einer Gruppe von Abteilungsleitern etwas über Kommunikation beibringe, dann komme ich mir aber sehr ‹fesch› vor, werde natürlich auch bewundert und dauernd eingeladen. Ich habe allerdings nicht das Gefühl, dass diese Bewunderung mir als Frau gilt.»

Als ich ihr einmal sage, dass sie offenbar wie manche Pubertierende, ihre neue Rolle noch nicht gefunden habe und hin- und herschwanke, stimmt sie höchst begeistert zu. Wir arbeiten heraus, welch fruchtbare Zeit die Pubertät doch sein könne. «Aber die Pubertät einer 63-Jährigen?», meint sie zweifelnd, allerdings auch lächelnd. Ob sie sich vorstellen könne, den Kontakt zu ihren Kindern zu vertiefen? Sonja kommt darüber sehr ins Grübeln. Es hat sich alles sehr gut eingependelt mit den beiden: Geburtstagsküsse, Weihnachtswünsche, Geschenke, ab und zu ein Telefonat: «Wie geht es?, Gut, etc.» Auch hier gibt es noch Nachdenkenswertes: Was bedeute ihr denn die Rolle als Mutter? Welchen Eindruck hätten denn ihre Kinder von ihr als Mutter?

Sonjas Gefühl für sich selbst ist von Kindheit an zwar bestimmt nicht negativ gewesen, aber ein wenig zu sehr ruhte es doch in ihrer Ausnahmesituation als begabtes und schönes Mädchen, das von den Eltern verwöhnt wurde und eigentlich fast übergangslos in die Hände eines verwöhnenden und bewundernden Ehemann-Vaters gelangt war. In dieser Rolle hatte sie sich dank ihrer nicht geringen Begabungen erstaunlich lange gehalten. Nur die Mutterrolle, in der man ja andere versorgen muss und nicht als Prinzessin fungieren kann: die gelang ihr nicht so gut, da fand sie eine Stellvertreterin. Es waren die glücklichen äußeren Umstände, denen sie es verdanken kann, dass die Kinder sie nicht durch Versagen «gestraft» haben. Was in den Köpfen und Herzen ihrer Kinder vorgeht, weiß sie allerdings nicht.

Es waren auch äußere Umstände und natürlich das herannahende Alter, die ihr Gefühl für sich selbst erschütterten. Sie war nicht mehr die «Schöne und Begabte», sondern eine alberne «Nur-Ehefrau», die nichts Eigenes aufzubieten hatte. Auch dieses änderte sich. Eine Freundin traute ihr zu, nochmals etwas Neues in ihr Leben zu bringen, pochte auf ihre Intelligenz und Begabung – und tatsächlich: Sie konnte nun mit dem Bild der tüchtigen berufstätigen Frau nochmals ein neues Identitätsgewand überstreifen.

Die Zweifel und Unsicherheiten nach dem Tod ihres Mannes, die einerseits in einer Art von «Lebensbilanz» gegründet sind, andererseits aber auch in der Unsicherheit als «junge Alte», haben noch einige Zeit angedauert, aber ihre Erfindungskraft hat ihr geholfen. Besser noch als in ihren Jugendjahren hat sie entdeckt, was alles in ihr steckt. «Ich habe doch eigentlich sehr viel Kraft», hat sie einmal gesagt, und fügte hinzu, dass sie darauf auch stolz sein könne.

Als ich sie zuletzt sprach, war sie noch immer, in Maßen, tätig, vor allem gab sie mehrmals jährlich Coaching-Seminare. Zu einer neuen Beziehung war es nicht mehr gekommen.» Ich brauche das nicht», sagte sie selbstbewusst, ihr Stolz auf ihre Selbständigkeit war nicht zu überhören. Welcher Wandel von der schönen verwöhnten Prinzessin zum Coach im schicken Schneiderkostüm!

Wie sie wohl das nahende Alter mit seinen Beschwernissen bewältigen wird? Man kann von ihr vieles erhoffen. Sie wird von vielen Menschen ihrer Tatkraft wegen bewundert und diesem Bild wird sie wohl noch längere Zeit entsprechen können.

Die Neugestaltungen des Alterslebens von Gisela und Ernst

Die Phase der «jungen Alten» produktiv zu nutzen (vorausgesetzt, man ist nicht schon von Alterskrankheiten geplagt) ist nicht unbedingt nur eine Sache von Geld oder Bildungsmöglichkeiten.

Gisela und Ernst zum Beispiel sind in ihren jungen Jahren von den angestrebten Berufszielen als Ärztin und Jurist brutal abgeschnitten worden. Sie mussten, ihrer jüdischen Herkunft wegen, nach Brasilien auswandern und dort ein neues Leben aufbauen. Ihre zwei Söhne wurden dort geboren, die neue Existenz als Betreiber eines Papierwarengeschäfts war weniger glanzvoll als das, was man in Deutschland hätte erwarten können.

Als sich das Leben der Söhne konsolidiert hatte, gingen sie zurück nach Deutschland, in der Hoffnung, hier bessere Bedingungen vorzufinden. Es gelang ein neuer Einstieg, da waren sie Anfang fünfzig, aber als beide Mitte sechzig waren, fühlten sie sich oft müde und verbraucht. Die monatliche Reparationszahlung legten sie geschickt an, zusammen mit ihrer Rente konnten sie einen bescheidenen Komfort erreichen. Und nun?

Gisela erzählt sehr ausführlich und plastisch, wie das neue Leben in Deutschland zuerst aussah. «Ich fühlte mich hier als Versagerin. In Brasilien habe ich Massage gelernt, ich war ja Medizinstudentin gewesen, da liegt auch die Physiotherapie nicht so weit weg – und man hat in Brasilien die ganze Sache mit den Diplomen nicht so ernst genommen wie hier. Also habe ich dort eine kleine Physiotherapie- und Massage-Praxis aufgemacht, ganz klein, ich habe dazu in unserem kleinen Häuschen einen Raum freigemacht. Ernst hat unten seinen Laden gehabt. Ich war damals gar nicht so schlecht im Geldverdienen, fühlte mich als «Pionierin» in der Fremde, eigentlich besser als Ernst, denn ich habe ganz schnell Portugiesisch gelernt, was Ernst sehr viel schwerer fiel. Ich habe dort sehr nette Menschen kennengelernt, ich wurde oft gelobt für meine Tüchtigkeit. Das hat mich beflügelt. Der Laden von Ernst ging gar nicht so gut, er wollte unbedingt wieder zurück nach Deutschland. Man hatte ihm nun dort einen angeblich lukrativen Vertreter-Job für Bürowaren angeboten. Na ja, das war übrigens auch keine große Sache. Aber ich konnte natürlich hier in Deutschland nicht arbeiten, ich hatte ja keine gültigen Zeugnisse, und hier in Deutschland – das hatten wir schon vergessen – kannst du nicht einfach hingehen und in deinem Wohnzimmer Physiotherapie machen. Allenfalls hab ich das ganz privat für Bekannte und deren Bekannte gemacht, illegal natürlich. Das hat mich gekränkt. In Brasilien hab ich mich schon als erfolgreiche berufstätige Frau gefühlt, hier war ich eine Art Betrügerin. Das hat sich schlecht angefühlt.»

Und jetzt, da die beiden nicht mehr arbeiten?

«Ja, Ernst hat solch eine Vorstellung gehabt, dass wir nun tolle Reisen machen, natürlich auch immer wieder nach Brasilien, einer unserer Söhne ist dort verheiratet – aber als wir realistisch unsere Finanzen betrachtet haben, da blieb nicht sehr viel übrig für Reisen. Außerdem: Die reisende Rentnertruppe – das schien mir dann auch wieder lächerlich! Irgendwie wollte ich mich da nicht einreihen.

Ich will ja nicht nachtragend sein, wenn ich an alles Unrecht, das uns widerfahren ist, denke, dann könnte ich ja in Selbstmitleid versinken – aber gerade das will ich nicht. Es ist uns vergleichsweise noch gut gegangen, auch in der näheren Familie ist keiner ermordet worden – trotzdem: na ja ...

Ich habe schon lange Interesse an Amnesty International gehabt, habe mich informiert und auch Ernst da mit hineingezogen. Irgendwann haben wir beschlossen, Menschen zu helfen, denen ebenso Unrecht widerfahren ist wie uns. Wir arbeiten jetzt sehr intensiv mit. Unsere Portugiesischkenntnisse sind für die hiesige Gruppe recht wertvoll, wir haben auch noch ein wenig Spanisch dazugelernt und uns beiden tut das gut. Wir wollen nicht rächen, wir wollen helfen. Gute neue Bekanntschaften haben sich dadurch ergeben – das ist noch ein sehr schöner Nebeneffekt. Ich fühle mich wieder recht jung – wiederum als eine Art «Pionierin». Wir kommen durch unsere Tätigkeit übrigens auch noch manchmal zum Reisen – aber anderer Art als bei Neckermann. Wir lernen Menschen kennen, wir schauen in Verhältnisse hinein, die wir sonst nie kennen gelernt hätten. Ich hoffe, dass wir noch lange gesund bleiben, damit wir so weitermachen können.»

Auch hier sehen wir Menschen, deren Vorstellungen von sich selbst unerwartete Wendungen genommen haben. Es ist vor allem Gisela, die imstande ist zu solchen Veränderungen. Bei ihr (sowie übrigens auch bei Sonja) scheint es allerdings wichtig, dass sie schon als junger Mensch erlebt hat, dass sie «tüchtig» ist und dass sie etwas gestalten könne. Ohne diese Grundvoraussetzungen wird es wohl schwierig sein, immer wieder andere Facetten der eigenen Person herauszuarbeiten und danach zu leben. In gewisser Weise könnte man auch sagen: So sehr haben diese Frauen sich gar nicht gewandelt, der «Kern» ist ja noch derselbe?

Giselas Kraft war vermutlich immer schon zu spüren gewesen, vielleicht von einem soliden Elternhaus genährt. Dass sie auch von anderen als eine «Pionierin» angesehen wurde, in ihrer Berufstätigkeit geachtet, hat bestimmt dazu beigetragen, dass sie ihrem Leben immer wieder eine interessante Wendung geben konnte. Auch im «jungen Alter» hat dies noch getragen: Sie hat ein Feld gefunden, in dem sie wieder ihre Tüchtigkeit beweisen kann.

Ein interessantes Detail zeigt auf, wie man sich – bei bestimmten Selbstgefühlen – auch wehren kann gegen vordefinierte Rollen: Ganz nebenbei berichtet Gisela, dass sie durch die Arbeit bei Amnesty auch ihren Brustkrebs gut überwunden habe. Sie hatte die Vorsorge sehr lässig betrieben: «Ich bin kein kranker Mensch», sagt sie in leicht irrationaler Art. Als die Diagnose feststand, habe sie allerdings sofort gehandelt, aber Fragen von besorgten Freunden habe sie immer schnell abgewehrt. «Eine alte, kränkliche, bedauernswerte Frau zu sein – das lehne ich ab.» Punktum! Sie habe auch bald wieder mit der Arbeit begonnen. Offenbar gehört es nicht zu ihrem Identitätsgefühl, alt und krank zu sein – man wird sehen, was das für das spätere Alter bedeutet, möglicherweise wird das schwieriger für Gisela. Weil sie jedoch immer schon den «Opfer»-Status abgelehnt hat, wird sie auch dies meistern können.

Bilder des Alters

Dass zwischen sechzig und siebzig, trotz heutzutage besserer allgemeiner Gesundheit, verschiedene Körperfunktionen nachlassen, scheint für fast alle Menschen unumkehrbar. Es werden Arztbesuche notwendig, und oft muss man zu etwas mehr «Ruhepausen» raten. Das ist in den Köpfen vieler «junger Alten» sehr oft verbunden mit den Bildern von «Greisen» und wird abgewehrt. Vor allem Männer mögen es gar nicht, wenn ihnen geraten wird, «kürzerzutreten», auf den Blutdruck zu achten oder vielleicht ein Hörgerät anzuschaffen. Es passt nicht in das Gefühl, das man von sich selbst hat, und es passt auch nicht zu den vielen Zuschreibungen, die man bekommt. Komplimente, Versicherungen, dass man «viel jünger» wirke, und Ähnliches, machen das langsame Hineingleiten in eine andere Lebensphase schwieriger. Wem soll man denn glauben?

Es gibt noch viele Lebensbereiche, wo die entsprechenden Bilder der «jungen Alten» undeutlich sind: Mode, Sexualität (wie oft? wie lange noch?), Sport – vieles wird unsicher. Wenn man eine gute Freundin (einen guten Freund) hat, dann kann dieses zu viel mehr Ausgeglichenheit führen, als wenn man solche Probleme alleine lösen muss. Partner sind oft gar nicht unbedingt die richtigen dafür. Bei vielen Paaren gibt es über Themen wie Sex, Körperfunktionen und Schwäche wenig Austausch. Oft will man dem Partner (der Partnerin) nicht alles sagen, was man als bedrückend empfindet.

Dass Robert seine Frau Helga gefragt hat, wieso sie Slipeinlagen kauft, empfindet Helga noch immer als unangenehm und kränkend. Dass sie selbst häufiger von Viagra spricht, ist für ihn auch nicht gerade angenehm. Beide fühlen sich dadurch dem Alter näher gerückt: inkontinent, impotent – obwohl beides im vollen Wortsinn nicht zutrifft.

Das Lebensgefühl ist in diesen Jahren bei vielen Menschen schwankend. Als im Kreis von Freundinnen bei der Geburtstagsfeier einer 65-jährigen Frau eine sagte, sie freue sich schon auf das Altersheim, habe sich auch schon angemeldet – da waren die anderen perplex. Was willst du denn da tun? Die Freundin war zuversichtlich, dass ihr Leben im Seniorenheim viel angenehmer sein würde als daheim. Keine Hausarbeit, keine Handwerker, keine lästigen Verpflichtungen mit Gas, Strom, Wasser, etc. – sie habe doch genügend eigene Interessen, sie freue sich, denen ungehindert nachgehen zu können. Wir etwa Gleichaltrigen staunten. Dieses Denken war weit, weit weg von unseren Vorstellungen über die Zukunft.

Monika, eine Lehrerin, erzählt mit einer gewissen Eindringlichkeit, wie schwierig es für sie ist, 60 zu werden: «Man sagt mir, ich sähe aus wie Mitte 40, allerhöchstens, meine Lebhaftigkeit wird ebenso gerühmt wie meine Schlagfertigkeit. Solchen Komplimenten glaube ich dann auch eine Zeitlang und fühle mich noch weit entfernt vom Alter. In der Schule hat mich eine Zehnjährige gefragt, ob ich denn «schon» Kinder hätte? Da musste ich sehr lachen, auch das fand ich gut. Als aber mein Internist einen zu hohen Blutdruck feststellte und sagte: «Na ja, altersgemäß» und nicht hinzufügte, dass man mir dies allerdings nicht ansehen würde, na halt all den üblichen Schmus, da wusste ich: hier spricht die Realität. Die Blutdruckmittel machen mich müde, auch dass ich nicht mehr so viel Kaffee trinken darf, vermindert mein Lebensgefühl. Bin ich noch immer die quirlige, lebendige, jugendlich frohe Monika? Sicher nicht – aber was bin ich?»

Bei Leo sieht dieses «junger Alter» noch einmal anders aus: Als er sich mit 68 beim Bergsteigen – seiner großen Leidenschaft – den Knöchel so kompliziert und nachhaltig brach, dass von da an nur noch leichte Wanderungen in Frage kamen, versank er in Selbstmitleid. «Entweder ganz oder gar nicht», war sein Spruch, wenn die Wanderfreunde ihm jetzt leichtere Touren vorschlugen. Dass der Arzt gesagt hatte: «In Ihrem Alter sollte man nicht …», traf ihn ebenfalls. Immerhin aber arbeitet er noch im Labor seines Forschungsinstituts mit, mindestens drei Tage in der Woche. «Auch altes Eisen kann noch nützlich sein», war sein Spruch, und die Kollegen stimmten zu und freuten sich, wenn er auftauchte.

Das hatte er immer so erlebt und gefühlt. Dann hörte er den Satz, leise im Nebenraum gesprochen: «Muss der Alte eigentlich noch immer den Laborplatz besetzen? – kommt doch nix mehr raus.» Ein jüngerer Mitarbeiter hatte ihn ausgesprochen, einer der ihn nicht gut kannte und seine Verdienste nicht überblicken konnte. Aber: Hatte jemand widersprochen? Er wusste es nicht, weil er die Fortsetzung des Gesprächs nicht abgewartet hatte.

Es dauerte lange, bis Leo sich aus einer länger dauernden depressiven Verstimmung erholte und sich gemeinsam mit seiner Ehefrau eine andere Lebensform schuf. Dieses neue Leben ist nicht mehr zweckgerichtet wie das frühere, es ist vielfältiger geworden: Mitverantwortung für zwei Enkelkinder, gemeinsame Italienischstunden zur Vorbereitung schöner Reisen nach Italien, gepflegteres Essen und Einladungen. Alte Freunde haben das Paar dazu inspiriert. Die haben einmal gesagt, sie fänden es zwar immer nett und gemütlich bei ihnen, aber warum es eigentlich immer nur «Schnittchen» gäbe? Leo und seine Frau haben offenbar nicht mitgekriegt, dass man nicht mehr – wie ihre Eltern während des Krieges – nur «nach dem Essen» einlädt.

Das Leben verläuft nun unmerklich in einer anderen Bahn: weniger von Ehrgeiz (die höchsten Berge, die längste Arbeitszeit) getrieben, lässiger, aber in mancher Beziehung durchaus intensiver. Das Wort «älteres Ehepaar» fühle sich, wie Leo meint, nun nicht mehr so schrecklich an; das seien sie schließlich!

In diesen Phasen des Übergangs («junge Alte») wird besonders deutlich, wie zwiespältig die Zuschreibungen der anderen sind und wie schwierig es ist, diese Zuschreibungen zu verdauen. Sich davon ganz und gar nicht beeinflussen lassen geht wohl nicht, irgendwann wäre es auch lächerlich und mündete in der fernsehbekannten alten Dame mit grell gefärbten Löckchen, rosa Söckchen und Glitzerpullover. Wie aber soll man sich fühlen? Wie verhalten?

Krappmann meint in seinem wegweisenden Buch über Identität[63], man müsse zwischen zwei Forderungen pendeln, um die «balancierende Identität» zu gestalten. Die eine heißt: «Sei wie alle anderen» und die andere: «Sei einzigartig.» Die Aufrechterhaltung dieser Balance erst führe zu einer gesicherten «Ich-Identität». Wie aber sind «die anderen» in dieser «Zwischen-Zeit» zwischen mittleren Jahren und dem Alter? Sind nicht alle in etwa gleicher Weise anfällig für Komplimente, unsicher, voller Zweifel?

Als Gisela und Ernst schon wieder einiges älter sind, ändert sich das Bild noch einmal. Ernst will nun nicht mehr mitarbeiten bei Amnesty, er fühlt sich zu schwach, oft hat man auch den Eindruck, er sei depressiv.

«Was habe ich überhaupt erreicht im Leben?», klagt der 77-Jährige manchmal. Gisela ist, wie immer, resolut, will von solchen Gedanken nichts hören. Ernst aber sinnt oft über die Vergangenheit nach.

«Ich war immer schwächer als du», sagt er zu Gisela. Diese aber kann nicht ganz zustimmen; sie findet, dass Ernst in der Erziehung der beiden Jungen klarer und zielgerichteter war als sie selbst. Dass die beiden sich im Leben gut zurechtfinden, so sieht Gisela das, ist auch Ernsts Verdienst. Er war immer sehr viel energischer. Ernst aber meint, dass die beiden wohl Giselas Kraft geerbt haben.

So wird nun, da beide alt werden und nicht mehr nur als «junge Alte» bezeichnet werden können, auch die Biografie zum Thema. Wo sehen sie die wesentlichen Wendepunkte? Bei beiden ist etwas in ihrem Lebensweg «abgebrochen», alle Erwartungen wurden zerstört. Ernst hat sich schnell abgefunden damit, dass er nicht Rechtsanwalt werden konnte; Gisela aber hat sich von Kindheit an als «Ärztin» gesehen, schon ihre Puppenspiele sahen danach aus. Ernsts Berufswunsch entsprang einer Konvention, Gisela empfand das Arztsein als Berufung. Dass sie «berufsnah» eine Tätigkeit gefunden hat, passt in die Kontinuität ihres Weges.

Sowohl Ernst als auch Gisela aber haben in den Jahren des «jungen Alters» etwas gefunden, das für beide sehr wichtig wurde und ihr Gefühl für sich selbst verändert hat: ein neues soziales Netz, eine Möglichkeit, sich ganz besonders intensiv einzubringen in die Gesellschaft. Sie haben Menschen, die sich ganz machtlos fühlen, beistehen können. Die von Keupp[64] als wichtig für «gelingende Identität» bezeichnete «Partizipation» wird bei den beiden in ganz besonderer Form klar.

Natürlich muss man nicht in solch aufopfernder Form etwas für die Gesellschaft «tun». Die meisten Menschen «partizipieren» ja schon durch ihren Beruf. Doch in dieser Hinsicht ist Ernst recht unsicher: Was habe er denn schon getan? Bürowaren verkaufen und vertreten, das kann ja jeder. Nun, darauf kommt es natürlich nicht an. Es ist nur ganz prinzipiell ein wichtiges Kriterium, ob man sich als arbeitender Mensch «dazugehörig» fühlen kann. Die Identität dessen, der «nichts gelernt» hat oder «nie berufstätig» war, ist in vieler Hinsicht unsicher. Viele Menschen, die nicht durch Arbeit und berufliche Kompetenz dazugehören, behelfen sich mit anderen sozialen Netzwerken und damit Identitäten: der Fußballverein, die «Gang», der Kirchenchor ... – all dies kann Identität konstituieren.

Ernst hat sich zurückgezogen. Er fühlt sich jetzt «alt» und hat entsprechende Bilder von sich. Gisela selbst empfindet das als verfrüht. Ernst mag sich häufiger schwächer fühlen als früher, aber sie denkt, er hätte noch viel mehr Energie, als er meint. «Wenn er nur öfter rausginge», meint sie, «wenn er weniger essen würde – und vor allem gesünder, weniger Bier», so versucht Gisela, die noch immer Schlanke und Zähe (trotz ihrer 75) ihn aufzumöbeln. Ernst wehrt ab, ist allerdings zum Spazierengehen durchaus bereit. Er kämpft ganz offensichtlich damit, alt sein zu «dürfen», weiß aber selbst noch nicht, was das für ihn speziell bedeutet. «Lass Großvater an seinem Ofenplatz», sagt er manchmal, obwohl die zentralgeheizte Wohnung ein solch altmodisches Klischee nicht bedient.

Zufällig entdeckt er etwas «Neues» für sich. Immer schon hat er gerne Zeitungen gelesen – sein Aufenthalt in Brasilien hat ihn sensibilisiert für fremde Orte, Politik und andersartige Kulturen. Zeitschriften aber sind oft teuer, Ernst konnte sich nicht so viele leisten, wie er gerne gelesen hätte. Der «Lesesaal» im Amerika-Gedenkhaus eröffnet ihm jetzt neue Möglichkeiten. Seine Sprachkenntnisse erleichtern ihm den Zugang zu vielen neuen Zeitungen und Zeitschriften. Das ist nun ein wichtiger Bestandteil seines Lebens als Alter. Vormittage im Lesesaal, wo er bald auch einige andere ebenfalls ältere Menschen kennenlernt. Das Leben hat für ihn wieder eine neue Variante bekommen. Ernst ist stolz auf die vielen Anregungen, die er nun an Gisela weitergeben kann. Diese ist damit sehr einverstanden.

Die beiden Söhne kommen zum 80. Geburtstag. Dass sie in ihren Geburtstagsreden die Stärke, die innere Lebendigkeit und Klugheit der Eltern rühmen, freut beide.

7 Die verwirrende Identität der Frauen

Die gesellschaftlichen Zuschreibungen, die Frauen erfahren, sind so widersprüchlich wie bei kaum einer anderen Gruppe; Männer versieht man zwar mit weniger ambivalenten Begriffen, aber natürlich werden gerade durch die Emanzipation der Frau auch die Beziehungen zwischen den Geschlechtern neu definiert. Es ist daher auch den Männern aufgegeben, über sich selbst neu und anders als bisher nachzudenken.

Seit die Kategorien des Männlichen und des Weiblichen hinterfragt wurden, unterscheiden wir daher ganz explizit zwischen «Sex» und «Gender», also zwischen Geschlecht und Geschlechterrolle. Man geht nicht mehr davon aus, dass das Geschlecht als solches auch über Verhaltens- und Erlebensweisen bestimmt, dass vielleicht sogar die körperliche Ausstattung das Verhalten determiniert. Zwar gibt es selbstverständlich nach wie vor bestimmte feststehende Charakteristika des männlichen und des weiblichen Geschlechts; es gibt aber sehr viel mehr variable Merkmale, die wechselnd sind und nicht unbedingt zum «ehernen» Bestandteil des Männlichen oder des Weiblichen gehören. Das Geschlecht steht fest – Gender, also die Geschlechterrolle – ist variabel.

Frauen in unterschiedlichen Kulturen

Wie unterschiedlich all dieses in verschiedenen Kulturen gehandhabt wird, mögen zwei kleine Beispiele verdeutlichen:

Der Kulturwissenschaftler Lacqueur[65] zeigt detailliert auf, dass man bis ins 16. Jahrhundert hinein nicht in derselben Weise zwischen Männerkörpern und Frauenkörpern unterschied, wie wir das tun. Man ging nämlich, bevor das Sezieren allgemein erlaubt wurde, davon aus, dass es nur einen einzigen «Urkörper» gibt, nämlich den männlichen. Natürlich sah man die Verschiedenartigkeit der primären und sekundären Geschlechtsmerkmale, man deutete sie aber anders. So nahm man an, dass die Eierstöcke nach innen gestülpte Hodensäcke seien, die Vagina ein nach innen gestülpter Penis u. Ä. m. Wie man weiß, hat auch Freud noch die Klitoris als verkümmerten Penis gesehen und darauf seine Theorie der Weiblichkeit gegründet. Der klitoridale Orgasmus galt lange Zeit in der Psychoanalyse als «minderwertig». Freuds getreue Schülerin Prinzessin Maria Bonaparte unterzog sich sogar einer Klitorisbeschneidung, weil sie endlich einen vaginalen Orgasmus erzwingen wollte – so minderwertig erlebte sie den «nur» klitoridalen Orgasmus. Man kann sicher sein, dass solche Bilder die «Weiblichkeit» anders repräsentieren, als wenn man – wie es der Realität entspricht – den Penis als eine wuchernde Klitoris ansieht. Der embryonale «Urkörper», wenn man so überhaupt denken will, ist eher als «weiblich» zu bezeichnen. Erst nach einigen Wochen bekommt der Embryo nämlich eine «Testosterondusche» und entwickelt sich dann zum männlichen Kind.

Ein anderes Beispiel für die Variabilität der Vorstellungen von Mann und Frau wird uns von der Ethnopsychologin Ina Rösing[66] berichtet. In Bolivien gibt es einen Gebirgsstamm, die Amareter, die zehn Geschlechter kennen. Damit sind natürlich nicht die biologischen Geschlechter gemeint, sondern die Geschlechterrollen. Das Besondere daran ist aber, dass Geschlechterrollen und biologisches Geschlecht sich nicht decken und auch nicht stabil sind; die Geschlechterrolle ändert sich – je nach Ackerland, Alter und Amt. Man kann dementsprechend Mann-männlich oder Mann-weiblich oder weiblich-männlich etc. sein. Immer wieder kann sich ein «Geschlechtswechsel» vollziehen, die Verteilung der Geschlechtseigenschaften wird je nach Alter, Status und Besitz immer wieder neu geordnet. Man kann sich denken, dass dies eine völlig andere innere Repräsentation des Männlichen und Weiblichen ermöglicht als in Gesellschaften, wo Biologie und Geschlechterrolle sich weitgehend decken. Wie sich das für das jeweilige Individuum und sein Identitätsgefühl auswirkt? Das ist von unserem Standpunkt einer westlichen modernen Gesellschaft her schwer zu beurteilen.

Im europäischen Raum ist die Frauenrolle seit dem Mittelalter und bis in das 19. Jahrhundert hinein stark von den Religionen bestimmt worden. Wir finden die katholische Frau – der idealisierten Mutter Gottes nachgebildet – noch im 19. Jahrhundert anders gekennzeichnet als die protestantische Frau. Erstere ist an das Heim gebunden, möglichst ferngehalten von den Geschäften der Männer und auch von Bildung. Es dominiert die «Weiblichkeit des Herzens», die der Rationalität der Männer entgegengesetzt wird. Mädchen werden stark kontrolliert, möglichst auch abgehalten von der verderblichen Sexualität. Letzteres gilt vor allem für die bürgerliche Schicht.

Obgleich vieles sich mit den Idealen und Notwendigkeiten einer bürgerlichen Gesellschaft verbunden hat (die Frau blieb im Haus und arbeitete nicht mehr mit), ist doch das Bild der protestantischen Frau ein anderes: Als Vorbildfigur dominiert die Pfarrersfrau. Sie ist sehr viel aktiver, steht mittendrin im Gemeindeleben und besorgt eine Reihe von Amtsgeschäften, angeblich vertrat sie in manchen Gegenden sogar den Pastor beim Verteilen des Abendmahles. Bildung wurde ihr viel eher zugestanden und deshalb sind es auch hauptsächlich die protestantischen Frauen, die Mitte des 19. Jahrhunders in den angelsächsischen Ländern für Frauenbildung und Frauenrechte stritten. Beispiele gibt es viele.

Frau ist nicht Frau

Sie führen zu der Überlegung, dass es vielleicht überhaupt keine «natürlichen» Unterschiede zwischen Männern und Frauen gibt, dass die Sozialisation es ist, welche die Unterschiede im Verhalten und Erleben von Männern und Frauen bestimmt. Die alte Frage nach Natur versus Kultur («nature/nurture») taucht auch in der Frage um die Identität von Mann und Frau immer wieder auf – und kann dort so wenig völlig schlüssig beantwortet werden wie in anderen Bereichen der anthropologischen Psychologie. Ist der Mensch mehr von seinen biologischen Anlagen oder von der Umwelt bestimmt? – eine Frage, die sich alle Erzieher bekanntlich dauernd stellen.

Natürlich ist der Mensch ein Kulturwesen – schon im Mutterleib, es ist das Wesensmerkmal des Menschen. Aber er steht auch in der Reihe der Säugetiere mit ganz bestimmten biologischen Merkmalen. Beides ist zusammen zu denken. Derzeit wird das Terrain zwischen den Biowissenschaften und den Sozialwissenschaften immer wieder neu abgesteckt. Sicher ist: Der Mensch kann gegen biologische Vorgaben angehen, sie beeinflussen und sie stark variieren.

Die Emanzipationsbewegung hat alte und neue Frauenbilder vermischt und vervielfacht, die Komplikationen haben sich damit ebenfalls vervielfältigt. Wenn wir vom schon beschriebenen «Chor der Stimmen»[67] ausgehen, dann scheint dieser Chor bei Frauen noch vielstimmiger als dieses bei Männern der Fall ist. Das ist selbstverständlich nicht nur negativ zu sehen. Mehr Vielfalt bedeutet auch mehr Freiheit, allerdings auch: mehr Unsicherheit.

Frauen sind (fast immer im Vergleich zu Männern): emotional begabt, redegewandter, weich und zärtlich, böse und hinterlistig, schlau, versessen auf Männer mit Prestige/Geld/Einfluss, gütig, kinderlieb, grausam, zu weich für das raue Geschäftsleben, körperlich unterlegen, körperlich zäh, schön, lieblich, charmant, irrational, berechnend, klug ... – man könnte immer weiter aufzählen und fände immer wieder neue und widersprüchliche Zuschreibungen. Immer aufs Neue wird darüber geschrieben: in der Belletristik, im Theater, in wissenschaftlichen und pseudowissenschaftlichen Abhandlungen.

Für das Identitätsgefühl von Frauen als Frauen scheinen drei Bereiche besonders wichtig: der Bereich des Körpers; der Bereich der Sexualität und Intimität; der Bereich der Mutterschaft.

Hässliche Entlein und schöne Schwäne: Der Körper der Frau

Der weibliche Körper existiert nicht nur ganz real in seiner Andersartigkeit; er existiert auch – sehr viel stärker als der männliche, zumindest in unserer europäischen Geschichte – in der Fantasie, meist in der Fantasie der Männer. Es sind in beträchtlichem Maß die Fantasien über diesen Körper, die das Verhältnis der Frau zu sich selbst, speziell auch über den Körper beeinflussen. Ihre Identität wird in hohem Maß auch durch den Körper bestimmt. Dieser weibliche Körper ist in allen Zeiten und Kulturen in besonderer Weise beschrieben worden und hat immer viel Aufmerksamkeit erhalten.

Wie sehen die gesellschaftlichen Fantasien über den Körper aus?

Durch die ganze Literatur zieht sich ein Strang der Idealisierung des weiblichen Körpers, der gleichzeitig aber auch etwas stark Objektivierendes hat. Florale Fantasien werden in immer wieder neuen Abwandlungen bemüht, um diesen Körper zu beschreiben.

«Ein wilder Garten ist dein Leib», hieß ein vielgelesener Gedichtband über die Frau der Jahrhundertwende. Darin ein Text von Wedekind, der diese so beschreibt:

«Denn gleich wie die Knospe der Blume/
Nichts ahnt von der Pracht und dem Ruhme/
Der Rose am üppigen Strauch/
So seh' ich bescheiden erst schwellen/
Die keuschen, die kindlichen Wellen/
Umweht vom berauschenden Hauch ...»

Noch deutlicher wird in der gleichen Textsammlung Verlaine:
«Bis zu deiner süßen Schenkelrose/
Und des matten Goldflaums Zierde/
Die sich als die Apotheose/
Öffnet meiner drängenden Begierde ...»[68]

In unserer Zeit wird der ideale Körper der Frau meist medial vorgeführt und zum Vorbild. In seiner unnatürlichen Schlankheit lässt dieser «Idealkörper» in vielen Frauen ein Gefühl des Versagens zurück. Kann ich mit meinem Body-Mass-Index noch begehrt werden? Denn immer wieder scheint nur der schöne Leib einer, der begehrt wird. Dieses Begehren in den Augen des «anderen» zu sehen trägt meist sehr wesentlich dazu bei, dass frau sich als «Frau» fühlt. Der ideale weibliche Körper ändert sich mit der Zeit und der Kultur, aber es gibt Normen, die immer prägend sind – unabhängig davon wie eine Frau aussieht (große Augen, zarte Haut, dichtes Haar u. Ä. m.).

Ist der begehrte weibliche Körper aber auch ein begehrender? Soll er es sein? Diese Fragen werden von berühmten Feministinnen wie z. B. Jessica Benjamin[69] oder Christa Rohde-Dachser[70] schon seit langem diskutiert. Das Bild der sexuell passiven Frauen ist noch immer präsent, als Begehrende werden Frauen aber sehr rasch zu unersättlich Begehrenden, die die Männer ausbeuten.

Bei sehr viel Idealisierung lässt natürlich auch die Entwertung nicht lange auf sich warten. «Das Böse ist eine Frau», so ein Buchtitel, in dem der kalifornische Kulturwissenschaftler Dijkstra[71] eine

Geschichte der Frauen als böse und gefährliche Verführerinnen erzählt.

Eines der vielen Beispiele zeigt die Angst vor der begehrend-verschlingenden Frau noch im 19. Jahrhundert in besonders aufregender Weise auf:

«Ihr schöner Körper schien zu schmelzen und zu einem glänzenden Strudel zu werden. Er schwoll an und wurde dicker und dunkel. Ihre Glieder wuchsen mit grauenhafter Geschwindigkeit und wurden schwarz, weitere schoben sich heraus. Glieder und Körper waren mit rauem schwarzem Haar bedeckt. Ihr Kopf schrumpfte, ihre weißen Zähne wurden zu glühenden und gräulichen Hauern. Ihre klaren dunklen Augen wurden rot, glühten irrsinnig mit unversöhnlicher Bosheit. Mit der Schnelligkeit eines Traumes hatte sich die schöne Frau in eine Tarantel verwandelt.»[72]

In dieser Fantasie sind die Frauen Objekte, diesmal verwandeln sie sich in ein wildes und bösartiges Tier. In unserer Zeit sind Ängste dieser Art zwar seltener geworden, aber ist das Lächerlichmachen der dicken oder der alten Frau, die voll von Entwertungen steckt, nicht ebenfalls die Angst vor dem «Verschlungenwerden»? Die Fixierung vieler Männer auf den kindlichen weiblichen Körper (wenig Busen, Po und Hüften, ausrasierte Schamhaare), die daher medial gefördert wird, kann wohl ebenfalls als ein Zeichen der Angst vor der «echten» Frau gedeutet werden.

Der Körper der Frau als Phantasma scheint ungemein wirkmächtig zu sein. Und auch aus diesem Grund ist es für Frauen im 21. Jahrhundert noch immer schwieriger als für Männer, sich mit den vielfältigen Identitätsangeboten, die auch dem Körper gelten, auseinanderzusetzen. Auch der fantasierte Körper wird bei Frauen häufiger zum Problem als bei Männern, sehr oft – das sehen wir Psychotherapeuten besonders häufig –, wirkt die Beschäftigung mit dem Körper krankmachend oder zumindest regressiv, sodass konstruktive Entwicklungsmöglichkeiten gehemmt werden.

Das Problem mit der Schönheit als ein nach wie vor bestehendes Postulat bindet viele Frauen in einer Weise an ihren Körper, der sie oft krank und arbeitsunfähig macht, weil, zum Beispiel im Fall der Essstörung, mehrere diametral entgegengesetzte Einstellungen aufeinanderprallen: Die Vorstellung von der mediengerecht schlanken und daher schönen und verführerischen Frau, die sich pflegt und

Männern gefällt, ist schwer zu vereinbaren mit der tüchtigen berufstätigen Frau, und diese wiederum steht in einem gewissen Widerspruch zur wärmend-fürsorglichen Mutter mit ihren nährenden Brüsten. All dies unter einen Hut zu bringen scheint für viele Frauen und junge Mädchen schwierig.

Der Machbarkeitsglaube hat auch den Bereich des Körpers erfasst. Man darf nicht mehr unattraktiv sein, dies ist nicht mehr gottgewolltes Schicksal, sondern beruht scheinbar auf Vernachlässigung. Kosmetik und entsprechende Mode sind allgemein zugänglich. Seit einiger Zeit wird sogar immer häufiger die operative Verstümmelung des Körpers in Kauf genommen, um irgendeinem Schönheitsideal zu entsprechen. Schlupflider, eine kräftigen Nase oder dünne Lippen sind ein Zeichen persönlichen Versagens. Welche abstrusen Über-Ich-Pathologien sich hier präsentieren, werden wohl erst Therapeuten der nächsten Generation in ihrer ganzen Dimension ausloten. Ein ganz spezielles Kapitel in diesem Zusammenhang ist das der älteren Frau, die nicht mehr in wünschenswerter Weise attraktiv ist. Dass wir für die ältere und alte Frau nur wenig beneidenswerte und nachahmenswerte Vorbilder haben, ist ein Thema für sich. Und Schönheit spielt auch hier eine Rolle, vor allem in den Augen der Männer.

In einem Lexikon fand ich eine Eintragung über die bedeutende Philosophin Hannah Arendt. Er lautete etwa: «Bekannte Philosophin, eine schöne Jüdin.» Hat man je Ähnliches über einen bedeutenden männlichen Wissenschaftler gelesen?

Es ist immer wieder der Körper von Frauen, der ins Blickfeld gerät und oft zum Angelpunkt der Beschreibung wird, egal, was die entsprechende Frau auch sonst noch geleistet oder verbrochen hat: Politikerinnen, Managerinnen oder Professorinnen werden als schön, hässlich, eckig, rund, sexy, geschlechtslos beschrieben. Damit verbunden werden dann auch gleich seelische Bestimmungen, die zum Körperbild passen: Die eckige Frau wird eher als «stark» beschrieben, die zierliche als weich und gefühlvoll u. Ä. m. All dies schleicht sich von Kindheit an in die Köpfe der Mädchen und ist ein nicht unbeträchtlicher Bestandteil ihrer Identität als Frau, die oft viele andere Aspekte dominiert.

Wir Frauen können alledem offenbar nicht entgehen. Dass daher sehr viel mehr Frauen als Männer ihren Körper vervollkommnen wollen, verwundert niemanden. Diäten, Schönheitsoperationen,

Schmuck, Mode – all das gilt als «weiblich», auch wenn manches davon nun schon ebenso Männer betrifft.

«Identität als Frau» finden: Auch das ist ein oft genanntes Therapieziel. Häufig ist es verknüpft mit dem Thema des «Körpers». Als Therapeut(in) sieht man oft, wie schwer es für Frauen sein kann, sich im modernen Gewirr von Zuschreibungen zurechtzufinden. Wie soll denn die Frau sein? Wie fühlt man sich als «echte» Frau? Ist das wichtig? Gehört es zur seelischen Gesundheit?

Die grauen Mäuschen

Iris, 34, Dolmetscherin und Übersetzerin, fand das alles besonders schwierig. In ihrem Elternhaus waren Fragen der Weiblichkeit ein wichtiger Bereich gewesen. Sie waren drei Schwestern, Iris war die mittlere, war auch, wie sie sagt, «nur mittel hübsch», «nur mittel begabt», «nur mittel begehrt». Diese Selbstbeschreibung (die auch der impliziten und manchmal expliziten Beschreibung durch ihre Mutter entsprach) drückte sie offensichtlich in der Art ihres Kleidungsstils aus. Jeans, blaue, hellgraue, beige Shirts, dunkler Kapuzenpullover, unauffälliges Schuhwerk. Wenn sie ihr berufliches Outfit trug, waren es unauffällige Kostüme oder Hosenanzüge – meist gedecktes Grau oder Blau. Die blonden Haare: halblang herunterhängend. Manchmal eine Spur Lippenstift.

Iris war beruflich hoch angesehen, denn sprachlich war sie, wie sie selbstironisch sagte, «nicht nur mittel begabt». Spanisch und Griechisch neben dem üblichen Englisch/Französisch sicherten ihr gute Einkünfte. Ihr Liebesleben: öde. Zwei Jahre hatte sie mit einem Mann zusammengelebt, dem offenbar ihr Geld wichtiger war als die dazugehörige Frau, zumindest sah sie das so. Als sie ihn beim dritten Mal Fremdgehen ertappte, brach sie die Beziehung ab; seither hatte es kaum Möglichkeiten gegeben, mit einem Mann nähere Bekanntschaft zu schließen. Als Dolmetscherin sehr gefragt, hatte sie kaum mehr Zeit für anderes. Kongresse, Wirtschaftsforen, Empfänge – es wurde immer mehr, die Aufträge immer prestigeträchtiger. Iris hätte stolz sein können auf ihre beruflichen Erfolge.

Die Therapie drehte sich aber selten um ihre Erfolge – sie drehte sich um all das, was sie über sich selbst als Frau dachte und gehört hatte. Sie wisse nicht, ob sie eine «richtige Frau» sei, sagte sie oft.

Dass die fernsehgerechten Schönheiten nicht unbedingt der durchschnittlichen Wirklichkeit entsprachen, wusste sie natürlich, aber … unglücklicher Weise hatte sie diese zwei Schwestern. Beide waren ungemein attraktiv – wenn man ihr das glauben konnte! Erinnerungen an viele, viele Szenen gab es. Die Mutter, die dauernd an ihr herumzupfte, weil ein Kleid oder eine Hose nicht passen wollte. «Schwierig mit deinen Hüften», wie oft hatte sie das gehört! Oder: die schöne Älteste, die vor dem Besuch der Disco ihre Haare so wunderbar fluffig aufdrehen konnte. Ihr war dies misslungen. «Strähnige Haare kann man nicht so frisieren», hieß es dann. Und die vielen Telefonate der Schwestern über günstige Klamotten-Einkäufe! Und die vielen Jungs, die nie mit ihr, aber dauernd mit den beiden anderen telefoniert hatten! Der Vater hatte sich um den «Mädelskram» nicht gekümmert, aber der hatte sich sowieso irgendwann aus der Familie zurückgezogen, weil er sich irgendwann eine neue Familie zugelegt hatte.

Iris reiste berufsbedingt durch viele Länder, lernte die verschiedensten Leute kennen, hätte wohl viel erleben können – das Thema ihrer Therapie aber war und blieb ihre Erfolglosigkeit als Frau. «Irgendetwas an mir stimmt nicht», war ihre dauernde Klage. «Ich bin nicht graziös genug, die Männer wollen zarte Pflänzchen»; «Warum ist kein Mann an mir interessiert?»; «Ich komme mir immer ganz ungelenk und verdreht vor, wenn ich mal einen Mann interessant finde» – Sie hat sich viele unfreundliche Klischees über Männer zurechtgelegt. Narzisstisch seien die, hätten nur Glamourgirls im Kopf, dächten nur funktionalistisch, nie seien sie bezogen auf andere … usw.

Es ging immer wieder darum, dass sie eben «keine Frau» sei. Was das sei, eine «Frau»?

Nun eben: Genau das, was ihre Mutter und ihre Schwestern verkörperten. Die seien nicht nur schön, sondern könnten eben Männer «um den Finger wickeln». Sie selbst sei da «zu ehrlich», und außerdem sei sie eben nicht so attraktiv. Sie sei nicht der «Männertyp», sie sei langweilig. Und ihr beruflicher Aufstieg, zähle der nichts? Nein, im Gegenteil, Männer sähen in ihr nur die Konkurrenz. Übrigens sei sie auch besser als viele von ihnen, das sei schlecht. Einer der Kollegen – den sie übrigens zuerst ganz nett gefunden hatte –, meinte zu ihr: «Mädel, warum kriechst du immer herum wie eine graue Maus, dich sieht ja kein Mann?» Da war er ein wenig betrunken gewesen, aber natürlich hatte er genau das gesagt, was er und alle anderen gedacht hatten.

Ein anderer hat einmal etwas Nettes sagen wollen: «Du hast solch ausdrucksvolle Augen, die solltest du schminken!» – Aber dieses Kompliment war eben auch nichts Rechtes gewesen, denn sofort erinnerte sie sich an diesbezügliche Aussagen ihrer Schwestern: «Wenn man an einer Frau gar nichts Hübsches fände, dann sage man, sie habe ‹ausdrucksvolle Augen›».

Und so ging es weiter, viele Stunden lang. Als weibliche Therapeutin war ich fast versucht, sie in einen Schminkkurs zu schicken. Das hätte aber wohl nur kurze Zeit, wenn überhaupt, geholfen.

Was aber muss gewährleistet sein, um das Gefühl «Ich bin eine begehrenswerte Frau» überhaupt entstehen zu lassen? Und: Ist das wirklich so wichtig? Welcher Chimäre saß Iris da auf?

Sowohl im Leben als auch in der Literatur kennt man Frauen, die trotz hohen Alters als «weiblich», eine «typische Frau» oder als «weiblich charmant» bezeichnet werden. Man kann sich bei diesen Frauen vorstellen, dass in ihren jüngeren Jahren viele Männer an ihnen interessiert waren.

Definiert sich «Weiblichkeit» aber nur über das Interesse von Männern? Bestimmt nicht, wenn man an lesbische Frauen denkt, die besonders reizvoll und «weiblich» auftreten.

Es scheint mir besonders schwierig, körperbezogene Zuschreibungen zu lockern. Nur sehr schwer sind sie durch andere Eigenschaften zu kompensieren. «Aber du bist dafür klug» – nicht nur in der Jugend ist das ein schlechter Trost, wenn man doch so gerne die Augen der Männer auf sich ziehen würde. Und leider ist eben die sexuelle Anziehung stark vom Körper her bestimmt. Aber: Das Ideal, wie dieser Körper auszusehen hat, um begehrenswert zu wirken, das ist – Gott sei Dank – eben doch auch recht variabel. Zum einen ist es kulturabhängig, zum anderen aber spielt dabei eine wichtige, sehr persönliche Komponente mit: der Ausdruck und die Ausstrahlung, die eine Person hat. Diese ist schwer zu definieren, doch jeder weiß eigentlich, was damit gemeint ist. Es ist eine Mischung von Lebendigkeit, Selbstvertrauen, Offenheit und Expressivität, die bei einer Frau das Gefühl entstehen lässt, sie sei «schön» oder «sexy» und damit «begehrenswert». Natürlich ist dieses Gefühl auch wiederum an Interaktionen gebunden: Wer hat nicht schon mit Überraschung gesehen, dass eine unscheinbare Frau bemerkenswert attraktiv werden kann durch das Begehren eines Mannes?

Else berichtet, dass sie sich immer als Mauerblümchen gefühlt habe, junge Männer hätten sich nie für sie interessiert und in der Tanzschule sei sie immer als Letzte für den unattraktivsten Jungen «übrig geblieben». Sie hat viele Erinnerungsbilder dieser Art, auch Meinungen anderer fallen ihr dauernd ein. Als Kind, sagt sie, hätte sie sich «ganz normal» gefühlt. Es begann in der Pubertät, als ihr Vater einmal meinte, ein Kleid mit großen Tupfen solle sie nicht anziehen, dafür sei sie nicht schlank genug. Und außerdem: Warum schneide sie sich die Haare immer so kurz – das passe gar nicht zu ihrem runden Gesicht. Von da an hüllte sie sich in weite Kleider und Pullover, meist grau-dunkelblau.

Ihre Schwester sei sehr schlank gewesen – ein unerreichbares Vorbild. Diese Schwester spielte auch alle ihre Trümpfe aus – «wahrscheinlich, weil ich zu ihr auch nicht sehr nett war und immer betont habe, wie unbegabt sie sei». Diese Schwester berichtete dann auch, dass einer ihrer Verehrer zu einem anderen gesagt habe, es sei erstaunlich, wie unterschiedlich Schwestern doch sein können. Else sei ja eher ein «gerupftes Hühnchen», während die Schwester wohl ein stolzer Schwan würde.

Diese Geschichte hat Elses Leben jahrelang geprägt. Sie gab es auf, in der «Liga der hübschen Mädchen» mitzuspielen. Erst durch Erwin, so erzählt sie, hätte sich das geändert. Sie hatten miteinander studiert, Seminararbeiten miteinander geschrieben, und so sei ihr Vertrauen in ihn langsam gewachsen. Else fühlte sich durch Erwins freundliche Bewunderung langsam auch als Frau interessant. Das erste richtige Kompliment, das ihr ein Mann gemacht habe, werde sie nie vergessen. Es kam von Erwin nach einem sehr langen Arbeitstag, sie hatten bis in die Nacht hinein gearbeitet, um die Arbeit im Labor fertigzubringen. Und da hatte Erwin sie angesehen und gesagt: «Else, wenn du so übernächtigt bist, fängt dein Gesicht an zu leuchten, deine Augen werden dann noch schöner.» Else berichtet, dass dieser Satz sie «umgeworfen» habe. Sie war schon lange verliebt gewesen in Erwin – aber durch diesen Satz hätte sie sich ermutigt gefühlt «fürs ganze Leben», lächelt sie und sieht wirklich hübsch und sehr weiblich aus.

Sexualität und der Innenraum

Psychoanalytikern liegt es nahe, Körperliches nicht abzutrennen von dessen mentaler Repräsentation und dieses immer wieder sehr eng zu verknüpfen. «Anatomie ist Schicksal», hat Freud sehr hart definiert. In solcher Schärfe wird dies heute von den meisten Psychoanalytikern nicht mehr gesehen. Natürlich gibt es biologische Vorgänge, die unserer Vorstellungskraft entzogen sind. Diese werden im Bereich der Neurowissenschaften und der Gentechnologie in den letzten Jahren beforscht und werden sicher noch einige Dinge, die unser Bild von den Geschlechtern betreffen, auf den Kopf stellen. Worüber aber auch jetzt schon einige Klarheit herrscht: das ist die Wichtigkeit der mentalen Bilder, die Mann/Frau sich von sich selbst und ihrem Körper machen. Nicht nur die «Schönheit» kommt hier ins Spiel, sondern auch die Vorstellungen davon, wie der Körper mit sexuellen Gefühlen verknüpft ist. Sexuelle Empfindungen, die sich ja am und im Körper abspielen, rufen Körperbilder hervor, die sich wiederum mit unterschiedlichen Gefühlen verknüpfen. Der «Chor der Stimmen», von dem Gergen[73] spricht, vermischt sich auch mit diesen Bildern vom Körper. Um die Verflechtungen von Anatomie und mentaler Repräsentation ein wenig zu durchleuchten, ist ein Abstecher in die geschlechtsspezifische psychoanalytische Entwicklungslehre hilfreich, wobei die weibliche Entwicklung im Mittelpunkt stehen soll.[74]

Was findet das weibliche Kind vor, wenn es seinen Körper erstmals spürt, und welche Reaktionen können wir beobachten? Säuglingsbeobachter mit ihren seit einigen Jahren sehr differenzierten Messmethoden berichten uns, dass schon kurz nach der Geburt im Zusammenhang mit dem Saugen beim Mädchen vaginale Kontraktionen auftreten. Das führt einige Monate später bereits zu einem offensichtlich lustvollen Explorieren der Geschlechtsorgane. Die Reaktion der Eltern darauf ist natürlich sehr verschieden und bedingt die Einstellung des Kindes zu sich selbst. Da wir nach und nach gezieltes Genitalspiel beobachten, kann man mit Fug und Recht annehmen, dass kleine Mädchen schon sehr früh eine vage Vorstellung von ihren Organen haben und nicht erst, wie Freud meinte, in der phallischen Phase voll Entsetzen feststellen, dass ihnen etwas «fehlt». Natürlich kann man ein solches Gefühl aber durch Fehlverhalten der Eltern erzeugen. (Ich hatte einmal eine

Patientin, die, wenngleich rational über Geschlechtsverkehr und Schwangerschaft durch Lektüre aufgeklärt, erst mit 17 Jahren auf die für sie sehr erschreckende und aufregende Idee kam, dass ja auch sie selbst vielleicht Vagina und Klitoris besäße – ein Gedanke, der ihr noch nie vorher gekommen war. Sie hatte sich selbst in ihrer Geschlechtlichkeit etwa so fantasiert wie ihre Puppe. Dass diese an sich recht attraktive Frau an einer leichten Dysmorphophobie sowie an Essstörungen und Anorgasmie litt, ist leicht verständlich. Sie hatte keinerlei differenzierte Vorstellung von ihren Geschlechtsorganen bilden können – übrigens hatte sie sich auch nie Gedanken gemacht, woher das Menstruationsblut kam und welchen Weg die Babys nehmen. Das alles war im prüden Elternhaus als «das da unten» bezeichnet worden und durch Schweigen war klar, dass es etwas Unangenehmes war, über das man nicht spricht – daher hatte sich diese an sich intelligente Frau auch das Denken darüber verboten.) Mädchen haben also – etwa ab dem ersten Lebensjahr – vage Vorstellungen von einem lustvoll besetzten Unterleib, ohne ihn sich wirklich vorstellen zu können.

Wenn wir in der weiblichen Entwicklung weiter vorangehen, dann finden wir noch sehr viel spezifischere Möglichkeiten der mentalen Repräsentation der Geschlechtsorgane, und mit dem Spracherwerb natürlich auch viel mehr Möglichkeiten der Assoziationen dazu. In der sogenannten analen Phase (also im 2. und 3. Lebensjahr) sind die Sensationen im Bereich von Vagina und Klitoris noch klarer feststellbar, es gibt Kinder, die darüber sogar schon sprechen können. Eine der Besonderheiten beim Mädchen aber ist die schwierige Abgrenzung von den Sensationen im Anal- und Urethralbereich von sexueller Erregung, ein Bereich, der nun zum Zentrum der Aufmerksamkeit wird. Wir können annehmen, dass in dieser Schwierigkeit auch viele später sozusagen «festgefrorene» Probleme sowohl im Bereich der Sexualität als auch in anderen Körperbereichen entstehen können. Sexualität wird dann zu dem, was die Eltern oft als «pfui» bezeichnen.

Diese schwierige Abgrenzung sowie die elterlichen Reaktionen auf sexuelle Lust auch im Analbereich, das ganze Kapitel der Sauberkeitserziehung verkompliziert die Entwicklung der Mädchen mehr als die der Jungen, bei denen der Penis als sichtbarer Träger der sexuellen Lust klar unterschieden wird vom Analbereich. Mütter erziehen – statistisch gesehen – noch immer kleine Mädchen rigider zur Sauberkeit, Mütter werden von den Töchtern auch in diesem Bereich als sehr viel vehementer auftretend erlebt. Kontrollverlust im Anal- und Urethralbereich wird meist von Mädchen als beschämender erlebt als von Jungen. Viele Frauen haben daher auch im Erwachsenenalter Mühe, ihren Unterleib zu entspannen – die Nähe und Ähnlichkeit von Ausscheidungsorganen und Vagina macht sie viel empfindlicher. Für Mädchen ergibt sich eine Vorstellung eines Innenraumes, den man verletzen kann und der, ähnlich dem Anus, nicht locker gelassen werden darf.

Aber auch die nunmehr klarere Konturierung der Mutter als einer, die «ähnlich» ist, definiert das ganz spezifische Erleben der Mädchens mit. Die Mutter wird oft als eindringend und übergriffig erlebt, sie definiert sich selbst eben auch als eine, die «weiß», was mit dem weiblichen Kind los ist. Die Kämpfe um das Eigenleben können dadurch stark gehemmt werden. Die aggressive Entwicklung des Mädchens leidet darunter und die Abgrenzung von der Mutter wird schwer. Mütter haben oft das Gefühl, sie seien eins mit ihren Töchtern, weshalb deren Eigenständigkeit mit Groll beantwortet wird. Eine Patientin erzählte mir, dass sie – nun schon in der Lebensmitte – ihrer alten Mutter erzählte, dass sie erste Anzeichen von Rheuma habe. Die Mutter tröstete sie mit den Worten: «Das hast du bestimmt nicht, ich habe es nie gehabt.»

Wenn die Vorstellung eines geheimen «Innenraums» durch ängstliche Fantasien gestört wird, wenn anale, genitale und urethrale Sensationen sich vermischen, kann man sich vorstellen, dass das Eindringen des Penis mit angstvollen Fantasien quittiert werden kann – trotz aller rationalen Aufklärung. Dieser prekäre «Innenraum» kann und wird dann zum Symbol für alles «Innen». Die Ängste vor der Zerstörung, vor dem Eindringen können durch Assoziationen zu sehr vielen Störungen führen, z. B. zur Essstörung, wo das konkretistische «Angefülltwerden» oder das «Bewahren vor Schmutz» des Körperinneren zum großen Thema wird. Dass magersüchtige und bulimische Mädchen daher oft schwere sexuelle Störungen aufweisen, ist bekannt. Sexueller Missbrauch kann oft noch eine zusätzliche Bestätigung dafür sein, dass «da unten» alles abscheulich ist.

Hier ist die Rolle des Vaters wichtig: Wenn der Vater zur Verfügung steht, wenn er sich nicht zurückzieht und wenn er auch dem Mädchen durch die Erlaubnis zu «wilden» Spielen mehr Bewegungsfreiheit gibt, dann wird das Mädchen sich nicht so schnell einschränken.

Frauen und Männer

Man hat aus einer großen Zahl von Untersuchungen über Geschlechtsunterschiede im Kindesalter übereinstimmend das Bild gewonnen, dass schon im Kleinkindalter die Spiele von Knaben und Mädchen stark differieren. Mädchen lieben intime Spiele, sie sprechen mehr miteinander, sie haben Geheimnisse. Knaben lieben lärmende, wilde Spiele und hierarchisches Denken dominiert das Miteinander. – Wer kann am schnellsten laufen? Wer gewinnt das Radrennen? Wer ist der Beste? etc.

Die Intimität der Gefühle, die dem «Innenraum» entstammt, steht viel mehr im Zentrum weiblicher Gedanken. Es gibt einige Hinweise auf Eigenarten der Gehirnstruktur, die diese Übermächtigkeit der Gefühle von Frauen im Vergleich zu Männern zu bestätigen scheint, aber es gibt genügend triftige Überlegungen, wie auch gesellschaftliche Verhältnisse es schaffen können, Frauen in diesen Innenraum zu verbannen.

Das sind natürlich nur statistische Ergebnisse, es gibt viel davon Abweichendes, aber es stimmt eben doch in der großen Zahl. Dieses ist immer ein Zeichen dafür, dass wir es nicht mit eindeutigen Gesetzen zu tun haben, sondern mit multifaktoriellen Gegebenheiten, die aber gewisse Regelhaftigkeiten, wenn auch mit vielen Ausnahmen, erkennen lassen.

Die Unterschiede zwischen Jungen und Mädchen in der sogenannten phallisch-ödipalen Phase (4. bis 6. Lebensjahr) werden nicht geringer – so behaupten auch aufmerksame Erzieherinnen und Eltern –, obwohl heutzutage viele Erzieherinnen sich bemühen, Jungen und Mädchen etwa gleich zu behandeln. Auch dabei muss man natürlich Einschränkungen machen: Selbst bei bewusst gleicher Erziehung sind es dann eben oft die unbewussten Fantasien der Eltern über das Geschlecht, die eine Rolle spielen. Trotzdem: Wir können in dieser (fälschlich) als phallisch bezeichneten Phase immer wieder sehen, dass kleine Mädchen sehr viel mehr Wert auf ihren Körper sowie auf Kleidung und Frisur legen als kleine Jungen. Man hat gemutmaßt, dass der gesamte weibliche Körper, gerade weil er kein markant herausragendes Geschlechtsorgan besitzt, sich in viel breiterem Maß zur libidinösen Besetzung eignet als der von Jungen. Die Lust, seinen Körper zu zeigen, die ganze Palette des weiblichen Narzissmus finden wir schon frühzeitig und übrigens in allen Kulturen. Aber auch die Ängste des Mädchens kennen wir, auch sie sind sehr spezifisch: Verlust des gesamten Innenraums, verletzlich zu sein, sich auszuliefern – und dies betrifft später nicht nur den Körper, sondern auch die davon abgeleiteten Fantasien. Wir kennen die immer wiederkehrenden Klagen der Frauen, dass Männer kein Innenleben haben, dass sie keine «Gefühle» zeigen, dass sie grob und unverständig mit dem zarten Innenleben von Frauen umgehen. Dass Mädchen früher und besser mit der Sprache umgehen können als Jungen (auch dies ein statistisch gesichertes Ergebnis) wird von einigen Psychoanalytikern gesehen als eine Art Kompensation um die diffusen Körperempfindungen zu bannen.

Dass die Ödipalität des Mädchens (also das Interesse des Mädchens am Vater, gekoppelt mit Eifersucht auf die Mutter), wie frühere Psychoanalytiker annahmen, nicht parallel zu der des Jungen verläuft, ist nun schon oft aufgezeigt worden. Die Hinwendung des Mädchens zum Vater findet sehr viel früher statt, sie ist ganz und gar abhängig auch vom Verhalten des Vaters und geht auch nicht unbedingt mit einer Ablehnung der Mutter Hand in Hand. Es ist also gar nicht ein solch dramatischer «Objektwechsel» zu beobachten; die Freudsche Vorstellung, dass Mädchen auf jeden Fall die Mutter anklagen, weil sie sie ohne Penis geboren hat, ist schon längst in der Schublade der psychoanalytischen Märchen gelandet.

Mädchen haben es genauso nötig wie Jungen, dass auch der Vater sich mit ihnen abgibt und eben nicht nur in der bewundernden Weise, weil sie so entzückend sind, sondern auch in der Art, wie er es mit Jungen tut: indem er ihnen die Möglichkeit von «wilden» Autonomiespielen anbietet. Dass Väter anders spielen als Mütter, ist ebenfalls gut nachgewiesen und natürlich kann man sich auch hier fragen, wieweit dies «angeboren» ist und inwieweit besondere Fantasien von Männern und Frauen eine Rolle spielen.

Selbstverständlich kann man im Laufe der Jahre die spezifische Körpergebundenheit der Entwicklung gerade in der Pubertät gut studieren, aber auch hier muss die Verschränkung von «natürlichen» und sozialisationsbedingten Faktoren gesehen werden – ohne dass genau auszumachen ist, wo die einen anfangen und die anderen aufhören. Eine vor einiger Zeit erschienene empirische Studie über die erste Menstruation und die Reaktion der Eltern darauf ergab überraschende Ergebnisse für unsere angeblich aufgeklärten Zeiten: Väter pathologisierten das Ereignis, ironisierten oder drückten sogar Ekel aus; Mütter betonten die gemeinsame Leidenskomponente. Nur in den wenigsten Fällen wurde Freude über die Möglichkeit neuer lustvoller Erfahrungen und das Glück des Kinderkriegens ausgedrückt. Der Körper der Tochter wird von den Müttern oft zum Objekt gemacht, eventuell mit Neid betrachtet, indem er entsprechend abgewertet und daran herumgenörgelt wird.[75] Man sieht: Die Entwicklung der Frauen als sexuelles und auch körperlich gebundenes Wesen ist von vielerlei Schwierigkeiten umstellt, die anders aussehen als die Probleme der Männer.

Doch auch die weibliche Sexualität steht, wie die Schönheit, unter dem Diktat des Machbarkeitsglaubens. Frau muss sexuell empfinden können, dies ist der allgemeine moderne Diskurs, wodurch bekanntlich immer Probleme entstehen, wenn man sich darauf zentriert. (In dieser Beziehung sind Männer wohl nicht besser dran.) Ist sie frigide oder anderweitig sexuell gestört, dann gibt es Hilfen: Hormone, Sexualtraining, Psychotherapie. Im Zusammenhang mit der Wichtigkeit der Schönheit ergeben sich auch hier Hemmungen, die spezifisch weiblich sind. Was Frauen oft treiben, um Bauchfalten zu verstecken, eine nicht mehr ganz straffe Brust zu verbergen – das ist der Sexualität mit der Forderung nach Entspannung sehr abträglich. Auch hier gibt es neue Über-Ich-Pathologien, die den früheren religiös motivierten Gewissensqualen in nichts nachstehen (z. B. wenn man Diätpläne nicht einhält!).

Wenn wir also davon ausgehen, dass Frauen sich mehr als Männer durch ihr Interesse für das «Innere», für die Symbolisierung dieses Körperinneren und damit für gefühlsmäßige Beziehungen interessieren, dann kann man sich vorstellen, dass auch die Verwirrungsmöglichkeiten größer sind als bei Männern.

Das berühmte «Helfersyndrom» und psychische Störungen

Diese Bezogenheit schon der kleinen Mädchen auf das «Innenleben» und auf intime Beziehungen kann man auch anders erklären. Freud nämlich sah darin einen Teil des weiblichen Masochismus: Gekränkt wegen ihrer Penislosigkeit sehen Frauen sich gezwungen, besonders freundlich, friedfertig und angepasst zu agieren. Sie fühlen sich nicht als ganz vollwertig und müssen dieses kompensieren – vor allem durch Demut gegenüber den Männern. Narzissmustheoretiker – Wolfgang Schmidbauer hat dies besonders klar definiert – sehen in der überbetonten weiblichen Hilfsbereitschaft und Beziehungsfähigkeit eine Kompensation für narzisstische Bedürftigkeit. Das bekannte «Helfersyndrom» hat hier seinen Ursprung.

Bis zu einem gewissen Grad mag an beiden Erklärungen etwas dran sein. Tatsächlich fühlen sich zwar kleine Mädchen in keiner Weise «minderwertig», weil sie keinen Penis haben; es gibt aber immer wieder Beobachtungen kleiner Mädchen, dass sie ihres Geschlechtes wegen (sowie auch ihre Mütter) anders behandelt werden, eventuell sogar als weniger wertvoll angesehen werden. Dann mag – in einigen Fällen – die dienende Anpassung wirklich eine Kompensation darstellen. Als Prototyp ist dies sicher nicht mehr allgegenwärtig. Auch die Erklärung der «Helferpersönlichkeit» über die Kompensation der narzisstischen Bedürftigkeit kann manchmal stimmen – sie betrifft vielleicht Frauen deshalb mehr, weil die mit dem Helfen verknüpften Berufe die von Frauen bevorzugten Beziehungsberufe sind. Männer kompensieren ihre narzisstische Leere mit anderen – oft aggressiveren – Tätigkeiten.

Aber natürlich ist nicht jede Frau in den Helferberufen eine, die «nur» kompensiert. Das natürliche Interesse für die Intimität, für andere Menschen und für Kooperation spielt dabei vermutlich eine noch größere Rolle. Inwieweit dieses Interesse mit ihrer körperlichen Beschaffenheit und dem verletzlichen Innenraum zu tun hat? Zumindest gibt die Psychoanalyse nachdenkenswerte Überlegungen vor.

Es gibt auch noch andere Wege, um aufzuzeigen, wie unterschiedlich männliche und weibliche Interessen sind, zum Beispiel die Statistiken zur Geschlechtsspezifität psychischer Störungen. Wenn wir diese betrachten, dann fällt auf, dass bei den Frauen Neurosen überwiegen, bei den Männern hingegen schwere Formen von Psychosen, Süchten, Perversionen und Kriminalität. Neurosen aber sind in klarerer Form Beziehungskrankheiten, zumindest wenn man das psychoanalytische Modell ihrer Entstehung zugrunde legt. Aber auch ohne dieses Modell kann man sagen, dass Frauen auf Beziehungsstörungen anders reagieren als Männer. Sie reagieren nämlich sehr viel stärker im passiven Modus als Männer, deren Versuch der Bewältigung oft im Agieren liegt. Bei den «Rückzugskrankheiten» Angst und Depression (das sind Krankheiten, die einen Menschen zum Rückzug aus Interaktionen zwingen) sind die Frauen demnach sehr viel häufiger betroffen: mehr als doppelt so viel unipolare Depressionen finden wir bei Frauen als bei Männern. Bei den Angsterkrankungen fällt das Ungleichgewicht noch stärker auf: 30,5 % der Frauen gegenüber 19,2 % der Männer sind gefährdet. Auch hier können wir nur feststellen, dass es so ist: Die jeweiligen Anteile an biologischen, physiologischen und sozialisatorischen Faktoren können wir nicht bestimmen.[76]

Aggression und Durchsetzung

Dies betrifft auch das so wichtige Kapitel der Aggression. Auch hier wird in der Biologie nach entsprechenden Hormonen oder Genen gesucht, bisher mit umstrittenen Ergebnissen. Wie auch das Endurteil ausfällt: Tatsache ist, dass Frauen viel seltener offen aggressiv agieren als Männer – und das schon in frühester Jugend. Dass Erziehung daran einiges ändern kann, ist natürlich unbestreitbar.

Es gibt interessante Berichte von weiblichen Coaches über ihre weibliche Klientel. Nachdem Frauen nun langsam auch in höhere Etagen der Unternehmen aufsteigen, sind einige unter ihnen natürlich auch an den höchsten Posten interessiert. Was ihnen aber im Weg steht, ist ihre Beziehungsorientierung, die Aggressionen vermeidet; es ist, damit zusammenhängend, ihr Bestreben, Gleichrangigkeit herzustellen und nicht so sehr in Hierarchien zu denken – ein Verhalten, das wir schon bei kleinen Mädchen vorfinden. Ein bezeichnendes Beispiel aus ihren Coachings beschreibt Cornelia Edding: Zwei in der betrieblichen Position gleichrangige Personen – ein Mann und eine Frau – führen eine Gruppe von Journalisten durch den Betrieb. Der Mann geht immer vorneweg, die Frau bemüht sich, die auseinanderdriftende Gruppe zusammenzuhalten. Sie kommt als Letzte in den Besprechungsraum, wo der Mann bereits dabei ist, die Fragen der Journalisten zu beantworten. Sie selbst kommt nicht mehr zum Zug. Wer wird da wohl letzten Endes den Aufstieg schaffen?[77]

Dass Frauen sich in großem Maß über Beziehungen definieren (also ihre Identität bei anderen «abholen»), während dies Männer eher über die eigene Leistung tun, wurde so oft beschrieben, dass man solche «Tatsachen» unüberlegt glaubt. Die psychoanalytischen Überlegungen dazu (s. o.) mögen eine Teilwahrheit darstellen; die Gender-Forschung geht jedoch andere Wege[78], vor allem dann, wenn sie diejenigen Theorien über Frauen und Männer analysiert, die durch Therapieberichte erbracht werden. Da in den Psychotherapien die «Frau-Frau»-Konstellation dominiert, entwickeln sehr viele Frauen ihre Theorien über Frauen durch Erfahrungen mit Frauen, die sozialisiert wurden wie sie selbst. Wenn Patientinnen über sich selbst und ihre Meinung über Männer sprechen, dann wiederholen sie oft, was auch ihre Therapeutinnen erlebt haben. Dass man Frauen auch anders sehen könnte, bleibt damit oft unbemerkt. Das Thema der Spezifität der Geschlechter, so wie Therapeuten es sehen, wird daher sehr stark durch den weiblichen Blick gefiltert. Ob da nicht doch immer wieder Vorurteile wiederholt werden? (Wie oft mögen Therapeutinnen zustimmend lächeln, wenn ihre Patientinnen sich ihrer technischen Unbedarftheit rühmen? Wenn sie erzählen, wie wenig kontaktwillig ihr Ehemann sei?)

Ich erinnere eine Intervisions-Szene: Eine Kollegin sprach über ihren männlichen Patienten und beklagte, dass dieser emotional nicht leicht ansprechbar sei. (Das kommt natürlich bei weiblichen Patientinnen auch vor!) Eine andere meinte, nachdem sie einer Weile dem Therapiebericht zugehört hatte: «Ach, das finde ich gar nicht, dass der so wenige Emotionen zeigt – dafür dass er ein MANN ist.» – Zustimmendes Gelächter der ganzen Gruppe. Auf diese Weise werden Vorurteile weitergetragen.

Körperlich-sexuelle Vorbedingungen für das weibliche Beziehungsinteresse oder voreilige Zuschreibungen? Auch hier ist eine endgültige Aussage wohl kaum zu machen.

Eine sehr attraktiv und feminin wirkende Patientin, die erfolgreich in einem technischen Beruf tätig war, kam auf Anraten ihres Freundes. Er meinte, es müsse an ihrer Fraulichkeit «nachgebessert» werden, weil sie keine Lust hatte, mit ihm ihre Wohnung zu teilen. «Der Gedanke, dauernd auf jemanden eingehen zu müssen, wenn ich am Abend müde nach Hause komme, ist unerträglich», sagte sie. Außerdem könne sie sich bestimmt nicht auf seinen Geschmack einstellen. Sie habe aber doch einige Zweifel, ob das «für eine Frau normal» sei. Und Kinder müsse sie auch nicht unbedingt haben … »Ich hätte vielleicht lieber ein Mann sein sollen», so ihr Resümee.

Mutterschaft

Auch die Mutterschaft lässt viele neue Frauenprobleme entstehen, ganz abgesehen von der Doppelbelastung und den beruflichen Einschränkungen. Am deutlichsten drücken sich diese in der postnatalen Psychose, meist aber der postnatalen Depression aus. Maya Nadig[79] und andere Ethnologinnen haben darauf hingewiesen, dass dieses Phänomen nur in westlich orientierten Gesellschaften bekannt ist. In einfacheren Gesellschaften tritt es vermutlich deshalb nicht auf, weil die Gebärende und junge Mutter umgeben ist von Frauen, manchmal auch von Männern, die mit ihr die verschiedenen Phasen der Geburt und ersten Mutterschaft durchstehen und sie begleiten. Auch Hormonforscher[80] haben festgestellt, dass der Hormonstatus bei Frauen mit und ohne postnatale Erkrankung der gleiche ist. Ähnliches gilt übrigens beim prämenstruellen Syndrom (PMS). Auch hier scheint der hormonelle Status keine große Rolle zu spielen. Es sind also offensichtlich mehr die den Leib und die Leiblichkeit begleitenden Assoziationen und Fantasien krankmachend und weniger der Körper in seiner biologischen Beschaffenheit.

Es gibt bestimmt innerhalb und außerhalb von Krankenakten mehr Berichte über die Schwierigkeiten der Mutter-Tochter- oder der Mutter-Sohn-Beziehung als Berichte, die den Vater betreffen. Noch immer sind es die Mütter, die eine zentrale Stelle einnehmen im Leben des Kindes und daher auch für vieles verantwortlich gemacht werden. Auch hier hat sich zwar einiges geändert, aber in der Tendenz ist es doch immer wieder die Mutter, der die Schuld zugeschoben wird, wenn etwas schiefgeht. Dies zeigt sich auch in den vielen Berichten der Mütter über ihr schlechtes Gewissen, wenn sie nicht ständig daheim sind. Dieses schlechte Gewissen wird anscheinend in Deutschland besonders oft kultiviert und durch öffentliche Debatten angeheizt: Bin ich eine «gute Mutter» oder eine «Rabenmutter»?

Typische «Mutter»-Schicksale

Monika, eine jetzt 69-jährige Frau, die eine Ausbildung zur Physiotherapeutin gemacht hat, hat nach der Geburt der beiden Söhne jahrelang nicht mehr gearbeitet. Erst als der Jüngere zur Schule kam, hat sie sich halbtags in einem Studio anstellen lassen. Da ihr Mann als Bühnenmaler nie viel verdient hat, verfügen die beiden mit ihren Renten jetzt nur über recht knappe Mittel. Monika ärgert sich darüber, gibt abwechselnd dem Staat, sich selbst oder ihrem Mann die Schuld daran, dass sie kaum mehr Urlaub machen oder nett essen gehen können. Es reicht alles nur «gerade eben», und wenn sie dem Enkelkind ein Fahrrad zum Geschenk machen wollen, dann muss das recht genau eingeteilt werden. Wie sieht Monika jetzt ihr «Opfer», das sie den Kindern gebracht hat? War sie gerne daheim? Hat sie den Eindruck, dass es den Kindern genützt hat?

Monika stellt ständig neue Überlegungen zu diesem Thema an, das sie damals gar nicht so sehr behelligt hat. «Damals haben das doch viele Mütter gemacht, das war normal – und den Kindern tat es ja auch gut.» – Aha? Und dass der ältere Sohn zeitweise sehr stark gekifft, die Schule geschmissen und jetzt nur einen untergeordneten Job gefunden hat, obwohl die Mutter meist daheim war? – Tja, aber … er sei ein sehr lieber Mensch und habe eine gute Frau gefunden. Und der Jüngere sei dafür wirklich sehr tüchtig in seinem Beruf als Entwicklungsingenieur.

Es gibt andere Momente, da meint sie: «Ich hätte weiter arbeiten sollen, vielleicht hätte ich den Sprung in die Selbstständigkeit ja auch geschafft. Die Chefin hat mir doch sogar eine Partnerschaft angeboten. Was war ich dumm! Aber damals hat man eben anders gedacht. Dass der Ältere noch immer so abhängig ist vom Elternhaus – ich hab wohl alles falsch gemacht! Habe ich die Kinder zu sehr an mich gebunden? Aber mein Mann hat ja auch gar nichts im Haus geholfen, geschweige denn sich um die Kinder gekümmert. Er war nur immer ‹stolz› auf seine Söhne – solange sie klein waren.» Später, mit dem Abdriften des Älteren, kamen dann die Zweifel auch für ihn. Und manchmal – da könnte Monika vor Wut platzen –, meint er sogar, sie sei daran schuld, dass es gar nicht gut gelaufen sei mit dem Älteren. Das sind dann dunkle Stunden im ehelichen Leben. Auch Monika hat einige Argumente: «Hätte er einen tüchtigen Vater gehabt, dann …» So geht es hin und her. Ob sie eine «schlechte

Mutter» sei? Wie sollte denn heutzutage eine «gute Mutter» aussehen? «Ich bin wahrscheinlich sehr altmodisch. Wenn ich diese tüchtigen jungen Frauen sehe, die alles hinkriegen ...»

Elise, eine nun 45-jährige Frau, die ihre zehn Jahre alte Tochter alleine erzieht, ist voll Sorge, dass sie durch ihre Berufstätigkeit als Ärztin für ihre Tochter zu wenig an Fürsorge aufbringt. Einerseits bemüht sie sich sehr darum, dem Kind alles zu bieten, was zu einer guten Ausbildung gehört (und das heißt für sie auch: Geld verdienen), anderseits hat sie Angst davor, dass die kleine Meike emotional nicht genug bekommt. Meike geht in eine besonders gute (und teure) Privatschule, wo sie bis zum späten Nachmittag bleiben kann. Sie und ihre Tochter machen gemeinsam Schiferien, während der großen Ferien macht sich die Mutter jedes Jahr viele Gedanken, wie sie dem Kind etwas «bieten» könne. Meike dankt es bisher ihrer Mutter mit mustergültigen Noten und einem fröhlich-unbekümmerten Naturell.

Elise aber ist immer wieder von Neuem unsicher: Wie wird sich das Alleinleben nur mit der Mutter auf ihr späteres Leben auswirken? Denn Elise hat kaum Zeit, einen Partner kennen zu lernen, alle Ansätze dazu sind immer wieder gescheitert, zu groß war die Sorge um Meike. Auch sie hadert mit ihrer Mutter-Identität. Ihre Freundin rät ihr, «dem Kind zuliebe» über das Internet jemanden zu suchen, der ein Vaterersatz sein könnte. Das findet sie übertrieben. Ihre Mutter hingegen, die ihr oft aushilft, findet, Elise müsse sich mehr um das Kind kümmern.

Übrigens geht es Angela, ebenfalls voll berufstätig, aber gut verheiratet, nicht viel anders mit ihrem schlechten Gewissen. Sie ist Psychotherapeutin und ihr Einkommen ist schon wichtig: drei Kinder, ein schönes Haus – ihr Mann verdient zwar nicht schlecht, aber reich werden sie nicht, trotz zweier Einkommen. Aber: Wie oft muss sie die Kinder vertrösten, wenn wieder einmal ein wichtiger Therapietermin gerade zur Schlafenszeit nötig ist. Wie oft ist sie auch am Wochenende fort – schließlich muss sie ihre Fortbildungspunkte sammeln, um die Kassenzulassung nicht zu verlieren! In ihrem Kopf kämpfen zwei Bilder miteinander: eine tolle berufstätige Mutter, die Vorbild ist, und eine emotional abwesende Mutter, die sich mehr um ihre Patienten sorgt als um ihre Kinder. Die Tochter hat schon mehrfach geäußert: «Du hast die anderen Kinder lieber.»

Und das Fazit?

Frausein ist in unserer Welt, so meine ich, noch schwieriger als Mannsein, obgleich auch dieses nicht leicht ist. Die vielen und diffusen Identitätsangebote verheißen Freiheit, wirken aber auch verunsichernd. Mehr denn je wäre hier Solidarität zwischen den Geschlechtern gefragt. Beziehungen, so heißt es in der modernen Identitätsdebatte immer wieder, regeln unsere Identität. Nicht ohne Grund sind es wesentlich mehr Frauen als Männer (das Verhältnis ist etwa 3:1), die versuchen, über eine therapeutische Beziehung mehr davon zu erfahren, wer sie wirklich sind oder sein könnten. Vielleicht muss ja nicht immer die psychotherapeutische Beziehung herhalten. Es könnte ja auch die reale Beziehung zwischen Mann und Frau den Dienst der weiblichen Identitätsgewinnung leisten. Natürlich: Es gibt Gräben zwischen den Geschlechtern – aber sie müssen nicht unüberwindlich sein. Die gesellschaftliche Debatte geht an niemandem vorüber; natürlich prägt sie auch die entsprechenden Vorstellungen, die jede einzelne Frau von sich selbst sowie von ihren Geschlechtsgenossinnen hat.

Am wichtigsten wirken vielleicht die Urteile, die Männer über Frauen fällen – oft wütend zurückgewiesen oder geschmeichelt entgegengenommen. «Du bist eine echte Frau» – ist das ein Kompliment oder eine Abwertung oder beides? Natürlich erfährt jede Frau auch sehr spezifische Urteile, die gar nichts mit dem Geschlecht zu tun haben – aber ein Großteil aller Urteile ist vermischt mit Vorstellungen darüber, was eine Frau sei oder nicht sei. Ob man als Politikerin eine «eiserne Lady» oder «immer noch schlecht frisiert» sei, als Schauspielerin «bezaubernd feminin» oder «androgyn» sei: Immer spielt die Tatsache, dass es sich um eine Frau handelt, eine sehr viel größere Rolle als es bei einem Politiker oder einem Schauspieler, dass er ein «Mann» ist.

Sich als Geschlechtswesen (das gilt natürlich auch für Männer) «richtig» zu fühlen ist aber bestimmt auch gebunden an die Fähigkeit, mit einem anderen Menschen erotisch-sexuelle Gefühle auszutauschen. Das kann auch das gleiche Geschlecht sein. Mir ist es immer eher dümmlich erschienen, wenn bei homosexuellen Paaren danach gesucht wird, wer «der Mann» und wer «die Frau» ist. Wir haben durch die Gender-Forschungen gelernt, dass sehr viele Eigenschaften, die wir üblicherweise als «männlich» oder als «weiblich» ansehen, kulturabhängig und variabel sind.

Aber auch in unserer sich rasch verändernden Zeit haben wir Älteren schon einige der Wandlungen erlebt in Bezug auf das Thema der «Weiblichkeit». Wie sehr hat sich unsere Kleidung von der unserer männlichen Kommilitonen unterschieden, als wir im Seminar zusammensaßen! Unsere sehr femininen weitschwingenden Glockenröcke und engen Pullover betonten unsere Weiblichkeit; ich erinnere mich nicht, dass eine von uns damals Hosen getragen hätte – außer natürlich beim Schifahren! Wie selbstverständlich schien es manchen von uns Frauen, dass wir nach dem Studium höchstens halbtags arbeiten würden und so eben eine Art «Zubrot» zum natürlich größeren Einkommen unseres zukünftigen Mannes erbringen würden. Manche stellten sich ein wenig dümmer, als sie waren, um Männer nicht zu verscheuchen.

Ich erinnere mich gut dran, wie mein damaliger Freund ärgerlich reagierte, als ich bei einer Klausur eine bessere Note bekommen hatte als er. «Na ja, Frauen waren schon immer besser im Auswendiglernen», sagte er maliziös, und ich ... stimmte zu! Ich wollte doch nicht den Eindruck einer Emanze erwecken! Dass man Weiblichkeit und beruflichen Ehrgeiz durchaus vereinen kann, war auch nicht unbedingt bekannt, und die dämlichen Sprüche der Männer über diesen Punkt haben wir Frauen leider nicht immer konterkariert. Heute würde das kaum noch eine junge Frau hinnehmen (hoffe ich!).

Der Umgang der Geschlechter miteinander hat sich bekanntlich geändert, aber es gibt eine Menge an Verhaltensweisen, die gleich geblieben sind, gerade solche, die im Zusammenhang mit dem Geschlecht als erotisch-sexuellem Geschehen als «weiblich» und «männlich» konnotiert werden. Und dabei gibt es viele Hemmungen, besonders solche, die mit dem Körper zusammenhängen.

Iris (weiter oben beschrieben) ist weder hässlich noch sexuell frigide – aber sie hat von Kindheit an diese Zuschreibungen übernommen und konnte dem wenig entgegensetzen: Die Übermacht von Mutter und Schwestern war zu groß. Und so wählte sie die Rolle des Aschenputtels und überließ den schönen Schwestern alle Prinzen. Ihre Identität als Frau heißt «hässliches Entlein».

Dass moderne Frauen immerfort zwischen den Rollen als Mutter-Hausfrau-Berufstätige hin- und herschwanken, ist schon so oft kommentiert worden, dass einem dazu kaum mehr etwas Neues einfallen kann. Trotz der (langsamen) Wandlung der Männer sind es vor allem die Frauen, die dieses Dilemma auszutragen haben. Am schwierigsten wird es, wenn Frauen einen qualifizierten Beruf haben, den sie lieben und in dem sie Karriere machen wollen. Nur den wenigsten gelingt es, diesen Wunsch mit dem Wunsch nach einer Familie so zu vereinen, dass keiner zu kurz kommt. Es fängt schon bei der Berufswahl an: Frauen wählen sehr oft Berufe, in denen man ohne weiteres «halbtags» arbeiten kann. Das sind aber meist Berufe, bei denen die Karriereleiter recht kurz ist. Es wird viel Frauentalent dabei «vergeudet» – aber kann man denn das wirklich so unbarmherzig ausdrücken? Ist es eine «Vergeudung», wenn kluge Frauen sich ihren drei Kindern widmen und erst verspätet wieder einsteigen in den Beruf, wobei aber dann oft nicht mehr so viel zu erreichen ist?

Das Für und Wider über diesen Punkt bringt viele Frauen immer wieder in neue Dilemmata: Ist meine Rolle als Mutter nicht doch wichtiger als eine Karriere? Möchte ich wirklich eine «Karrierefrau» sein – mit all den Adjektiven, die solchen Frauen manchmal zugeschrieben werden: forsch, hart, unweiblich, rücksichtslos?

Frau schwankt, schwankt oft so lange, bis der Zug abgefahren ist und später das leere Nest ungemütlich wird. Die Berufswelt aber ist unbarmherzig, frau ist weit abgeschlagen. Groll gegen Männer ist da nicht selten zu spüren: Was man alles geopfert hat!

8 Selbsttäuschung als Beruf: Die Identität des Psychotherapeuten[81]

Vor einiger Zeit wurde ich von einer therapeutischen Gesellschaft in Hamburg eingeladen, über den «Mut» des Therapeuten zu sprechen. Das Generalthema dieser Tagung hieß «Vom Mut und von der Demut des Psychotherapeuten». Sind diese beiden Begriffe denn geeignet, die Identität eines Therapeuten in seinem Rollenverständnis zu umreißen? Was kann hier alles gemeint sein?

Beim Vortrag eines Kollegen über die «Demut» fiel mir auf, dass sich im Grunde sehr vieles bei diesen beiden Begriffen überschnitten hat. Was also ist Mut, was ist Demut? Von Mut sprechen wir meist dann, wenn man ein Risiko eingeht. Warum aber sollte es Mut brauchen, im gesicherten Labor des Therapiezimmers den Berichten, Klagen und Anklagen eines Patienten zuzuhören und ihn dann sanft bestätigend, erklärend und deutend empathisch zu begleiten? Gehen wir als Psychotherapeuten ein Risiko ein? Sind wir, verglichen mit einem Neurochirurgen oder einem Forschungsreisenden, nicht sehr viel bequemer dran, was Risiko und Mut betrifft?

Ja und nein. Sicher gibt es – Gott sei Dank seltene – Extremfälle, wo wir um das Leben eines Menschen bangen und wo ein ernsthaftes Risiko besteht, dass wir vielleicht aus einer Fehleinschätzung heraus ein Leben aufs Spiel setzen. In solchen Fällen unkonventionell, in gewissem Sinne unprofessionell zu handeln, kann auch einmal Mut verlangen. Es sind seltene Begebenheiten und ein Therapeut, dem diese Art Mut nie abverlangt wird, kann sich glücklich schätzen.

Der Mut, den man als Therapeut aber braucht, ist ein anderer – und in den meisten Aspekten, die noch zu benennen sind, ist er nötig: Es ist der Mut, sich vor Selbsttäuschungen zu bewahren und dagegen anzukämpfen. Und das hat natürlich viel mit der Identität des Psychotherapeuten zu tun.

Ich gehe davon aus, dass in der Berufsausübung des Therapeuten ein hohes Maß an Selbsttäuschungspotential liegt (was sich in erstaunlich vielen psychischen Erkrankungen von Therapeuten zeigt) und dass Mut dazu gehört, sich dieses Selbsttäuschungspotential einzugestehen. Diese Selbsttäuschungen entstammen den vielen Zuschreibungen, denen Therapeuten (wie viele andere helfende Berufe) ausgesetzt sind und die Therapeuten oft unverdaut verinnerlicht haben.

Wir sind gerne bereit zuzugeben, dass wir Psychotherapeuten psychisch schlecht dran sind, weil uns der Beruf allzu sehr «belastet», dass wir zu viel arbeiten, uns zu sehr mit den Problemen anderer Menschen identifizieren. Ich glaube allerdings nicht, dass diese Belastung immer ein «Zuviel» ist. Die Belastung liegt viel öfter, so scheint mir, in der Abwehr der Erkenntnis, dass wir uns über uns selbst als Privatmenschen und als Therapeuten häufig gründlich täuschen. Ich will versuchen zu erklären, warum gerade für Therapeuten diese Täuschungen besonders quälend sind. Es gehört Mut dazu, sich der Täuschungsmöglichkeiten zu vergewissern und sie zu bekämpfen. Um welche Art von Mut handelt es sich?

- Es ist der Mut, sich ehrlich mit den Paradoxien der Rolle des Psychotherapeuten auseinanderzusetzen.
- Es ist außerdem der Mut, sich der Unsicherheit des therapeutischen Erfolges immer wieder zu vergewissern.
- Es ist der Mut, die Grenzen der Psychotherapie zu sehen.
- Es ist der Mut, ein offenes Ende zu ertragen.
- Es ist außerdem der Mut zur Aggression.

Die Paradoxien der Rolle des Psychotherapeuten

Die Rolle des Psychotherapeuten ist in mehrfacher Hinsicht von Paradoxien, also Widersprüchlichkeiten, durchzogen, die genau das, was diese Rolle bewirken soll, hintertreiben können: nämlich die Möglichkeit eines authentischen Umgangs mit sich selbst und mit einem anderen.

Jede Rolle, natürlich auch jede Berufsrolle, gibt Verhaltens-und Erlebensweisen vor, die von gesellschaftlich definierten und historisch gewachsenen Notwendigkeiten herrühren. Die Rolle des Vaters im 19. Jahrhundert verlangte Autorität, die Rolle des Richters verlangt einen Habitus der Objektivität und des Ausgleichs, und die Rolle der Krankenschwester ist gekennzeichnet von Fürsorglichkeit und kompetentem Umgang mit Schmerzäußerungen u. Ä. m.

Bei jeder Rolle, die wir übernehmen, besteht die Gefahr, dass wir als Individuen dahinter verschwinden, nur mehr Rolle sind und unsere individuellen Möglichkeiten, Wünsche und Bedürfnisse verfehlen. Das gilt für jede Rolle, ob privat oder beruflich. Man hat, wenn jemand nur noch eine bestimmte «Rolle» spielt, das heißt: eine Rolle ist, das Gefühl (und das ist Thema umfassender philosophischer und soziologischer Literatur), er sei sich selbst entfremdet. Es ist zwar nicht möglich, außerhalb jeder Rolle zu leben, aber es ist möglich, sie individuell zu gestalten und damit das Entfremdungspotential zu mindern.

Rollenvorbilder sind grobe Schemata, die individuell unterschiedlich ausgefüllt werden können. Es besteht für jedes Individuum die Möglichkeit, seine Rolle zu variieren. Der Soziologe Hans Peter Dreitzel hat dies die «Ich-Leistung» innerhalb des Rollenvorbildes genannt.[82] Diese Ich-Leistung, so könnte man folgern, hat zu tun mit dem persönlichen Potential eines Menschen, im jeweiligen Vollzug einer Interaktion «ganz er/sie selbst zu sein», etwas zu realisieren, was man eben mit «Authentizität» bezeichnet, ohne dass man dies als eine essentielle «Eigenschaft» der Person ansehen sollte. Aber Achtung: Man «spielt» nicht eine Rolle, so die Sozialphilosophin Rahel Jaeggi[83], «hinter» der man dann als «wahre Person» wieder auftaucht. Eine Dichotomie zwischen Rolle und Person wird von den meisten Rollentheoretikern abgelehnt. Vielmehr «durchdringt die subjektive Disposition eine objektiv vorgegebene Rolle».[84] «Wir spielen alle, wer es weiß, ist klug», sagte schon der österreichische Dichter Arthur Schnitzler.

Jedes Rollenverhalten (und außerhalb von Rollen können wir uns gar nicht bewegen) ist daher durchaus ambivalent zu sehen: Es ist immer etwas dabei, was objektiv vorgegeben ist, aber gleichzeitig ist diese Objektivierung zu überschreiten durch die jeweils individuelle Aneignung der Rolle. Man kann also innerhalb einer Rolle authentisch sein oder sie auch als starr-fixierendes Schema betrachten, hinter dem das Individuum verschwindet. Trotzdem: Es ist nicht ganz leicht, Rollenschemata zu variieren, oft wäre es auch verfehlt, dies zu tun. Rollenschemata sind notwendige Ordnungsrichtungen, die einen Großteil des Verhaltens von Menschen innerhalb einer Gesellschaft steuern. Dieses gilt in ganz besonderem Maß für Berufsrollen. Wie steht es nun mit der Therapeutenrolle?

Die wesentlichen Bestandteile der Therapeutenrolle bestehen in einem authentischen, also einem gefühlt «echten» Beziehungsverhalten, indem man sich frei hält von vorgetäuschten Gefühlen und in warmherziger Weise den Patienten zu verstehen sucht. Die meisten Therapeuten[85] schreiben sich auch selbst diese lobenswerten Eigenschaften zu, wobei sie so tun, als seien das wirkliche Wesensmerkmale ihrer Person. Es sind aber – wenn überhaupt gegeben – Bestandteile der Therapeutenrolle, die man, wie jede Rolle, mehr oder weniger individuell gestalten kann. Dies wäre aber noch nicht hinreichend geeignet, die Therapeutenrolle als eine paradoxe zu kennzeichnen. Die Paradoxie liegt darin, dass gerade Authentizität sich nicht als ein Rollenmerkmal eignet.

Authentizität (und damit alle mitgegebenen Definitionen der Rogersschen Beziehungsvariablen, also Echtheit, Empathie und Wärme) kann man nämlich nicht so ohne Weiteres als ein Rollenkonstituens ansehen, sondern sie ergibt sich, indem man Rollen ausfüllt – sie, wie oben beschrieben, mehr oder weniger individuell überformt. Authentizität kann nicht wie ein anderes Rollenmerkmal «gelernt» werden, sondern ergibt sich in der Interaktion, und zwar in einer durch und durch zweiseitigen, einander bestimmenden Kommunikation. Authentizität als ein Merkmal einer Berufsrolle zu definieren ist deshalb paradox, weil durch diese Forderung (sei authentisch!) die Entfremdung durch die Rolle gefördert wird und das Individuelle, Authentische zu verschwinden droht, andererseits aber die Authentizität der Patient-Therapeuten-Beziehung eben gerade zu den wichtigsten Heilfaktoren gehört.

Die vielen Parodien auf die Therapeutenrolle, auch die häufige Kritik an Therapeuten sind Ausdruck dieser Paradoxie. Es gibt viele Hinweise zur therapeutischen Technik, wie man eine «gute Beziehung», eine «authentische Haltung», «Wärme» und Empathie» herstellen kann, wie man sich verhalten sollte, um gerade in diesen beziehungsförderlichen Belangen erfolgreich zu sein. Die Parodien der Therapeutenrolle[86] gehen meist von Berufsanweisungen aus:

der sanft säuselnde Gefühlsbestätiger, der unnachsichtige Deuter, der «gemacht spontane» Gestalttherapeut – in vielen Variationen kennen wir diese Karikaturen, die wie immer auch ein Körnchen Wahrheit enthalten. Die Essenz dieser Karikaturen ist immer dieselbe: Der Therapeut gibt nur vor, das zu sein, was er sein möchte, nämlich echt und warm und eben «authentisch». Und tatsächlich MUSS er es vorgeben, die Distanz zur Rolle verlangt dies. Kritik an «Psychos» durch die Außenwelt schlägt übrigens in dieselbe Kerbe. «DER/DIE will ein Therapeut sein?», «Die kommen doch selbst nicht zurecht» oder «Denen glaube ich nicht», «Das ist doch alles nur gespielt» etc. – das sind Aussagen, die wir Therapeuten beim Laienpublikum oft finden. Daneben finden wir – spiegelgleich, wie Abwertungen es an sich haben – die Idealisierung. Wir kennen auch das recht gut. Mit der Authentizität ist es übrigens ganz ähnlich wie mit dem «Sei spontan!»-Paradox.

Wenn ich Authentizität «erzeugen» will, bin ich eben nicht mehr authentisch; wenn ich aber die Forderung nach Authentizität außer Acht lasse, entspreche ich nicht mehr der heute geforderten Therapeutenrolle. Sich von einer Rolle ganz und gar bestimmen zu lassen wird in der Soziologie als entfremdend, «verdinglichend» angesehen. Das heißt: Das Individuum kommt nicht mehr zu sich selbst, es verschwindet hinter der Rolle. Rollendistanz ist immer nötig, um nicht ganz und gar in der Rolle aufzugehen und seine Individualität dahinter zu verlieren. Was sind die Folgen dieser Paradoxie und wie kann man einer Verdinglichung durch die Rolle entkommen?

Die Folgen sind tatsächlich, einer Umfrage entsprechend, dass 86 Prozent aller Therapeuten sich, bei geringer Rollendistanz, in essentialistischer (grundlegender) Weise als warm, empathisch, authentisch etc. betrachten[87] – so, als wären sie «wirklich» solch extrem beziehungsfähige Menschen. Wären sie das tatsächlich, dann müsste das Privatleben der Psychotherapeuten allerdings wunderbar sein – das ist es aber nicht. Psychotherapeuten sind nicht weniger, sondern eher stärker neurotisch als der Durchschnittsbürger, sie lassen sich scheiden, haben schwierige Kinder und ecken bei Freunden an – übrigens trotz meist jahrelanger Eigentherapie. Sie streiten in ihren Berufsverbänden in schlimmster Form und halten sich ganz und gar nicht an diejenigen Interaktionsregeln, die man als Therapeut eigentlich vertreten und einhalten sollte. Das macht ein schlechtes Gewissen und mobilisiert Abwehr. («Die anderen sind schuld!») Da man solche Selbsttäuschungen aber nicht ohne erheblichen seelischen Energieverlust aushält, kommt es in unseren Berufen recht häufig zu Burn-out. Selbsttäuschungen haben vielfache Ursachen, aber immer wieder kann man dabei feststellen, dass das Thema der «guten Beziehung» überdehnt wird. Die berufliche Beziehungsdefinition mit allen ihren Attributen wird nämlich immer wieder als etwas angesehen, das auch die Rollen im Privatleben durchdringen sollte – eben weil man nicht imstande ist, sie erst einmal lediglich nur als berufsrolleninhärent zu sehen. Natürlich ist es in jeder Hinsicht wünschenswert, beziehungskompetent zu sein, aber für Therapeuten, so meint man, müsse dieses quasi eine «Eigenschaft» sein. Der Therapeut sollte also mit seiner Rollendefinition sozusagen «verschmelzen».

Genau das aber ist gefährlich für das Erleben der eigenen Identität. Wir haben in dieser Hinsicht außer dem Arzt und dem Priester noch einen Verwandten: den Schauspieler. Auch er darf nicht privat mit seiner Rolle verschmelzen. Das hieße: Therapeuten als Privatpersonen dürften beziehungsmäßig so gestört und kümmerlich und immer wieder Versager sein wie jeder andere Mensch, der sich mit den typischen Beziehungsproblemen der Moderne herumschlägt, ohne dass man ihm das als ein Zeichen beruflicher Inkompetenz ankreiden darf. Dieses also sollten sich Psychotherapeuten dann auch selbst zugestehen dürfen, um sich nicht in der Identitätsfalle zu verstricken. Balancierende Identität ist hier besonders wichtig, um den Anforderungen von Berufsleben und Privatleben gerecht zu werden. Wir sind nur beruflich «Beziehungsspezialisten», das ist normal. Beim Scheitern unserer Privatbeziehungen müssen wir daher nicht sofort unsere Berufskompetenz anzweifeln, bzw. dürfen wir uns klar machen, dass unsere private Beziehungskompetenz nicht besser ist als die anderer Menschen.

Wenn wir davon ausgehen, dass Authentizität trotz Rollendruck nur dann gewährleistet ist, wenn wir erfahrungsoffen, flexibel und innovativ sind, dann sind Technikregeln natürlich eine gewisse Gefahr – obwohl sie auch, wie immer bei Rollenvorgaben, hilfreich sein können. Auch das ist übrigens eine beliebte Quelle für Spötter: die geringe Rollendistanz der Therapeuten, die überall Regeln des Verhaltens und der Beziehungsgestaltung anwenden, sogar im Privatbereich. Dazu gehören dann auch die bespotteten Floskeln: »Wie fühlst du dich dabei?», «Was macht das mit Ihnen?», »Hören

Sie auf Ihr inneres Kind» oder die berühmte «Gegenfrage» in der Therapie, wenn dem Therapeuten vom Patienten eine Frage gestellt wird: «Was fällt Ihnen dazu ein?» etc.

Eine eigenständige Entwicklung des Therapeuten innerhalb seiner Rolle zur Authentizität hin ist vermutlich nur dann gewährleistet, wenn er nach und nach Distanz zu seiner Rolle gewinnt und sie sehr individuell adaptiert. Es wird oft behauptet, dass der Therapeutenberuf einer der wenigen ist, in denen das Alter belohnt wird, das erscheint plausibel angesichts dieser zu erbringenden Leistung der Rollendistanz. Nicht ohne Grund sind ältere Therapeuten auch weniger abhängig von ihren Theorien und Technikregeln – die für unerfahrene Therapeuten ein wichtiger Bestandteil der Rollenvorgabe sind.

Ältere Therapeuten sind häufiger als junge bereit, diese zu überspringen – ein Charakteristikum vieler Experten. «Entwicklung» von Theorie und Technik ist bei Psychotherapeuten nicht so wichtig wie z. B. in einem technischen oder medizinischen Beruf. Unser Expertenwissen ist vor allem eines, das auf Rollendistanz beruht und einem intuitiven Wissen darum, wie und bei wem man sich solcherart distanzieren darf oder muss.

Das Expertenwissen des Psychotherapeuten ist also das erfahrungsgesättigte Beziehungswissen – wenn ein Therapeut bereit ist, erfahrungsoffen zu arbeiten und bei jedem Patienten flexibel für Neues zu sein, dann sind seine Erfolgschancen gut. Beziehungswissen ist aber nur zu einem kleinen Teil durch Regeln erlernbar, der allmählich anwachsende Mut des Therapeuten, Regeln zu negieren, erzeugt erst die authentische, förderliche Beziehung.

Warum gerade die Beziehungsfähigkeit heutzutage so wichtig erscheint (in den psychoanalytischen Schriften der Gründerzeit finden wir darüber fast nichts ausgesagt), ist durchaus diskutabel und alles andere als so selbstverständlich, wie es uns heute erscheint. Eine Antwort darauf gibt Giddens. Beziehungsfähigkeit, so der Sozialphilosoph, ist in der heutigen Gesellschaft ein derart wichtiger Faktor, weil die Rollenvorgaben nicht mehr so dicht und unabweislich sind wie in vormodernen Zeiten oder in anderen Kulturen. Es muss daher mehr als in früheren Zeiten immer wieder neu ausgetestet werden, ob ein Verhalten auch für die anderen akzeptabel ist oder nicht, Anpassung wird eine sehr individuelle Leistung und muss genau austariert werden.

Unsicherheit des therapeutischen Erfolges

Zwar kennen wir die Statistiken, die uns beruhigen darüber, dass wir als Therapeuten doch auch gewisse Erfolge aufweisen können. Ob wir aber selbst zu den eher besseren oder den schlechteren Therapeuten gehören, können wir so genau nie wissen. Wir kennen zwar diejenige Forschung, die darauf hinweist, dass die Erfolge nicht unterschiedslos gestreut sind, sondern dass es eben gute und schlechte Therapeuten gibt (bei manchen häufen sich die Erfolge, bei manchen die Misserfolge), aber zu welcher Gruppe gehören wir? Und: Was ist ein Erfolg?

Es gibt – ebenfalls ein Unsicherheitsfaktor – keine eindeutigen Indikatoren dafür, ob eine Therapie ein Erfolg war oder nicht; bei vielen Berufen sind sie sehr viel eindeutiger festzuhalten als bei uns – ein neues Feld von Selbsttäuschungsmöglichkeiten. Der «Therapieerfolg» ist ein Wechselbalg: Was bei einer Befragung im ersten Jahr nach der Therapie dem Patienten als hilfreich erschienen ist, kann schon im nächsten Jahr als Mangel erscheinen, vor allem wenn man die wechselnden Meinungen der Bezugspersonen noch einbezieht. Gute Erfolgskontrollforschung ist deshalb bemüht, alle diese Faktoren im Auge zu behalten, aber selten bzw. nie kann man selbst in der höchstdotierten Forschung dieses Forschungsideal ganz erreichen. In der eigenen Praxis so gut wie nie!

Es gibt die vielen «halben» Erfolgsfälle, die jeder Therapeut häufiger aufzuweisen hat als die wirklich geglückten: Hier liegt besonders viel Täuschungspotential. Man kann sich vieles «schönreden»: Die Idealisierung, in der manche Therapie stecken bleibt, lässt unmittelbar nach einer Therapie manches in glänzendem Licht erscheinen; macht man einige Jahre später Zweittherapien, dann sieht alles ganz anders aus. Ich selbst bin altershalber recht oft Zweit- oder Dritttherapeutin und weiß, wie dann oft über vorhergehende Therapien gesprochen wird. Ich bin selbst auch oft der Meinung, mit der Therapie bei mir sei nun wirklich alles getan. Manchmal hört man dann noch von einer weiteren Therapie – aber dann ist wohl «der Patient schuld» …

Man muss mutig sein, um sich das alles einzugestehen.

Die Grenzen der Psychotherapie

Kein vernünftiger Therapeut denkt, dass die Therapie «alles» heilen kann, ja, dass es so etwas wie Heilung im Seelenleben überhaupt gibt. Dass das »allgemeine Unglück» nicht heilbar ist, sondern nur das «neurotische Elend», wie Freud gesagt hat, ist vermutlich ein eher optimistischer Ausspruch. Nicht nur die Umweltfaktoren, sondern auch biologische Faktoren sind es ja, die manchen Erfolg verhindern oder zumindest verkürzen. Und vieles ist – egal, ob genetisch bedingt oder durch die Sozialisation verursacht – einfach nicht mehr zu verändern. Oft muss es genügen, dass mancher Patient sich mit seinen Symptomen nach einer Therapie besser arrangieren kann.

Trotzdem findet man immer wieder Kollegen, die Psychotherapie als ein Allheilmittel ansehen. Meiner Erfahrung nach sind es übrigens oft sehr strenge Psychoanalytiker, die immer auf «noch mehr Therapie» setzen, wobei dann Therapiezeit und Lebenszeit sich immer mehr verflechten, sodass Veränderungen sich nicht mehr der einen oder der anderen Zeit zuordnen lassen.

Und wie geht man damit um, wenn andere Instanzen sich als «besser» erweisen, zum Beispiel die Meditation oder das Gebet, eine bestimmte Diät oder irgendein anderes Mittel der Lebensbewältigung? Viele Therapeuten sind geneigt, so etwas nicht wirklich ernst zu nehmen, als eine Abwehr zu interpretieren oder – wenn es ihrer eigenen Weltanschauung entspricht – zu erklären, dass dies eben auch eine Art mittelbarer Erfolg der Psychotherapie ist, die einen Patienten erst dazu gebracht habe, sich eben dieses Mittels zu bedienen. Auch hier gibt es Selbsttäuschungspotential. Sich einzugestehen, dass die Therapie Grenzen hat und es auch ganz andere Möglichkeiten zur Hilfestellung gibt: Auch das erfordert Mut.

Das offene Ende

Wenn Menschen ihren Erfahrungen offen gegenüberstehen, sehen sie sich immer wieder damit konfrontiert, dass ihre wie immer gearteten Versuche, diese Erfahrungen in Konzepte und Formeln zu fassen, unterminiert werden können durch andere Konzepte, dass sich die wichtigsten Versuche, sich selbst und andere zu verstehen, in einem

Fluss befinden, der sich nicht ganz bändigen lässt. Das Wasser (der Erfahrung) tritt immer wieder über die Ufer der Konzeptbildung. Ich denke, dass es Mut braucht, dieses zu akzeptieren. Die Therapie aber ist eine Möglichkeit, dieses «offene Ende» zu erfahren und die Tatsache zu akzeptieren, dass wir nie zu einem endgültigen und abschließenden Konzept unserer selbst (und der Welt) kommen können.

Was bedeutet das? Ich denke, dass eine Psychotherapie – jedes theoretische Konzept – auch immer Gefahr läuft, das Ziel des «offenen Endes» zu verfehlen. Die von Therapeuten gerne abgegebenen Diagnosen helfen mit bei der Verengung der Menschenkenntnis, der Weltsicht und der Erfahrungen. Der inflationäre Gebrauch der Vokabeln «frühgestört» oder «narzisstisch», schlimmstenfalls «Borderliner», ist bekannt und taugt übrigens schon kaum mehr zur Karikatur. Es gibt subtilere Formen, per Diagnose einen Menschen einzuengen.

Es gibt etliche Strategien der Therapeuten, um das eigenen Vokabular zu hüten und vor Verfremdungen abzusichern. Eine beliebte Möglichkeit ist es zum Beispiel, sich auch im privaten Bereich dadurch abzusichern, dass man hauptsächlich mit anderen Therapeuten oder zumindest mit therapierten Menschen verkehrt. Die Bekanntenkreise von Therapeuten sind (übrigens entgegen der Absicht) oft recht beengt. Nun ist das natürlich kein eigentümliches Merkmal nur der Psychotherapeuten. Auch Betriebswirtschaftler und Ingenieure haben oft einen Bekanntenkreis, der sich mehrheitlich aus Berufen zusammensetzt, die dem eigenen nahestehen. Man lernt sich eben oft durch die Arbeit kennen, das ist normal. Ohne dass ich dieses nun durch empirisch gesicherte Ergebnisse erhärten könnte: Ich glaube, es gibt nur wenige Berufsgruppen, in denen untereinander so viel über die eigene Profession und im Vokabular der eigenen Profession gesprochen wird wie bei Therapeuten (Ärzte mögen in dieser Hinsicht ähnlich sein). Ingenieure sprechen nicht dauernd von ihren Erfahrungen beim Konstruieren, Nutzen oder Warten von technischen Geräten, Buchhalter sprechen wohl auch selten privat davon, wie man Bilanzen «frisiert» u. Ä. m.

Wir leben sowohl in einer technisch-zivilisatorischen Welt, was die Dinge um uns herum betrifft, als auch in einer psychologisch-therapeutischen Welt, in der wir unsere persönlichen Beziehungen und die Menschen rund um uns beurteilen. Beide Welten sind selbstverständlich auch Gegenstand unserer privaten Konversation.

Während es im allgemeinen (da beziehe ich mich einfach auf meine Erfahrungen mit anderen Menschen als Psychotherapeuten) bei der Auseinandersetzung mit der technisch-zivilisatorischen Welt eher darum geht, wie man welche Produkte konsumiert, kauft, nutzt, bewertet oder wie man in die ökonomischen Welt eingebunden ist (wobei nicht in der Fachsprache der jeweiligen Berufe gesprochen wird), wird die soziale Welt vorwiegend, auch von Nichtpsychologen unter therapeutischen Gesichtspunkten, also berufsspezifisch gesehen.

Die Soziologin Eva Illouz[88] geht sogar davon aus, dass wir in einer «therapeutischen Gesellschaft» leben, und zeigt dieses in vielen Facetten auf. Das aber würde heißen, dass nicht nur wir Therapeuten, sondern auch Menschen, die nicht unbedingt soziale Berufe ausüben, stark von therapeutisch geprägten theoretischen Leitideen beeinflusst sind. Therapeuten und damit verwandte Berufe aber sind in besonderem Maße von ihrem Beruf geformt, egal, ob sie sich als große Theoretiker verstehen oder nicht. Unter Laien sind viele psychologisch-therapeutische Vokabeln bekannt, es ist sozusagen der «Restbestand» unseres Berufsvokabulars.

Unter Therapeuten aber herrscht eine andere Konversationsform als zum Beispiel bei den Ingenieuren. Die Welt der spezifischen beruflich bedingten Kategorien kann auch im privaten Gespräch, egal, worum es sich dreht, schwer losgelassen werden – selbst dann nicht, wenn es um Gebiete wie Literatur oder Geschichte geht, was übrigens nicht unbedingt zur größeren Erkenntnistiefe beiträgt. Nicht zu Unrecht wies Freud darauf hin, dass die Dichter das, was er theoretisierend und systematisierend zusammenfasse, oft schon sehr viel differenzierter ausgedrückt hätten.

Nun steckt der Psychotherapeut aber in einer Zwickmühle, wenn er mit einem Patienten/Klienten zusammenarbeitet. Kann er denn ohne theoretisches Gerüst und Vokabular je arbeiten? Natürlich nicht! Und jedes theoretische Gerüst ist verengend, wenn es um die unendliche Differenzierung des Seelischen geht. Und natürlich vermittelt er den Patienten eine ähnliche Sichtweise, wie er selbst sie hat. Dieses ist ein wesentliches Prinzip der Psychotherapie.

Auch wenn man wie die Relationisten und Konstruktivisten davon ausgeht, dass im therapeutischen Prozess gemeinsam ein Konstrukt über die Person geschaffen wird – wer könnte sich denn so schnell von dieser Teamarbeit befreien und alles auch «ganz anders» sehen? Gibt es einen Ausweg? Ich denke, es ist derselbe, den man als Therapeut auch seinen Patienten vermitteln sollte: die Beachtung des «offenen Endes», des «Es kann auch alles anders sein».

Das «offene Ende» bedeutet dann natürlich auch, dass man sich von vorgeformten Begriffen löst, wie das Ende einer Therapie aussieht und wann der «richtige Zeitpunkt» gekommen ist. Erstaunlich oft scheint der richtige Zeitpunkt dann gekommen, wenn die Krankenkasse nicht mehr zahlt. Man kann sich dann zurechtbiegen, dass der Erfolg nun stabil ist, dass der Patient seine Konflikte genügend gut bearbeitet hat oder dass er sich nun seiner Gefühle bewusst ist. Auch das Gegenteil kann der Fall sein. Man sieht nicht (die Kasse zahlt ja noch!), dass der Patient sich eigentlich selbst ein Ende wünscht.

Ich werde nie vergessen – ein Supervisionserlebnis –, dass einmal die in mittleren Jahren stehende Patientin einer Kollegin fand, sie wolle nun keine Fortsetzung der Analyse mehr, sie habe genug profitiert. Der Supervisor schüttelte bedauernd den Kopf über so viel Abwehr. Als ich fragte, warum es denn nicht wirklich genug sein könne, wenn die Patientin dies doch so sehe, meinte er: «Wie wird sie ihrem eigenen Tod einmal entgegensehen?» Welch hypertrophe Vorstellung vom Ziel einer Therapie!

Genau dies meine ich, wenn ich Sorge habe, dass mancher Therapeut seine eigenen vorgeformten Theorien in jede Situation hineinprojiziert. Es scheint mir übrigens hilfreicher, wenn man möglichst viele verschiedene (eben andere als die eigenen) theoretischen Systeme kennenlernt. Da lernt man zu relativieren und zu verstehen, dass andere Theorien – z. B. systemische oder körpertherapeutische oder psychoanalytische – sehr sinnvolle Sichtweisen für manche Lebenslage anbieten, die sich mit dem eigenen Konzept schwer fassen lässt. Es braucht aber Mut, sich von den eigenen Konzepten zu distanzieren, und manchmal riskiert man damit das Wohlwollen von Kollegen und Freunden.

Der Mut zur Aggression

Die empathisch-verständnisvolle Grundhaltung des Therapeuten scheint sich schlecht damit zu vertragen, dass Konfrontation ein wichtiges Mittel zur Veränderung ist. Konfrontation als therapeutisches Mittel ist natürlich nicht gleichzusetzen mit aggressiver Annäherung, auch wenn es sich für viele Therapeuten so anfühlt und sie deshalb gerne im Modus der Empathie verharren. Es gibt viele Hinweise darauf, dass eine nicht unerhebliche Anzahl von Therapeuten konfrontative und damit distanzierende Haltungen als unangenehm empfindet und immer wieder Angst hat, sich damit die Sympathie des Patienten zu verscherzen. Tatsächlich ist es eine Kunst, konfrontativ zu sein, ohne zu kränken und die Beziehung zu gefährden. Möglicherweise hat es mit dem «vermeidenden Bindungsstil» zu tun (den – Forschungsergebnissen nach – viele Therapeuten in ihrer Kindheit gelernt haben), dass man sich lieber im sicheren Hafen des Verständnisses bewegt?

Die Konfrontation als therapeutische Intervention schafft Distanz – und genau das ist es, was in einer Therapie auch wichtig ist. Es ist die Distanz zum Therapeuten und die Distanz von sich selbst. Die Konfrontation ist deshalb so wichtig, weil sie ein triangulierendes Moment in sich hat. Der Patient spürt den «Blick des anderen», der nun nicht mehr nur empathisch ist, sondern ein objektivierendes Element in sich trägt. Die berühmte «Deutung» des Psychoanalytikers enthält ein solch distanzierend-objektivierendes Element in besonderer Weise, und deshalb wird ja in Karikaturen dieses Berufsstandes oft eine besondere «Kälte» hervorgehoben. Die Deutung muss natürlich nicht «kalt» sein, aber es gibt da recht viele Grenzüberschreitungen. Zu Recht gibt es in der modernen Technik-Debatte in der Psychoanalyse immer wieder den Hinweis darauf, wie vorsichtig man mit Deutungen – gar mit Übertragungsdeutungen – sein soll. Psychotherapeuten sind gut beraten, wenn sie in ihren Supervisionen gerade diesen Punkt thematisieren und sich immer wieder klar werden darüber, was sie im Moment gerade hindert, auch einmal konfrontativ zu sein. Es gehört aber auch diagnostisches Wissen dazu, konfrontative Techniken bei den richtigen Patienten an der richtigen Stelle einzusetzen. Und: Es gehört auch Mut dazu, weil man sich damit auch unbeliebt machen kann – das ist das Berufsrisiko des Psychotherapeuten.

Die balancierende Identität des Psychotherapeuten

Der von Lothar Krappmann verwendete, bereits erläuterte Begriff scheint mir für den Beruf des Psychotherapeuten ganz besonders gut übertragbar. Dieser Beruf ist wie viele Helferberufe aufgeladen mit Erwartungen von außen: Der Therapeut sollte frei von Allüren sein, ganz authentisch, empathisch, interessiert an Kommunikation, und natürlich erwartet man auch eine bestimmte Art von Selbstdarstellung. Letztere allerdings hat eine große Bandbreite, weil die sozialen Erwartungen besonders divergent sind. Die Person des Psychotherapeuten hat für viele Menschen einen hohen Symbolwert – er ist einer, der den Hilfesuchenden vollkommen versteht, der sozusagen das «Leid der Welt» lindern kann und sich ganz und gar in den Dienst des Patienten stellt. Ob sich ein Patient einen elegant auftretenden, einen sehr weichen, eher schüchternen Therapeuten wünscht oder ob ihm gerade eine gewisse Ruppigkeit Vertrauen einflößt, hängt von sehr individuellen Bedürfnissen und Vorerfahrungen ab. «Er hatte solch einen Teddybär-Pullover an, da hab ich sofort gewusst, dass ich ihm vertrauen kann», erzählte mir eine Freundin, die einen Lehrtherapeuten suchte und auszuwählen hatte. «Sie hat eine witzige Bemerkung gemacht, gleich zu Beginn, da war's um mich geschehen», so eine andere Aussage zur Wahl einer Psychotherapeutin.

Es gibt für Psychotherapeuten wenig Codes für ihr Auftreten, manche sind durch Film und Fernsehen zum Klischee verkommen, so z. B. der stur schweigend Psychoanalytiker. Dass gerade dieser hinter seinem Schweigen besonders viel Weisheit versteckt, glaubt der Fernsehzuschauer meist nicht mehr, nachdem in unzähligen Darstellungen klar gemacht wurde, wie viel Unsicherheit und sogar Verrücktheit sich dahinter verbirgt. So wird schon die rein äußerliche Darstellung des Psychotherapeuten durch unterschiedliche Erwartungen beeinflusst. Natürlich kann man als Psychotherapeut behaupten, man gäbe sich einfach so «wie man eben ist» (also das Authentizitätsmerkmal) – aber wie IST man denn? Doch sicher ist man zu den eigenen Kindern oder zu Freunden «ganz anders»?! Man hat sich also irgendwann etwas zurechtgelegt, was man dieser Rolle zu schulden glaubt. Auf jeden Fall gibt es bestimmte Verhaltensmerkmale, die nicht dazugehören sollten: Muffligkeit oder Redseligkeit oder pastorales Getue zum Beispiel.

Die verschiedenen Interaktionssysteme, in denen ein Psychotherapeut steckt (berufliche und private), sind sehr schwer zu balancieren – auch abgesehen von der äußeren Repräsentanz. Häufiger als in anderen Berufen wird im Falle des Psychotherapeuten die

Berufsperson und die Privatperson verwechselt oder in eins gesetzt. Lernt man im privaten Kreis einen Psychotherapeuten kennen, dann wird oft ganz schnell ein Urteil auch über die berufliche Fähigkeit gefällt: «Bei dem möchte ich nie (oder: gerne) eine Psychotherapie machen», «Der ist bestimmt sehr einfühlsam ...» – so oder ähnlich mögen die Urteile lauten, und meist beziehen sich die Urteile nicht nur auf die Privatperson, sondern verknüpfen diese sofort mit dem Beruf. Wer aber würde nach einem netten Partygespräch von einem Bauingenieur sagen, er baue sicher besonders gute Straßen oder Häuser? Das aber heißt, dass auch die Außenwelt beim Psychotherapeuten Berufs- und Privatrolle vermengt. Und eben dies ist es, was Psychotherapeuten für sich selbst auch oft tun. Die Trennung von Berufs- und Privatperson, die eines der Merkmale für die balancierende Identität ist, lässt sich deshalb häufig schwer gestalten. Der Psychotherapeut, dessen Scheidung bekannt wird, steht in einem anderen Licht da als der Inspektor einer Aufsichtsbehörde für Materialsicherheit, dessen Scheidung man mit Achselzucken quittieren kann: «Was geht mich das an ...»

Das aber heißt, dass hier in besonderer Weise zwei große Sozialsysteme in der Person des Psychotherapeuten interagieren: das berufliche und das private. «Und du willst Psychotherapeut sein? –, dass ich nicht lache!» – wie oft mögen wohl solche und ähnliche Aussprüche in den Haushalten von Therapeuten fallen, wenn die Kinder empört sind und die Ehegatten sich vernachlässigt und unverstanden fühlen.

So verständlich es ist, wenn ein Steuerberater der Meinung ist, man möge ihn wenigstens im Freundeskreis in Frieden lassen mit kniffligen Fragen der Steuergesetzgebung, so erwartet der Freundeskreis des Psychotherapeuten, er möge doch zuhören können und empathisch sein. Ist er es nicht, dann kann sehr leicht seine Berufstauglichkeit in Frage gestellt werden. Die Systeme gleichen einander allzu sehr.

Das alles ist natürlich auch im Inneren der Psychotherapeuten präsent. Das Gefühl für die eigene Identität – also dieses Gemisch aus (internalisierten) Zuschreibungen, Erwartungen und dem Gefühl, man sei vielleicht doch auch «ganz anders», bestimmt zwar wohl die meisten Menschen, aber für den Beruf des Psychotherapeuten ist es eine ganz besondere Gemengelage. Das «Balancieren» ist hier besonders schwierig und führt übrigens bei nicht wenigen

Psychotherapeuten dazu, dass sie in die identitätsvernichtenden Stereotypen des Berufes verfallen, was weder dem Berufs- noch dem Privatleben guttut.

Ich habe daher vor vielen Jahren[89] vorgeschlagen, der Psychotherapeut möge sich doch so etwas wie eine «Schauspieler-Identität» zulegen. Das hat mir einige unmutige Kommentare von Kollegen eingebracht, weil eben die «Echtheit» des Verhaltens als solch unumstößliches Kennzeichen des Berufes angesehen wird. (Da ich den Beruf des Schauspielers sehr schätze, war mir übrigens die Empörung mancher Kollegen nicht ganz verständlich!)

Die oben erwähnten Unsicherheiten, die den Psychotherapeuten in seiner Berufsausübung begleiten, können dazu beitragen, seine «Balance» zu halten – wenn er nur imstande ist, die Distanz zur Rolle reflektierend zu bewahren. Dass der Erfolg unsicher ist, dass jede Therapie an Grenzen kommt und dass es immer ein «offenes Ende» gibt, gehört zum Beruf dazu. Sich selbst als jemanden zu bezeichnen, der so gut wie nie einen Patienten «zu Ende therapieren» kann: Das kostet Mut. Das ist aber auch die Garantie für ein starkes Bewusstsein der eigenen Identität als Psychotherapeut.

9 Wer bin ich? Der Gang zum Psychotherapeuten

Identitätssuche als Krisenerlebnis

Ab und zu gibt es Patienten, die explizit die Frage stellen, wer sie denn «eigentlich» seien. Dass sie sich manchmal so, manchmal wieder anders fühlten, dass sie nie genau wüssten, was denn eigentlich ihre Aufgabe sei, ob sie den gewählten Beruf wirklich beibehalten sollten und die einmal heiß geliebte Frau wirklich noch zu ihnen «passe». «Wer bin ich denn»? – das kann für manchen Menschen eine wichtige Frage sein, die durch eine Psychotherapie beantwortet werden soll. Die meisten Patienten stellen diese Frage allerdings nicht explizit, sie ergibt sich aus dem Kontext der Therapie. Noch vor fünfzig bis hundert Jahren war man gewohnt, solche Fragen als die der Jugendlichen anzusehen. Ganz explizit hat Erikson sie zum Thema der jungen Erwachsenenjahre gemacht.

Das hat sich geändert. Es kann eine Frage sein, die das ganze Leben hindurch wach bleibt und sich bei wachen Menschen (nicht nur Patienten) immer wieder meldet. Der Grund dafür liegt, wie schon dargelegt, in der wachsenden Flexibilität und Unsicherheit moderner Lebensumstände, die ein immer wieder erneutes Eingehen auf neue Situationen verlangen. Der «flexible Mensch» muss mit immer wieder neuen Herausforderungen rechnen, Herausforderungen, die das gesamte Lebensgefühl umkrempeln können.

Auch in der Psychotherapie geht es oft um viele dieser Fragen. Anlass für eine Psychotherapie ist eben oft eine neue Art von Herausforderung, die Nötigung zu einer anderen Form der Lebensgestaltung, und dieses wirft dann die Frage «Wer bin ich, wer will ich sein?» auf. Die Psychoanalytikerin Seiffge-Krenke[90] hat sogar das explizite Ziel mancher Therapien als «eine Identität finden» beschrieben.

Als Psychotherapeuten sind wir qua Vorschrift bei der Antragstellung gefordert, möglichst einen aktuellen «Auslöser» für die Problematik, welche auch immer das sein mag, zu suchen. Das sind u. a. oft neue Beziehungen oder Trennungen von alten, das sind berufliche Umgestaltungen, Wohnortwechsel, das sind kleinere oder größere traumatische Erlebnisse oder auch Probleme mit den eigenen Kindern.

Alle diese neuen Erfahrungen können dazu führen, dass man sich «nicht mehr kennt», dass man «sich in einer neuen Rolle befindet», dass man «nie gedacht hätte, dies alles so schwer nehmen zu müssen». Derartige Umwälzungen betreffen nicht nur junge Menschen, sondern auch ältere, ja vermehrt schon sehr alte Menschen. Die Pubertät ist sozusagen allgegenwärtig.

Hilfe in der Psychotherapie?

Man kann diesen Aspekt der Identitätssuche hilfesuchender Patienten natürlich übersehen, er ergibt sich «unter der Hand» und wird bei gut laufenden Therapien einfach am Rande «mit behandelt». Man kann als Therapeut aber auch den Aspekt einer neu zu findenden Identität etwas genauer unter die Lupe nehmen. Oft tut dies dem therapeutischen Gespräch sehr gut und hilft weiter. Es gibt Fragen und Methoden, die bei der Erarbeitung einer Identität weiterhelfen können.

Wenn wir von den oben dargelegten diversen Identitätstheorien (Kapitel 2) ausgehen und das Problem der unsicheren Identität ernst nehmen, dann ergeben sich folgende Fragen:

1. Wie beschreibt sich eine Person selbst?
2. Hat sie Vorstellungen, wie sie von anderen gesehen wird?
3. Wie möchte sie gerne sein?
4. Welche Vorbilder hat sie?
5. In welchen Rollen sieht sie sich kritisch?
6. Was denkt sie über die jeweilige «Rolle», in der sie sich befindet?
7. Wie sind die äußeren Umstände, in denen sich die Person gerade befindet?

Diese Leitfragen können in die verschiedensten therapeutischen Vorgehensweisen eingepasst werden. Es sind übrigens nicht nur verbale Methoden, die darin Platz finden können, sondern auch solche, die auf erlebenszentrierten Interventionen beruhen. Die meisten dieser Fragen (man kann sich auch noch andere ausdenken) bezwecken in zentraler Weise einen Perspektivenwechsel des Patienten (der Patientin). Nicht nur das eigene «innere Gefühl» für sich selbst ist zu befragen, sondern auch die Perspektive, die andere Menschen einnehmen, die objektiv gegebenen Lebensumstände und die jeweils spezifischen Rollen, die vielleicht unterschiedliches Verhalten verlangen. Um diese von den Identitätstheoretikern formulierten Gesichtspunkte mit den Theorien psychotherapeutischer Schulen in Einklang zu bringen, ist ein kurzer Einschub nötig:

Exkurs: Über die Bedeutung des «Dritten»

Eine gute Psychotherapietheorie – egal, ob Fragen nach der Identität gestellt oder nicht gestellt werden – sollte einen theoretischen Standpunkt bezüglich der Frage nach dem «Dritten» einnehmen, denn diese Position hängt eng zusammen mit der Frage nach der Identität.

In der Psychoanalyse finden wir rein theoretisch am klarsten die Vorstellung formuliert, dass das Erreichen der «ödipalen Position», wie ältere Psychoanalytiker es ausgedrückt haben, das höchste Therapieziel (wie auch das Entwicklungsziel) sei. In modernerem psychoanalytischen Gewand wird eher die sogenannte Mentalisierungsentwicklung thematisiert. Was haben diese beiden Theorieansätze mit dem Thema Identität zu tun? Man könnte behaupten, dass beide Positionen in konzentrierter Form darauf hinweisen, wie wichtig der «andere» bei der Entwicklung der eigenen Identität ist, also die Erfahrung (des Kindes), dass es von anderen «gesehen» wird. Der «Dritte» ist hier ein wichtiges Stichwort.

Die Urfrage nach dem «Dritten» wird mit dem Freudschen Konzept der Ödipalität gestellt. Wie Buchholz[91] schon sehr früh klargelegt hat, handelt es sich dabei nicht unbedingt um eine libidinös-sexuelle Hinwendung zum gegengeschlechtlichen Elternteil (vielleicht wird sie dadurch unterstützt?; in den letzten Jahren haben viele Psychoanalytiker daran zu zweifeln begonnen). Es ist vielmehr die Entwicklung hin zu der bedeutenden emotionalen und kognitiven Erfahrung (im guten Fall: Akzeptanz), dass Beziehungen sehr vielfältig sind, dass die Beziehung zu Vater und Mutter jeweils anders gestaltet ist und, das Wichtigste, dass auch diese beiden untereinander eine Beziehung haben, die anders aussieht als die Eltern-Kind-Beziehung. Das beinhaltet die Erfahrung, dass beide Elternteile auch einen «von außen» gerichteten Blick auf das Kind haben, sie sehen gleichsam gemeinsam «von oben» das Kind in einer gewissen Distanz; damit aber lernt auch das Kind sich «von außen» zu sehen, weil es den Blick der anderen verinnerlicht.

Dies ist die von den philosophischen Anthropologen (z. B. Plessner) so bezeichnete «exzentrische Position», eine typisch menschliche Möglichkeit, sich auch von außen zu betrachten und so zu sich selbst Stellung zu beziehen. Man kann in diesem Modell, das ursprünglich für die frühkindliche Entwicklung gedacht war, schon die spätere «Rollendistanz» erkennen. («Für meine Eltern bin ich ein Kind – für die Freunde ein Kumpel, und da gelten andere Gesetze»). Wenn dies einmal gut verinnerlicht ist, ist die Grundlage für spätere kommunikative Kompetenz gelegt. Dann kommt ein Kind nicht so leicht auf die Idee, auch die Freunde müssten «verwöhnen» oder die Lehrerin müsste einem «alles erleichtern, weil man so niedlich ist». Voraussetzung für eine gelingende Entwicklung ist, dass die Einheit der Eltern wirklich als fest empfunden wird und nicht gespalten werden kann. Das sollte aber nicht die Erkenntnis behindern, dass es eben auch Unterschiede in der Beziehung zu Mutter und Vater gibt. Mutter sieht z. B. in mir das Ebenbild ihres bewunderten schöngeistigen Vaters, Vater hingegen bezeichnet mich als seinen «tüchtigen Bergkameraden» – das ergibt ein komplexeres Bild, sozusagen ein Bild in 3D. Diese Verschiedenheit hat aber natürlich Grenzen. Sehen beide Eltern je ein «ganz anderes Kind», dann kann es mit der Identität recht schwierig werden.

Säuglingsforscher haben in den letzten Jahren noch präzisere Vorstellungen davon entwickelt, wie Identität entsteht. «Identität» sollte – auch das wird dabei betont – nicht als eine irgendwie entwicklungsfähige «Anlage» angesehen werden, sondern als ein Prozess, der nur in Interaktionen vonstattengeht. Dabei ist es das Verdienst der Säuglingsforscher[92], sehr subtile Phasen herausgearbeitet zu haben, in denen das «Selbstempfinden» (ein Ausdruck, den sie bevorzugen) sich immer im Bezug zu anderen Personen entwickelt. Besondere Bedeutung kommt dabei dem sogenannten Markieren zu, d. h. dass die Mutter (und andere wichtige Bezugspersonen) die jeweiligen Stimmungen und Äußerungen des Kindes verbal und nonverbal aufnimmt, sie manchmal überdeutlich markiert (etwas wiederholt, den Gesichtsausdruck und die Stimme übertreibt) und dann dem Kind widerspiegelt. Dadurch wird klar, dass es die Mutter ist, die die jeweilige Stimmung nun interpretiert, umformuliert, Tröstliches sagt u. Ä. m. Vom ersten Tag an werden so die undeutlichen gefühlsmäßigen Bestrebungen des Kindes intersubjektiv geformt. «There is no baby without a mother», hat schon Bettelheim vor Jahrzehnten formuliert.

Dieser Satz wurde von den psychoanalytischen Säuglingsforschern in differenzierter Weise (übrigens auch experimentell gesichert) aufgenommen und erweitert. Indem Mutter und Kind ähnliche Symbole erfinden, die Mutter dem Kind auch sprachliche Symbole an die Hand gibt, um eigene Empfindungen zu benennen, macht sie dem Kind klar, dass es zwar nicht dieselben Empfindungen wie ihre eigenen sind, dass sie aber die kindlichen Intentionen versteht, akzeptiert und dass man diese benennen und synchronisieren kann.

In diesen Forschungen wird das Gefühl für die Einzigartigkeit des Kindes, die zugleich Bezogenheit ist, sehr deutlich gemacht. Dies bedeutet eine große Verbreiterung des psychoanalytischen Denkens, da mit den Forschungen der Säuglingsexperten die frühe Kindheit nicht nur retrospektiv betrachtet wird, sondern die feinen Nuancen der Entstehung des Selbstgefühls in statu nascendi beschrieben werden, was auch die gesamte Theorienbildung in der Psychoanalyse bereichert hat.

Was folgt daraus für die Therapie?

Derartig komplizierte Vorgänge verbal zu bearbeiten und in immer wieder neuen Beispielen zu besprechen ist die traditionellste Form von Psychotherapie. Für viele Patienten ist sie durchaus geeignet. Es sind dies die Gespräche über das je besondere Verhältnis von Vater und Mutter zum Patienten (zur Patientin), die Vorbilder, die sich dadurch ergeben haben – Ablehnung oder Identifikation –, das Bild, das Freunde und andere Personen haben könnten, und Ähnliches. Auch über die frühe Mutter-Kind-Interaktion lässt sich noch manches besprechen: Erinnerungen an besonders gut gelungene gemeinsame Spiele oder an plötzliche Abbrüche der Kommunikation. Oft ist es jedoch einfacher, durch gut platzierte Rollenspiele eine exakte Vorstellung davon zu bekommen, was sich zwischen zwei Personen abgespielt hat und wie diese Interaktionen das weitere Leben bestimmt haben.[93]

Aber auch symbolische Familienaufstellungen, Familienaufstellungen in Gruppen, Psychodrama , Imaginationen u. Ä. sind gute Möglichkeiten, sich klar zu machen, welche Form von Zuschreibung man erfahren hat, welche man sich wünscht, welche besonders tief ins Leben eingegriffen haben und das Wichtigste: wie man selbst daran beteiligt ist.

Wenn Krappmann von «Identitätskompetenz» spricht, dann finden wir implizit viele seiner Bestimmungen auch im Repertoire der Therapieziel-Bestimmungen wieder. «Rollendistanz» zum Beispiel sollte ein wichtiges Ergebnis gerade der Arbeit an dem sein, was man in der Anthropologie die «exzentrischen Position» (s. o.) nennt. Die eigenen Rollen, die man in verschiedenen Lebenszusammenhängen einnimmt (im Berufsleben, innerhalb der Herkunftsfamilie, als Vater/Mutter etc.), werden so nach allen Seiten hin überprüft. »Als Ehemann war ich eine Null», bekannte einer meiner frisch geschiedenen Patienten, «aber als Vater war ich immer ziemlich gut» – das sind Differenzierungen, die das Identitätsgefühl stärken. Noch besser: «Ich war oft der Vertrauensmann bei Frauen, die haben sich bei mir sicher gefühlt. Mit Männern hab ich das nicht so gut hingekriegt, da war ich wahrscheinlich oft der Konkurrierende.»

Um solche Aussagen zur eigenen Person machen zu können, muss man – wiederum Krappmann – die entsprechenden «Deutungsschemata» parat haben. Die können recht vielfältig sein. Manchmal «deutet» man sich selbst in einem viel zu engen Rahmen. Der Psychotherapeut nimmt dann ein sogenanntes Reframing (Umdeuten) vor und erzielt dabei oft verblüffende Überraschungseffekte. «Ich habe gar nicht den Eindruck, dass Sie ein solch ‹aggressiver Typ› sind. Was Sie so erscheinen lässt, ist die Tatsache, dass Sie sich nicht gut einfühlen können in andere Menschen.» Oder: «Dass Sie zu dumm waren für das Abitur, scheint mir nach allem, was Sie nachher geleistet haben, unwahrscheinlich. Es klingt eher nach einem Spätentwickler.» Das dreht das Gefühl, das jemand für sich selbst hat, oft um 180 Grad. Es verändert im Übrigen auch das Vorgehen des Therapeuten, wenn er, wie im obigen Beispiel, nicht die «verborgenen Aggressionen» sucht, sondern Details aus kommunikativen Situationen darauf hin untersucht, wo es an Empathie mangelt.

Gerade an diesen Reframing-Gesprächen wird klar, wie fragil und oft uneindeutig verbale Bestimmungen zur Identitätsbestimmung sind («porös» in der Habermasschen Diktion). Um derartige Begriffe zur Selbstbeschreibung zu akzeptieren, muss ein Mensch, wie oben beschrieben, in der Lage sein, eine bestimmte «Ambiguitätstoleranz» zu haben. Er/sie muss also die Fähigkeit haben, trotz der Unsicherheit aller Begriffsbestimmungen auf diesem Gebiet, sich sozusagen «einzupendeln» in ein Gleichgewicht, das einerseits nicht dauernd in Frage gestellt wird und andererseits trotzdem nicht erstarrt in Identitätskonstruktionen, die nicht mehr zu hinterfragen sind («Ich bin eben eine typische Waage»).

Diese Toleranz ist das wichtigste Merkmal, um die «Balancierende Identität» so einzupendeln, dass daraus keine Identitätsverwirrung entsteht. Je differenzierter die Beschreibungen der eigenen Person ist, desto eher können auch andere Menschen in ihrer Eigenart erkannt werden, weil mit der Begriffsarbeit auch schon Grenzen gezogen werden zu den Identitäten der Mitmenschen, deren Eigenart ebenso differenziert wahrgenommen werden kann.

Natürlich sind dies nicht nur kognitive Vorgänge. Jede Neubestimmung der eigenen Person, jede neue Namensgebung für die eigene Person geht mit vielfältigen Gefühlen einher. Bei manchen Menschen sind nonverbale Methoden gerade in diesem Bereich sehr geeignet zu einer Neubestimmung der Identität.

Identitätsveränderungen durch Therapie

Yvonne, etwas schlicht

Eine von ihren kognitiven Fähigkeiten her nicht sehr begabte Patientin (Berichte aus einer Supervision) hatte guten Zugang zu inneren Bildern. Als sie ihre Familie in Tieren darstellte, wählte sie für sich selbst das Schwein als Symbol. Ihre Assoziation: «Mich kann man schlachten». Natürlich ließ sich an diesem destruktiven Bild immer wieder therapeutisch «arbeiten», sodass es sich im Laufe der Zeit veränderte. In relativ einfachen Begriffen konnte die Therapeutin ihr neue Aspekte zeigen, die in diesem Bild vom «Schwein» enthalten waren. Sie konnte fragen, von wem sie diese Vorstellung, sich nicht wehren zu können, übernommen hatte, wie sie sich «wehren», sich auch «losreißen» könne aus dem Zug der Schlachttiere u. Ä. m. Durch die Hinweise auf die biografische Verankerung wurde eine Art von Kohärenz-Gefühl für die eigene Biografie erzeugt – später jedoch konnte die Patientin selbst Versuche machen, sich in anderen, nicht immer nur negativen Episoden zu sehen mit einer in Maßen auch gestaltbaren Biografie. «Ich bin kein Schlachttier», war ihre Bilanz.

Dieses ist es, was vor allem Psychotherapeuten, die biografische Dimensionen einbeziehen in ihre Arbeit, in Bezug auf die «Identitätsarbeit» leisten können: einer Person das Gefühl (wieder) zu geben, dass es eine Kontinuität im Leben gibt, die mit allen Abweichungen von der «Normalbiografie» als eine «jeweils eigene» begriffen werden kann. Das schließt auch den sogenannten Identitätsbruch mit ein (er gehöre zur modernen Identität, meint Nunner-Winkler[94]), der nicht unbedingt zur Verwirrung führen muss, sondern gerade von Psychotherapeuten als eine Chance gesehen werden kann.

Walter, der Hochbegabte

Walter ist Arzt. Man sollte meinen, dass das nun wirklich eine stabile Berufsausübung gewährleistet, es ist schließlich der Traumberuf vieler junger Menschen, und die meisten Eltern wären glücklich, wenn es ihren Söhnen oder Töchtern gelänge, einen Studienplatz zu ergattern. Um den weiteren Berufsweg muss man sich dann wohl keine Sorgen mehr machen: Geld, Prestige – alles scheint gesichert! Beruflich gesehen ist Walter ein Glückspilz. Er hat nicht nur mit glänzendem Erfolg Medizin studiert, so ganz nebenbei ist er auch noch seinem Interesse für Literatur nachgegangen und hat einen Magisterabschluss in Romanistik gemacht, da ihn mit Frankreich sehr viel verbindet. Damit nicht genug: Offenbar sind ihm Stellenangebote und Forschungsaufträge nur so zugeflogen. Heutzutage würde man ihn wohl sofort als «hochbegabt» etikettieren. Er selbst sieht das nicht ganz so.

In seiner Therapie ringt er monatelang immer wieder mit demselben Thema: Bin ich ein «geborener» Arzt? Könnte ich nicht in der Debatte um moderne französische Literatur und Philosophie viel Originelleres leisten? Habe ich wirklich Interesse daran, mich dauernd mit kranken Menschen abzugeben? Oft empfindet er die praktische Arbeit als eintönig. «Ich bin kein Arzt», sagt er dann mit Entschiedenheit, obwohl ihm offenbar die Arbeit sehr liegt. Monatelang entscheidet er sich nicht, das Angebot für eine höhere Position anzunehmen. Es kann aber auch vorkommen, dass er nach einem langen Arbeitstag in der Klinik ganz beglückt in die Therapie kommt: Die Arbeit mit Menschen mache doch sehr große Freude; gerade wenn es ihm gelingt, Notfälle richtig zu behandeln, dann sei er oft ganz euphorisch. Was sei dagegen schon ein Artikel, den er unlängst (damals mit großer Freude berichtet) in einer literarischen Zeitschrift untergebracht habe?

Und medizinische Forschung? Nun ja, da sei man so gebunden, eigentlich wisse man meistens schon, was da herauskommen solle …

Walter steigt aus. Er wird freier Journalist, findet eine Nische, wo er publizieren kann. Das Geld ist kein großes Problem, weil die Eltern ihm ein großzügiges Erbe ausgezahlt haben. Nach einiger Zeit wird er aber wiederum von Zweifeln befallen. Subtile französische Philosophen und Literaten analysieren? Ist das wirklich so wichtig?

Walter hat Glück, er kann in seinen Beruf zurückkehren. Er entscheidet jetzt – sehr rational und ohne großen Enthusiasmus: Ich bleibe Arzt. Letztlich ist es jetzt – er ist Ende dreißig – doch Zeit, diesen Beruf für sich selbst zu entdecken. Mit einem anderen Teil aber bleibt er Literat, schreibt ab und zu selbst kleine Essays und ist oft recht kritisch ärztlichen Kollegen gegenüber, die ihm zu «ungebildet» erscheinen. Andererseits: Er beneidet diese auch oft, weil sie sich wohlfühlen im Beruf.

Wird er sich wohl je ganz und gar mit seinem Beruf identifizieren?

Ich glaube: nein! Aber das Problem rückt langsam in den Hintergrund. Er hat sich in seiner «balancierenden Identität» eingerichtet.

Natürlich kann man diese dauernde Unsicherheit auf dem Boden einer labilen Persönlichkeitsstruktur analysieren, das wäre sicher nicht ganz falsch, denn auch in anderen Bereichen zeigt sich bei Walter oft, dass er in seinen Gefühlen hin- und herschwankt. Es sind aber auch die äußeren Bedingungen, die es ihm «ermöglichen», solche Probleme überhaupt zu entwickeln. Natürlich könnte man sagen: DER hat Sorgen, dem geht's wohl zu gut … Das wäre, meiner Meinung nach, der falsche Ansatz. Walter lebt zwar, zugegeben, sehr privilegiert. Er ist wohlhabend, er ist gebildet, er ist vielfach begabt, und er hat Wahlmöglichkeiten. Gerade Letzteres aber wird ihm zum Verhängnis. Wäre er in einem anderen Jahrhundert geboren, hätte es für seinesgleichen durchaus klarer definierte Rollen gegeben. Der wohlhabende «Schöngeist», der nicht ins Tagesgeschäft des Verdienens einsteigen muss, hätte ab und zu einen kleinen Essay geschrieben, vielleicht auch arme Künstler unterstützt, er brächte die richtigen Leute zusammen und könnte durchaus zufrieden sein. Eine derartige Existenz aber würde heute von den meisten Leuten verachtet.

Heute wird Walter von Selbstzweifeln getrieben, er muss sich in einem Beruf «bewähren», irgendwann etwas finden, was auf ihn persönlich zugeschnitten ist. Obwohl gerade der Arztberuf ja ein ziemlich klares Rollenverständnis hat, so ist doch die Tatsache, dass ein Berufswechsel denkbar und möglich ist, ein Anreiz, sich immer wieder neu überlegen zu dürfen, ob man wirklich «das Richtige» gefunden hat.

Die inneren Schwankungsbandbreiten sind in fast allen Fällen größer als in Zeiten, in denen Rollen fester vorgeschrieben waren und die «Normalbiografie» dominierte: 1. Schule, 2. Studium, 3. Beruf, 4. Ehe, 5. Kinder – wie oft werden solche Biografien heutzutage geradezu umgekehrt! Es kann zum Beispiel auch so aussehen: 1. Schule, 2. erster Beruf, 3. Zeugung eines Kindes, 4. zweiter Beruf mit Studium, 5. Eheschließung mit einer Frau, die nicht die Mutter des Kindes ist, 6. zweites Kind, 7. Scheidung ... das sind gar keine ungewöhnlichen Biografien, und niemand denkt heutzutage noch, das sei aber ein ziemlich verpfuschtes Leben.

Die Veränderung von Partnerschaftsrollen durch die Psychotherapie

Die erweiterten Wahlmöglichkeiten erzeugen natürlich auch im Beziehungsleben Schwierigkeiten. Man muss nicht bei der ersten Liebe bleiben, es kann auch die siebte oder achte sein; auch die schon etablierte Lebenspartnerschaft oder Ehe kann immer wieder abgebrochen werden: Trennungen sind zwar schmerzlich, aber üblich. Dass auch diese Trennungen etwas mit der Identität zu tun haben, versteht sich. Nun ist man wieder anderen Zuschreibungen ausgesetzt, man wird durch die neue Partnerin/den neuen Partner wieder «ein neuer Mensch» – wie lange wohl (s. Kapitel 4)?

All dies verlangt auch in diesem Bereich («Ich als Partner») eine «balancierende Identität», die immer wieder neu austariert werden muss, alte und neue Wertskalen im Wechselspiel. Auch dies ist in einer Psychotherapie oft ein wichtiger Themenkomplex. Alte und vertraute Zuschreibungen aufzugeben, sich selbst «anders» sehen zu müssen: Das gehört auch zur Trauerarbeit nach Trennungen. Wenn man zum Beispiel mit der alten Partnerin ein recht langweiliges Leben geführt hat, weil ihr nie etwas einfiel und alles nur «wie gewohnt» sein sollte, und man nun an der Seite einer neuen Frau sich zum begeisterten Kinogänger entwickelt? Wie wäre das einzuschätzen? Nun gut: Sie hat ihn beeinflusst – aber was bedeutet das für die Sicht auf die eigene Person und auch für das, wofür auch andere diese gehalten haben? So lässt sich vieles befragen, manches erschüttert die eigene Selbstsicherheit aufs Tiefste. Eine Psychotherapie kann da hilfreich sein.

Erwin, ein gestandener Jurist Anfang fünfzig, lebt seit 14 Jahren in einer seit einiger Zeit recht unbefriedigenden Ehebeziehung. Mit seiner Frau Helen hat er zwei Töchter. Aus einer ersten Ehe stammt ein wesentlich älterer Sohn.

Die erste Ehe beschreibt er als völlig unmöglich, er habe nur heiraten «müssen», weil die Frau schwanger war. Er habe sich redlich bemüht, aber trotz des von ihm sehr geliebten Sohnes sei er keinen Tag glücklich gewesen; er habe seine Frau als kalt, ausbeuterisch und herzlos erlebt. Ihren Beruf habe sie außerdem sofort nach der Eheschließung aufgegeben.

Die zweite Ehe habe unter einem sehr viel besseren Stern gestanden, seine Frau sei attraktiv und tüchtig, sie sei ein gut organisierter Mensch, der es versteht, Freunde um sich zu scharen. Sehr zartfühlend sei sie allerdings nicht, oft habe er sich schon gefragt, was sie eigentlich gemeinsam hätten.

Als sie sich aber in einen Arbeitskollegen verliebt habe, sei er ausgerastet, obwohl diese Beziehung wohl beendet sei, denke er jetzt oft über Scheidung nach. Allerdings frage er sich – und das hemmt ihn doch –, was dann wohl die Umwelt darüber denken würde? Man kann sich doch nicht zwei Mal irren? Jeder würde doch die Schuld bei ihm suchen? Er weiß, dass sein Beziehungsschicksal nicht ungewöhnlich ist, dass er aber ein Versprechen bricht – das findet er eben doch nicht richtig, vor allem wenn es das zweite Mal ist. Eigentlich sähe er sich als einen Menschen, der Verantwortung übernimmt, der verlässlich ist. Wie oft habe er mit den Kollegen in der Sozietät darüber gelästert, wenn Menschen sich wegen irgendeiner Nichtigkeit scheiden ließen. Nun sei er selbst solch ein Fall.

Auch in diesem Fall kann man mit früheren Zeiten vergleichen: wie schwierig sogar noch vor fünfzig oder sechzig Jahren eine Scheidung war, mit welchen schlimmen sozialen Folgen meist für die Ehefrau, welche kirchlichen Sanktionen oft drohten. Da blieb man lieber beisammen, so unangenehm das auch sein konnte.

Wir aber haben «freie Wahl», unsere Lebenspartner können wechseln. Man muss nicht zusammenbleiben, «bis der Tod uns scheidet». Trotzdem kann gerade bei religiösen Menschen eine Scheidung als «Sünde» empfunden werden. Und auch dies tangiert das Gefühl, das jemand für sich selbst hat: «Ich bin ein Sünder, ich bin unzuverlässig.»

Natürlich haben Trennungen immer schon in Psychotherapien eine große Rolle gespielt, sind ja oft auch Auslöser für Symptome. Es ist aber auch Sache des Therapeuten, sich nicht nur auf den gekränkten Narzissmus zu konzentrieren, sondern aufzuspüren, welche festen und vielleicht destruktiven Konstrukte für die eigene Identität als Ehemann/-frau sich im Laufe der Beziehung herausgebildet haben. Ebenso wichtig ist es wohl, das jeweils neuartige Selbstgefühl herauszuarbeiten, wenn sich eine neue Beziehung angebahnt hat. Neue Rollen, die das Gefühl für sich selbst anders bestimmen, können in einer Therapie bewusst gemacht werden, eventuell werden auch Warntafeln aufgestellt, damit nicht alte Identitäten «als Ehemann» sich wieder einschleichen.

Dass Teresa «kompliziert» ist, hat ihr erster Freund Matthias immer wieder betont. Teresa hat dies eigentlich als eine Art Lob angesehen, weil Matthias es auch immer halb mit Stolz gesagt hat. «Kompliziert» hieß dann auch «interessant». Als auch der zweite und dritte Freund sie so charakterisierten, empfand sie das nicht mehr unbedingt als eine positive Eigenschaft. «Kompliziert» hieß dann auch «schwierig» – und das wollte sie jetzt, Mitte dreißig, wo sie mit ihrem Freund ein Kind plante, nicht mehr sein. Sie konnte aber nicht viel daran ändern, dass sie absolut keinen Fisch essen konnte, dass sie hauptsächlich Gemüse aß und mit einer Reihe von verzwickten Zu- und Abneigungen das gemeinsame Essen und Kochen erschwerte; dass sie unmöglich einen Lift benutzen konnte – na gut, das störte nicht weiter, außer damals, als ihre Mutter gerade im 15. Stockwerk des Krankenhauses untergebracht war. In welchem Ausmaß sie ihre Freunde immer analysierte – auch das fand ihr Partner bald lästig, weil er, wie er oft sagte, «einfacher gestrickt» war und das Leben ein wenig schlichter genießen wollte. Da konnte sie aber doch mit Hilfe von psychologischen Beratungen einiges abstellen.

Teresa bemüht sich, und das macht das Leben nun leichter für alle. Teresa kommt immer wieder einmal zu einer kurzen Besprechung: meist dann, wenn sie sich wieder einmal «kompliziert» fühlt. Dieser Terminus hat sich zwischen mir und Teresa verfestigt. Ich habe selbst oft Mühe, ihn immer wieder aufzubrechen, um uns beiden klar zu machen, welche Art von «Kompliziertheit» es dieses Mal ist und ob man die Situation wirklich so benennen kann. Ich finde nicht, dass sich Teresa in solch eingeengter Art und Weise beschreiben sollte.

Veränderungen der Identität und gesellschaftliche Verhältnisse

Ist Therapie dazu da, so etwas wie «Befestigung der Identität» zu bewerkstelligen? Es mag oft so aussehen, wenn eine Therapie gut beendet wurde und ein(e) Patient(in) sich nun wohlfühlt in ihrer Haut, auch mehr Handlungsspielraum gewonnen hat.

Recht oft kommen aber Patienten nach einiger Zeit wieder; die äußeren Umstände haben sich geändert, es gibt Krisen, die andere Vorstellungen von sich selbst und den anderen verlangen – auch das gehört zum nie ganz abgeschlossenen Projekt der Identität.

Für den Sozialpsychologen und Soziologen Heiner Keupp gehört zu einer «gelingenden Identität» (auch hier die etwas zweifelhafte Vorstellung, sie könne je «gelingen») vor allem auch eine stabile gesellschaftliche Einbindung. Da die Identität so fest mit der Anerkennung durch andere verknüpft ist, muss auch ein Milieu vorhanden sein, in das man sich einklinken kann, gesellschaftliche Netzwerke, teilhaben an gesellschaftlichen Vorgängen, sodass man nicht nur im Abseits lebt. Was darunter jeweils zu verstehen ist, hängt von vielen Faktoren ab: von individuellen und von der Befindlichkeit einer Gesellschaft.

Es ist fraglich, ob Psychotherapeuten gerade an diesem Punkt gefragt sind. Bestimmt aber sollten sie um die Problematik von gesellschaftlicher Teilhabe und von Ausschluss wissen. Die Frage «Wer bin ich?» ist auch eine Frage, die die Gesellschaft stellt, nämlich: «Wer bist du für die Gesellschaft?» und «Kann die Gesellschaft dir eine Möglichkeit zur Teilhabe bieten?» In einer Zeit, in der nicht nur gebildete Mittelstandsbürger Therapie suchen, sondern auch Langzeitarbeitslose oder Jugendliche ohne Ausbildungsplatz, stellt sich die Frage auch für Psychotherapeuten immer dringlicher. Diese Frage der äußeren Möglichkeiten über die Erforschung innerer Bedingungen von Identität zu vernachlässigen ist heutzutage ein therapeutischer Kunstfehler.

Dies aber bedeutet auch für die Ausbildung von Psychotherapeuten, dass diese sensibilisiert werden müssen – nicht nur für die Innenwelt, sondern auch für die Außenwelt. Die «Teilhabe» an der Gesellschaft, das Ausweiten sozialer Netze und damit sozialer Ressourcen ist nicht nur über eine Arbeitsstelle möglich. Es gibt auch noch andere Möglichkeiten, sich nicht nur in privaten Innenwelten oder Hobbys zu verlieren, sondern sich in gesellschaftlich relevanten Tätigkeiten zu erproben und damit das Gefühl für die eigene Identität zu erweitern und zu festigen. Ein Therapeut in Zeiten unsicherer gesellschaftlicher Rollen muss sich auch in der Arbeitswelt auskennen, er muss wissen, wie man auch außerhalb der Arbeitswelt an der gesellschaftlichen Realität teilhaben kann (z. B. durch Ehrenämter).

Die Kenntnis von Innenwelten genügt nicht immer, um das Identitätsgefühl von Klienten zu festigen. Ein moderner Psychotherapeut denkt darüber hinaus.

10 Die Suche nach Sinn

Sinnsuche – eine Krankheit?

Immer wieder kommen Menschen in die Psychotherapie, die ihr Leben als «leer» empfinden, nicht wissen, was sie damit anfangen sollen, wo ihre Schwerpunkte liegen, und überhaupt das Gefühl haben, alles sei sinnlos. Was hat diese «Sinnsuche» mit dem Thema der Identität zu tun? Vielleicht, so meine Vermutung, ist es nur die «andere Seite der Medaille».

Man könnte nämlich sagen, dass man die Suche nach der eigenen Identität (»Wer bin ich denn eigentlich?») oft genauso gut als einen Schritt hin zur Suche nach einem sinnvollen Leben ansehen kann. Wer sich die Frage nach der eigenen Identität stellt, steht wohl oft an einem Punkt, an dem er sich eben auch fragt, ob sein Leben einen Sinn hat, ob er «richtig» lebt und wie er sich orientieren soll. Vielerlei Zweifel sind mit dieser Suche nach einer «sinnvollen» Identität verbunden. Sollte man nicht «liebevoller», «kräftiger», «aufopfernder», «fleißiger» sein? Mit diesen Fragen ist wohl häufig auch der implizite Nachsatz verbunden: «Damit mein Leben sinnvoller wird.»

Nun ist es fraglich, ob dieses überhaupt ein Thema für die Psychotherapie ist? Manche religiösen Menschen, insbesondere auch Anhänger ostasiatischer Religionen und Meditationspraktiken, würden das bezweifeln. Viele meinen nämlich, dass alleine in der Ausübung bestimmter Praktiken (es können auch innere, z. B. Meditation, sein) Sinn entsteht, die Hinwendung zu einem sinnvollen Leben sich «ergibt».

Allerdings sind die Fragen nach dem «Sinn» des Lebens nicht selten verknüpft mit bestimmten «krankheitswertigen» Symptomen wie Depressionen, Leeregefühlen oder Ängsten. Dass sie dann, aber nur dann, psychotherapeutisch behandelt werden müssen, scheint klar. Doch «nur» das Gefühl der Sinnlosigkeit? Gibt es nicht andere, bessere Instanzen, die helfen könnten? Ein ehrenamtliches Engagement? Eine Partei? Esoterik? Kirchliche Aktivitäten?

Das totgeglaubte Thema der Religion scheint auch in Therapeutenkreisen wieder aufzuleben. Sind Menschen am Beginn des 21. Jahrhunderts wieder religiös geworden? Welche Menschen? Ist – wie besorgte Geister behaupten – die Aufklärung damit wieder rückgängig gemacht worden? Wie auch immer man das sieht: Psychotherapeuten müssen sich mit Zeitströmungen vertieft befassen, wenn sie ihre Patienten verstehen wollen.

In welchen Situationen viele Menschen auch in unserer modernen Kultur wieder zu religiösen oder quasireligiösen Ideen greifen, wissen wir: Wenn die moderne Welt mit ihren verwirrend unterschiedlichen Lebensformen, Beziehungsangeboten und Rollen viele überfordert, wenn Flexibilität der Arbeitsanforderungen und der Wohnorte den Beziehungen keine Dauer ermöglichen, wenn wertvermittelnde Instanzen nicht mehr allgemeingültig sind und unsere Kinder daher ein sehr eigenes und kaum mehr auf uns bezogenes Leben bevorzugen, dann kann, mit einem Wort, alles «sinnlos» erscheinen.

Welcher Sinn ist da verloren gegangen? Ich denke, wir müssen hier nicht besonders kompliziert denken, wenn wir uns das Lebensgefühl von Menschen in traditionellen Gesellschaften vor Augen halten. In diesen Gesellschaften war es sinnvoll, den zugedachten Beruf auszufüllen, seine Kinder zu ernähren und mit möglichst guten Voraussetzungen ins Leben zu entlassen, seine Rollen als Mann und Frau ordentlich zu erfüllen und im Übrigen in einer (kleinen und überschaubaren) Gemeinschaft nicht allzu sehr aufzufallen. Dieses Leben ermöglichte eine festgefügte Identität, klare Abgrenzungen innerhalb einer relativ kleinen Auswahl von Identitätsangeboten. Das war (und ist) alles andere als nur angenehm, kann recht anstrengend werden, wenn Bosheit, Neid und Missgunst in einer Gemeinschaft dominieren, wenn Rollenvorstellungen allzu fest sind und jede Abweichung davon hart sanktioniert wird. Wir kennen dies auch inmitten unserer europäisch-aufgeklärten Kultur dort, wo fundamentalistische Strömungen unter uns Wurzeln geschlagen haben. Christliche oder orientalische fundamentalistische Sekten versprechen klare Identitätsangebote – je strenger desto eindeutiger und für manche Menschen attraktiv und entlastend. Viele moderne Menschen, die sich solchen Bewegungen anschließen, erzählen von einer verzweifelten Suche nach Lebenssinn, bevor sie ihn in der festgefügten Gruppe gefunden hätten.

Freud schrieb einmal in einem Brief an die Prinzessin Bonaparte, er denke, dass die Suche nach Sinn an sich neurotisch sei, nämlich ein Zeichen dafür, dass die Libido unbefriedigt sei. Freud selbst hat vermutlich selten an einer Sinnleere gelitten: Er wusste immer, wie wichtig seine Arbeit ist, die Verbreitung der Psychoanalyse lag ihm am Herzen, und sowohl seine Familie als auch seine vielen Schüler unterstützten ihn. Selbst im Asyl, ein Jahr vor seinem Tod, hat er noch geschrieben und Patienten empfangen. In diesem Sinn war Freud ein Mensch, der ebenso fest verwurzelt war, wie Menschen in traditionellen Gesellschaften es sein können. In gewisser Weise ist das Statement von den neurotischen Wurzeln der Sinnsuche das Luxus-Statement eines genialen Menschen mit einer noch immer funktionierenden Familie in einem Freundeskreis, der durch geistige Interessen zusammengehalten war.

Man kann also dieses Diktum Freuds über neurotische Menschen, die nach dem Sinn in ihrem Leben suchen, bezweifeln oder relativieren, denkt man an die Situation durchschnittlicher Menschen in modernen pluralistischen Gesellschaften. Allenfalls könnte man Freuds Rede von der «Krankheitswertigkeit» der Sinnsuche recht geben, wenn wir uns Menschen ansehen, die vielleicht mitten im Leben stehen, eine befriedigende Arbeit haben, ihre familiären Angelegenheiten zufriedenstellend geregelt haben, getrost in die Zukunft blicken könnten und trotzdem alles als «sinnlos» empfinden. Gleichzeitig wissen wir natürlich, wie unsicher all diese Sicherheiten sein können, wie fast über Nacht Beziehungen sich destabilisieren, Jobs wegrationalisiert werden und der soziale Abstieg droht. Dann allerdings kann die Frage nach dem «Sinn» des Ganzen wieder auftauchen.

Es ist allerdings nicht so – das zeigen empirische Umfragen immer wieder auf –, dass Armut oder Reichtum von Gesellschaften die Frage nach dem «Sinn» bestimmen, eher sind es die Verwirrungen, die großen Umbrüche und die Veränderung von Wertordnungen, die solche Fragen aufwerfen.

Identität im historischen Kontext

Der von Karl Jaspers in den 60er-Jahren des 20. Jahrhunderts in die Diskussion gebrachte Begriff der «Achsenzeit» kennzeichnet die seelischen Bewegungen großer Gesellschaften; natürlich spiegelt sich eine solche Bewegung aber auch im Einzelnen wider.

Zwischen den Jahren 600–300 v. Chr. (andere Datierungen sprechen von 800–400 v. Chr.) hat sich unabhängig voneinander, doch parallel, sowohl im asiatischen als auch vorderasiatischen Raum jeweils eine große neue Denkbewegung vollzogen. Es waren die Griechen, die Inder, die Chinesen und die Judäer, die sich – nach und während großer Kriegswirren – auf ein neues Denken einließen. Rituale, Traditionen, festgelegte Doktrinen, die das Leben des Einzelnen bisher bis ins Detail regelten, wurden vorsichtig verlassen. Das Individuum besann sich auf sich selbst. Philosophen wie Sokrates, Platon und Aristoteles befragten ihr eigenes Herz, wenn sie allgemeine Begriffe erörterten, die Welt wurde in analytische Kategorien zergliedert (siehe Demokrit, Thales, Anaximander). Die Vorstellung von Naturgöttern, die meist anthropomorph konzipiert waren, wurde aufgegeben zugunsten immaterieller Kräfte, eines einzigen Gottes oder eines spirituellen Zentrums im Menschen selbst.[95]

Damit, so definierte es einmal Sigmund Freud in Bezug auf den Monotheismus, «kam die Geistigkeit in die Welt», also eine neue Art des Fragens und Reflektierens, die auch das eigene Innere einbezog. Eine archaische Zeit der eher grob-konkretistischen Vorstellungen von der Verbindung der Götter mit den Menschen wurde beendet. Menschenopfer wurden durch Tieropfer ersetzt und auch diese bald nur mehr im symbolischen Sinne dargestellt. Vor allem aber waren es moralische Gebote, die nun nicht mehr unhinterfragt übernommen wurden. Die Dimension der Innerlichkeit – am subtilsten ausgefeilt in den verschiedenen Meditationsübungen – prägte auch die ethische Frage. Gesetzestreue ohne individuelle Überlegungen wurde angezweifelt.

Seit dem Ende feudaler Gesellschaften im Europa des 18. Jahrhunderts haben auch unsere Vorfahren in Europa alte Positionen neu überdacht. Individualität, das «Gespräch mit sich selbst» (Jean Améry, Lessingpreisrede 1977), die Festsetzung von Normen, die aus dem Inneren kommen, das Denken in historischen Kategorien – alles Postulate von Aufklärung und aufgeklärter Romantik –

sind bis heute Leitfiguren Europas, speziell Mitteleuropas. Die Wissenschaft, besonders die Naturwissenschaft, wurde im 19. Jahrhundert zur dominierenden Perspektive der Weltbetrachtung, was aber durch die grandiosen Fortschritte einzelner Wissenschaftszweige wiederum verunsichern konnte. Ständiges Neu-Lernen und Neu-Denken wurden zum Motor des Fortschritts, aber auch zur Quelle von Unsicherheit. Neue Formen psychologischen Denkens eröffneten ebenso wiederum neue Möglichkeiten, über sich selbst und über andere Menschen nachzudenken. Auch dies ergab eine Vervielfältigung von möglichen Identitätsangeboten. Man konnte sich in neue «Typologien» einreihen oder durch die Verbreitung psychoanalytischen Denkens auch unbewusste Seelenregungen in sich und anderen wahrnehmen.

Wo aber blieb da die Religion? Wo blieb Gott? Tot konnte er wohl nicht sein, gerade weil das Nietzsche-Wort vom Tod Gottes so oft und immer wieder zitiert wurde. «Gott braucht uns», heißt es in den Psalmen, und Jan Assmann[96] hat in seinem Buch über Thomas Mann und die Ägyptologie bekräftigt, dass das Verhältnis zwischen Gott und den Menschen als ein gegenseitiges gedacht werden muss. Das aber bedeutet, dass uns die Frage nach einem uns transzendierenden Sinn, einer Gegebenheit, die sich nicht aus dem unmittelbar kreatürlichen Dasein ableiten lässt, nicht loslässt. Wir müssen Gott immer wieder erfinden, damit er uns finden kann und wir uns in ihm. Auch so könnte man es vielleicht formulieren, wenn man das Bedürfnis des Menschen nach transzendierenden Erfahrungen ernst nimmt.

Gott sei eine «Chiffre», meint der Politologe und Philosoph Voegelin[97], nämlich eine Chiffre für die Ordnung des Seins. Er ist ein Symbol für eine anders nicht formulierbare Erfahrung und als Symbol kommt ihm eine gewaltige integrative Kraft zu. Er ist damit auch eine Chiffre für das Ethische.

Natürlich könnte man argumentieren, dass doch auch eine Ethik ohne Religion durchaus möglich und lebbar sei – jeden Tag erleben wir sie in sehr vielen Mitmenschen, die wir auch ohne Religion als höchst moralisch ansehen können. Dies stimmt für den Einzelnen sicher. Es ist aber keine Kultur denkbar ohne eine Religion in diesem Sinne: als eine Erfahrung des Transzendierens der eigenen Person, die Einsicht in eine notwendige Ordnung, die wir sowohl erhalten als auch immer wieder neu schaffen und bedenken müssen. Es existiert keine Gesellschaft ohne eine Einsicht in das Böse, das, was die Gemeinschaft stört. Immer ist das Böse auch das, was in der Ordnung der Dinge eigentlich «nicht vorgesehen» ist, wenn wir dem Ordnungsgesetz gehorchen.

Ethik transzendiert den Einzelnen, ist immer gebunden an Ordnungen, die sowohl allgemein gültig sind, als auch die Angelegenheiten jeweils spezifischer Kulturen betreffen. In individualistischen Kulturen ist Ethik auch immer mitbestimmt vom Einblick in das Innere – eben wie es in der Achsenzeit erstmals deutlich wurde. Die Moral in der eigenen Brust zu finden: Das war zur Achsenzeit etwas Neues. Es wird aber, wenn man das eigene Innere einbezieht in die Begründung für moralisches Handeln, deutlich, wie schwierig es ist, für die Moral «Letztbegründungen» zu finden. Wir Menschen sind nur allzu anfällig für Täuschungen und Selbsttäuschungen. Dies aber ist der Ort, wo die «Chiffre Gott» als eine ordnende Kraft eingreift, denn auch die «Goldene Regel» ist nicht bis ins Letzte begründbar, wenn man nicht eine Vorstellung vom Wert des Menschenlebens und der Gemeinschaft an sich hat. Tiere können bekanntlich in diesem Sinne nicht unmoralisch handeln, obwohl es in Bezug auf manche Gattungen auch hier Zweifel geben kann.

Moral, Psychotherapie und Religion

Was kann all dies mit unserer Profession als Psychotherapeuten zu tun haben? Selbstverständlich sehr viel. Wir haben immer wieder mit Menschen zu tun, die aufgrund von ethischen Entscheidungen – eigenen oder denjenigen anderer Menschen – in Verwirrung geraten, nicht wissen, wie sie handeln sollen, und daher oft destruktive Lösungen für ihre Probleme suchen (z. B. Symptome entwickeln), weil sie den unbewussten Konflikten ethischer Natur nicht alleine auf die Spur kommen. Zu ethischen Problemen, so meinen manche, sollten Therapeuten sich nicht äußern. Jeder müsse das richtige Vorgehen in der eigenen Brust finden. «Wir moralisieren nicht, wir analysieren», war lange Zeit das Credo vieler Therapeuten. Diese Aussage scheint mir unvollständig, ja falsch. Natürlich verurteilen wir nicht, wir wollen verstehen, Ursachen klären, neue Handlungsmöglichkeiten erschließen. Aber wir sind natürlich als Psychotherapeuten immer wieder dabei, die Gedanken und Handlungen unserer Patienten auf ihren moralischen Gehalt hin abzuwägen – ob wir uns nun dazu äußern oder nicht.

Moralische Haltung impliziert immer ein teilweises bewusstes oder unbewusstes Aufgeben von Narzissmus, also des Gefühls, dass die Welt nur vom Standpunkt des eigenen Ichs zu sehen ist. Nur eine solche moralische Haltung kann dazu führen, dass unsere Patienten Verantwortung übernehmen – für das, was ihre Handlungen mit anderen verbindet, und für das, was ihr Leben wieder sinnvoll machen könnte.

Es ist diese Selbsttranszendenz, die zum menschlich-moralischen Leben gehört und damit auch das Leben sinnvoll macht. Dies eröffnet Dimensionen, in denen ein «anderes, ein anderer» wichtiger ist als die eigene Person. Sich dafür zu engagieren macht «Sinn», wobei es feine Unterschiede gibt, ob dieses Engagement nur vordergründig einem anderen Menschen (dem eigenen Kind, der Geliebten, etc.) gilt und damit meist vor allem auf die eigene Person bezogen ist oder ob wirklich das «andere», die Welt in ihrer fragwürdigen Ordnung als Ganzes, als wichtig erlebt wird. Manchmal ist das Erreichen dieser Position (die wir immer wieder verlieren) verbunden mit Augenblicken der Freude, des spontanen Glücks – Augenblicke, wo wir die Frage nach dem «Sinn» des Lebens nicht zu stellen brauchen. Manchmal erschließt sich damit auch langsam und unmerklich ein neuer Horizont und Patienten können nach monate- oder jahrelanger Therapie sagen: «Ich weiß gar nicht, was passiert ist – aber ich lebe besser.»

Viele der religiösen und philosophischen Systeme kennen diese Position der Sinnerfüllung durch den Bezug der eigenen Person zur Welt im Gesamten sehr gut – es ist dies ja ein Kerngedanke jeder Kultur der Achsenzeit.

Die «Chiffre», die man Gott nennen kann, wird, wie wir wissen, von den Religionen in sehr unterschiedlicher Art verwaltet: von fundamentalistisch-dogmatischer bis zu liberal-aufgeklärter Weise oder in einem Modus, der sich in der Mitte zwischen diesen Polen bewegt.

Uns Mitteleuropäern bleibt nach der Aufklärung sozusagen nichts anderes übrig, als die liberale von einer rationalen Theologie getragene Variante der Religion zu fordern. Das heißt, einer Religion, die auch anderslautende Gottesvorstellungen nicht verdammt, die den Lebensplan des Individuums in möglichst wenig Dimensionen bestimmt, Zweifel und neue Gedanken zulässt ohne Sanktionen und nicht in fundamentalistischer Weise heilige Bücher als unhinterfragbar ansieht und somit immer wieder kritische Fragen verhindert. Auch geht damit verbunden die Trennung von Kirche und Staat einher (ein wichtiges Gut aller freiheitlichen Staatsformen!). Die große und wichtige Tugend der Toleranz sollte moderne Religionsgemeinschaften genauso bestimmen wie andere gesellschaftliche Institutionen.

Ist diese Toleranz nicht etwas, das auch in einer Psychotherapie zu erlernen ist? Hängt das Zurücknehmen des Narzissmus zugunsten der Position des «anderen» nicht eng mit der Forderung nach Toleranz zusammen, ist es wahrscheinlich dasselbe? Und ist die Überlegung, inwieweit Psychotherapie auch Kriterien für ein ethisch gerechtfertigtes Leben liefern kann, auch damit verbunden?

Religion: Bedürfnis oder Bedürftigkeit?

Das Bedürfnis nach Zugehörigkeit zu irgendeiner Form religiösen, spirituellen Tuns – sei es die Meditationsrunde, sei es die kleine Sekte, sei es eine der christlichen Kirchen in traditioneller Form oder eine asiatische Form der Besinnung, des Glaubens oder des Sports –, dies entspringt dem Bedürfnis nach einer sicheren Orientierung in Bezug auf die Ordnung des Alltagslebens, dem Bedürfnis, mit Menschen gleicher Ausrichtung gemeinsam etwas, was man als sinnvoll erkannt hat, zu tun, dem Bedürfnis Zustände transzendierenden Bewusstseins (im Idealfall manchmal «Erleuchtung» genannt) zu erreichen.

Alle diese Bedürfnisse können dazu dienen, Identität festzulegen, zu festigen, neu zu adjustieren. Kann Psychotherapie dies leisten? Oder müssen wir uns damit begnügen zu sagen, dass Psychotherapie hier höchstens «Vorarbeit» erbringt und dieses «andere», das im Religiösen verborgen liegt, eben eine andere (den Alltag transzendierende) Seinsebene anspricht?

Ich habe überhaupt keinen Zweifel daran, dass die Zugehörigkeit zu einer religiösen (spirituellen) Gemeinschaft für manche Menschen wichtig ist, ihr Leben erleichtert und mit Sinn erfüllt. Was ich allerdings nicht glaube, ist, dass solche Bedürfnisse in einer Psychotherapie nicht zu behandeln seien und dass Psychotherapie prinzipiell einem anderen System Platz machen müsse. Es gibt Abgrenzungen und Gemeinsamkeiten zwischen den Systemen der Psychotherapie und denen der Religionen im weitesten Sinn, die Gemeinsamkeiten scheinen mir allerdings recht groß.

Es wurde schon oben gesagt, dass das Erreichen der Position des «Dritten», also das Zur-Seite-Rücken des Narzissmus, eine wichtige Voraussetzung ethischen Handelns ist. Also: den Nächsten zu achten, ihm nicht willentlich Böses zuzufügen (was auch den in der Antike so wichtigen Rachegedanken ausschließt), sich in andere einzufühlen und von daher seine Handlungen zu überdenken. Dass dieses Denken in Psychotherapien jeglicher Art eine wichtige Rolle spielt, ist wohl einsichtig. Gibt es aber wirklich schon Orientierung für den Lebensalltag, verschafft es ein «sinnvolles» Leben oder vielleicht sogar so etwas wie einen transzendierenden Bewusstseinszustand? Ist Psychotherapie eventuell eine wichtige Voraussetzung dazu? Möglicherweise hat das Gefühl «Nun weiß ich, wozu ich in der Welt bin» viel mit dem Gefühl einer – endlich! – gesicherten Identität zu tun? (Das Gegenteil ist übrigens auch möglich: Die Unmöglichkeit, Sinn zu finden, kann ebenfalls eine Identitätsfacette darstellen.)

Psychotherapie kann diese Voraussetzung in ihren besten Momenten schaffen, aber die meisten Therapien konzentrieren sich sowohl in ihrer Theorie als auch in ihren Praktiken allzu sehr auf das Innenleben. Die komplizierten Verflechtungen mit der Umwelt, die Determinierungen durch den «Zeitgeist» werden oft nicht reflektiert, sodass Psychotherapie für viele Psychotherapeuten und Patienten vor allem «Innenschau» bedeutet. Oft bleibt die Tatsache, dass wir auch zuständig und verantwortlich sind für größere gesellschaftliche Zusammenhänge, im intimen Therapiesetting unklar.

Müssen wir wirklich «nicht moralisieren, nur analysieren», wenn eine 50-jährige Lehrerin sich wegen eher nichtiger Ursachen frühzeitig berenten lässt und bei prächtiger Gesundheit an drei Nachmittagen der Woche noch dazuarbeitet, weil die Rente doch kleiner ausgefallen ist als erhofft? Sie fühlt sich, seit ihr in der Therapie klar gemacht wurde, dass ihre Angstanfälle und der hohe Blutdruck auf ihre Mutterbindung zurückzuführen sind, recht gut. Diese Erkenntnis zementiert den Opfer-Status und enthebt sie weiterer Bemühungen, der Gesellschaft ihre Ausbildungskosten durch Arbeit wieder zu erstatten. Bei dem Gedanken an regelmäßige Arbeit allerdings geht es ihr natürlich gleich viel schlechter. Sie erlebt «ganz authentisch», dass ihre jetzige bequeme Lebensform für sie genau richtig ist. Die Therapeutin soll nicht «moralisieren», obwohl diese – mit zwei Schulkindern, einem oft abwesenden Ehemann und Haus mit Garten und vielen Verpflichtungen in der weiteren Familie – sich oft das Leben ihrer Patientin wünschen würde. Und sie ist nicht ganz frei von Wut. Sie analysiert ihre Gegenübertragung, bringt diese in die Supervision ein und gibt sich irgendwann damit zufrieden, dass eben jeder «auf seine Art» selig werden muss.

Ist das aber wirklich so?

Neue moralische Fragen

Hat man ein langes Therapeutenleben hinter sich, dann weiß man, wie viele Lebensentwürfe sich auf die «authentischen Erfahrungen» des Einzelnen berufen, die aber zehn Jahre später durch ganz andere und neue «authentische Erfahrungen» ersetzt werden. Die innere Werteskala scheint bei manchen Menschen recht wechselhaft. Sozialphilosophen, die Werturteile nur auf das Innere begründen[98], mögen vielen Psychotherapeuten aus der Seele sprechen. Ist aber das Spektrum der Wertentscheidungen nicht doch sehr viel differenzierter, als dass man es mit dem «inneren Gefühl» der Richtigkeit entscheiden könnte? Gibt es nicht auch objektive Kriterien dafür, was moralisch vertretbar ist und was nicht, weil es die Verantwortung für andere betrifft, Verantwortung für die Gemeinschaft, in der man lebt und der man verpflichtet ist? Es braucht erst gar nicht solch «große» Beispiele wie die Umweltzerstörung durch die Industrie, deren Vertreter ja auch ab und zu in Therapie gehen. Es reicht vielleicht schon die Überlegung, wie viel an Schuldzuweisung und herzlosen Anklagen alte und verständnislose Eltern noch vertragen können?

Und natürlich gibt es moralische Entscheidungen, die unserer modernen Welt geschuldet sind, für die wir vielfach kaum Vorbilder haben. Oft müssen erst mühsam Kriterien für moralische Fragen zusammengetragen werden: Nehmen wir z. B. die partnerlose und ziemlich einsame Frau, die sich mittels einer Samenbank zu einem Kind verholfen hat. Wie wird das Kind mit diesem Wissen oder Nichtwissen später einmal fertig werden? Und das einer Leihmutterschaft entstammende Kind? Bezahlung von Organen? Verkauf von überzähligen befruchteten Eizellen zu Zwecken der Forschung? Alles, was mit den neuen Möglichkeiten der Ökonomisierung und Technologisierung des Körpers und der Umwelt zu tun hat, steht zu Recht unter dem kritischen Blick der Ethiker, die aber, wie wir wissen, sich schwertun mit ihren Kriterien.

Es genügt vermutlich nicht mehr, nur die kleinen Einheiten von Person und Familie zu bedenken, wenn man psychotherapeutisch mit Narzissmus und Selbstbezogenheit umgeht und die «Position des Dritten» zu erreichen versucht. Jenes über die Linderung von Leiden hinausgehende Potential, das in einer Psychotherapie liegen kann, wird deutlich, wenn mancher Patient mehr Einsicht in größere Zusammenhänge und Interesse für Fragen entwickelt, die über die eigene enge Lebenswelt hinausgehen.

Das Erlebnis von «mehr Sinn», eventuell sogar das Erlebnis einer irgendwie gearteten Erleuchtung, das in sogenannten spirituellen Praktiken möglich ist – kann das auch die Psychotherapie bieten?

Ich denke, dass dies alles die Psychotherapie auch leisten kann, wenn sie sich der ethischen Dimension, die in der Psychotherapie liegt, klarer bewusst wird und die Psychotherapie nicht verkümmern lässt zur Nabelschau und zur immer erneuten Bestätigung eines Opferstatus und dem Glauben daran, dass nur das «eigen Innere» zur ethisch richtigen Entscheidung helfen kann. Das ist das «Mehr» an Leben, das man in der Psychotherapie anstreben sollte, das, was religiöse Menschen als das »Numinose», das «Spirituelle», die «Selbsttranszendenz» bezeichnen. Die Transzendenz irgendwo «außerhalb» zu suchen: Das mag manchen gegeben sein. Die meisten Menschen der aufgeklärten Moderne sehen den Himmel nicht mehr voll von Engeln und suchen auch nicht den Kindergott mit Bart.

Gebete und Therapie

Um die Verbindungen von Religion (anhand unserer christlichen Religionen) und Psychotherapie etwas deutlicher zu machen, möchte ich eine mir von Kindheit an vertraute Einteilung des Gebetslebens heranziehen: Gläubige Menschen unterscheiden zwischen Bittgebet (erster und zweiter Ordnung), Dankgebet, Reuegebet und Preisgebet. All dies finden wir – modifiziert – auch in einer ernsthaften Psychotherapie, die nicht an die Transzendenz «außerhalb» gebunden ist.

Das kindliche Bittgebet erster Ordnung («Mach, dass ich in Mathe eine Eins bekomme») scheint inzwischen schon fast als Persiflage. In der Psychotherapie finden wir es aber relativ oft: Der Therapeut soll gesund machen, einen Partner verschaffen, die Kinder reparieren. Dieses Verlangen zu hinterfragen ist für fast alle Therapeuten Pflicht. Das Bittgebet zweiter Ordnung hat schon mehr zu tun mit den Möglichkeiten einer Psychotherapie: Es bittet um die Kraft, Dinge zu tun, die Wünsche erster Ordnung erfüllen helfen («Gib mir die Kraft, mich in Mathe besser zu konzentrieren»). Dies ist also ein Kerngedanke jeder Therapie: Hilfe zur Selbsthilfe zu leisten. Dass eingedenk der Schuld, die jeder auf sich geladen hat, der Opfer-Status verlassen werden muss, wenn man die Position des «anderen» einnimmt, scheint ebenfalls evident. Hier ist das «Reuegebet» am Platz und eine gute Psychotherapie sollte auch die «echten» Schuldzusammenhänge – nicht die neurotischen – klarstellen und das eine vom anderen unterscheiden. Das Dankgebet scheint zwar in der Psychotherapie nicht auf den ersten Blick eine Entsprechung zu finden – ich denke aber, dass der Gestalttherapeut Fritz Perls uns hier einen wichtigen Hinweis gegeben hat mit seinem Konzept des «Nachkontakts». Er verweist nämlich darauf, dass mit Erlangen irgendeines gewünschten Zustands auch die Dankbarkeit, dass man diesen Zustand qua Therapie erreicht hat, zur «vollen Gestalt» gehört. Die meisten Therapeuten vergessen dies übrigens. Ich glaube, dass es ein weiteres Zeichen des Narzissmus des Patienten ist, wenn auch er (sie) das vergisst. Der Narziss vermag eben schlecht zuzugeben, dass er einem anderen als sich selbst etwas verdankt.

Das Lob- und Preisgebet hat ebenfalls eine Entsprechung in der Psychotherapie. Es ist nun beileibe nicht das «Lob», das dem Therapeuten gebührt. Er wird bezahlt, ist ein Dienstleister; sich um den Patienten zu bemühen ist seine Pflicht. Natürlich gibt es gerade bei diesem Beruf noch etwas, das «darüber hinaus» geht, aber man sollte das nicht zu sehr in den Mittelpunkt stellen. Nein, das Preisgebet hat mit dem Gefühl zu tun, dass Menschen in einem gemeinsamen Kosmos stehen, dass sie hineingestellt sind in eine Ordnung, die sie auch mit zu verantworten haben, weshalb das Leben auf jeden Fall seinen Sinn hat, den es aber auszuschöpfen gilt. Dieser Sinn ist natürlich nicht gegeben, aber er kann gewonnen werden – von jedem einzelnen in Hinblick auf eine Gemeinschaft, in der man Verantwortung trägt. Es ist die Freude darüber, die sich und anderen Freiheit verschaffen kann.

Das ist das letzte Ziel einer guten Psychotherapie: das Einfügen des Einzelnen in ein größeres Ganzes – das hat in der heutigen Zeit immer auch etwas mit der nächsten und übernächsten Generation zu tun, vor der wir uns verantworten müssen. Eine Psychotherapie, die jene «dritte Position» erreicht, eröffnet die Möglichkeit, sich auf diese größere Sicht hin zu öffnen, Weltoffenheit zu gewinnen. Eine Welt, die bei aller Kritikwürdigkeit auch preiswürdig ist. Das sollte nicht vergessen werden.

Wo bleibt dabei das so oft ersehnte Gefühl der «Erleuchtung», des «Spirituellen», des «Mystischen»? Versagt dabei die Psychotherapie? Auch Theologen und Religionswissenschaftler sind nicht der Meinung, dass «Erleuchtungen» unbedingt zum spirituellen Leben dazugehören – ebenso wenig wie zur Psychotherapie. Es ist wohl eher ein persönlichkeitsspezifischer Zug, der sich in solchen Fällen kundtut. Es gibt dieses Gefühl allerdings auch immer wieder in Psychotherapien – egal welcher Provenienz –, nämlich oft blitzartige Einsichten in das eigene Unbewusste, was auch als eine «Transzendenz-Erfahrung» erlebt werden kann.

Viele Menschen müssen nicht unbedingt zur Psychotherapie gehen, um solche Erfahrungen zu machen. Meditationspraktiken, das Eintauchen in andere Kulturen mit deren Lebensgewohnheiten oder die Arbeit an einem übergreifendem Projekt, sind für manche geeigneter, sich von sich selbst zu befreien und eine andere Sicht zu bekommen, eine die wegführt vom narzisstischen Opfer-Status und dabei ethische Positionen als eine echte transzendierende Erfahrung in den Blick bekommt. In diesem Sinne soll keiner Begünstigung der Psychotherapie das Wort geredet werden. Sie könnte nur ein wichtiges Mittel sein, um der Egozentriertheit zu entkommen – vorausgesetzt, sie bleibt nicht in der Innerlichkeit stecken.

Religion und Ideologie – die Gruppenidentität

Wir sind eingebunden in ein größeres Ganzes und zu einem gewissen Teil auch verantwortlich – das aber kann Psychotherapie wie auch Religion erlebbar machen. Keines der beiden Systeme kann vor dem anderen ausgespielt werden. Hinter aufgeklärtes Denken aber sollte keines zurückfallen. Sich z. B. einem mystisch-magischen Denken zu verschreiben: Das vermag einem Menschen nur kurzfristig zu mehr Sinn zu verhelfen und Erleuchtungserlebnisse verschaffen. Ich glaube nicht, dass es dazu beiträgt, tragfähige Ziele für die Menschheit im Gesamten zu erreichen.

Um auch in diesem Zusammenhang das Thema der Identität nicht aus den Augen zu verlieren: Es gibt in unserem Kulturkreis, besonders in den Mittelschichten, nicht mehr sehr viele Menschen, die unhinterfragt ihr Lebensgefühl aus der Religion schöpfen. Allerdings kommen solche tiefreligiösen Menschen auch nicht so oft in die Therapie. Im Bekanntenkreis aber findet man ab und zu religiöse Menschen – aber auch unter ihnen haben die meisten immer wieder Zweifel. Man spricht wohl auch nicht so viel darüber.

«Ich bin ein protestantischer Christ» als wichtige Aussage über die eigene Identität gilt als ein recht umfassendes Statement und zieht viele Assoziationen nach sich: die Beachtung des Postulats der Nächstenliebe gehört dazu, eine gewisse Klarheit des Denkens wohl auch, die Ausrichtung des Alltags an gewissen Ritualen (Gebet, Gottesdienst). Wenn wir die Zuschreibungen, die ein solch bekennender Protestant erfährt, genauer ansehen, gesellt sich einiges dazu, was nicht unbedingt nur positiv klingt. Da gibt es die Vorstellung, ein solcher protestantischer Christ müsse «streng» sein, «pedantisch» und «Arbeit, aber wenig Vergnügen» kennen. Man kann ihm aber trauen.

Anders sieht es aus bei der Aussage: «Ich bin ein Katholik.» Eher positiv getönte Zuschreibungen können dabei sein: dem Mystisch-Magischen zugeneigt, lebendig, verspielt … Im negativen Spektrum kann das heißen: unklar, verlogen, schwärmerisch, kurz: «Denen kann man nicht trauen.» Natürlich sind das Klischees, die man durchschauen kann, als Beschreibung einer größeren Masse bleiben sie aber doch oft haften und können auf den Einzelnen abfärben.

Die «ererbte» Religionszugehörigkeit, mitgegeben und oft nicht als wichtig erachtet, ist eher selten etwas, was der Einzelne als bedeutsam für seine Identität ansieht. Es sind eher unbewusste Haltungen, die dabei eine Rolle spielen.

Anders allerdings sieht es aus, wenn wir es mit «Konvertiten» zu tun haben. Das betrifft nicht nur unsere europäischen Religionen, es können auch Konvertiten sein, die christliche oder nichtchristliche Sekten gefunden haben oder eine ganz andere Religionsgemeinschaft (z.B. den Buddhismus) sowie auch radikale politische Gruppierungen. In diesen Fällen ist die Gemeinschaft mit der Gruppe, das Gefühl, jetzt endlich etwas gefunden zu haben, was die eigene Person übersteigt und dadurch wertvoller macht, oft überwältigend. Die eigene Person wird dann in hohem Maß mit der jeweiligen Weltanschauung verknüpft und dies wird zu einem wichtigen Bestandteil der eigenen Identität. Das kann sehr unterschiedliche Folgen haben – wie man weiß, ist die Bandbreite der daraus resultierenden Handlungen und Anschauungen sehr groß. Es kann von stillen, äußerlich eher unbemerkten Änderungen des Selbstgefühls gehen bis hin zu spektakulären Umstellungen, verbrecherischen oder besonders wohltätigen Verhaltensweisen – immer verbunden mit dem Gefühl: Ich bin jetzt ganz und gar einer, der zur Gruppe der X gehört, mein Leben hat sich geändert, ich bin jetzt ein anderer/eine andere. Immer gibt es – zeitweise oder für immer – das Gefühl: Nun ist mein Leben sinnvoll.

Mit großen Qualen kann es verbunden sein, wenn eine einstmals gewählte Lebensform nicht mehr »passt» und aufgegeben wird. Dies betrifft das Gefühl für die eigene Identität in ganz besonderer Weise. Gruppenzugehörigkeit verschmilzt sehr rasch mit der eigenen Person, sie kann Beglückungserlebnisse hervorrufen, die gerade Menschen mit einem schwachen Gefühl für die eigene Besonderheit Kraft geben und das Gefühl einer «auserwählten» Identität erzeugen.

Veränderungen der Gruppenidentität

Maria S. hatte seit ihren Jugendjahren eine enge Verbindung zu einer christlich-fundamentalistischen Sekte gehabt, war durch vielerlei Verpflichtungen eingebunden in die Gemeinschaft und oft stolz darauf gewesen, dazuzugehören. Die enge Bindung an die Gruppe hatte etwas Vertrautes, ihr Alltag war durchdrungen von den Bestimmungen und Ritualen ihrer Kirche. Sie hatte in schwieriger Jugendzeit in dieser Gruppe eine Familie gefunden, die viel Halt geboten hatte – sie fühlte sich in dieser Gemeinschaft gesichert.

Viele Erfahrungen, therapeutische Überlegungen, neue Menschen und ein sehr vernünftiger Freund brachten die alten Überzeugungen langsam ins Wanken. Sie las viel über die Wurzeln der Sekte, sie recherchierte, sie überlegte – und wandte sich in einem langwierigen Prozess, begleitet von ihrem Freund, von der Kirche ab. Sie konnte einfach zentrale Glaubenswahrheiten nicht mehr annehmen und da sie ein sehr gewissenhafter und ehrlicher Mensch ist, konnte sie auch nicht «so tun, als ob» – so leid es ihr auch tat, die Gemeinschaft zu verlassen. Viele Freundschaften zerbrachen. Sie fühlte sich leer und verloren.

Dies war der Zeitpunkt, an dem sie verzweifelt fragte: «Wer bin ich denn?», «Wer war ich denn?» Sie spürte, dass ein wichtiger Fixpunkt ihrer Identität verloren war. «Ich muss von vorne anfangen», sagte sie oft voll Verzweiflung. «Ich bin nicht mehr die, die ich war – aber die will ich auch nicht sein.» Der Prozess war qualvoll und schmerzlich. Ihre Identität als Mitglied der Kirche war sehr viel fester gewesen, als ihr bewusst gewesen war. Langsam erarbeitete sie sich neue Wirkungsfelder, die ihr wieder das Gefühl geben konnten: Ich führe ein sinnvolles Leben. Eine neue Identität als Lehrerin und später als Mutter trug Wichtiges dazu bei.

Ähnliches erlebte Lotte K. in den 70er-Jahren des letzten Jahrhunderts – da war sie noch sehr jung gewesen und hatte sich einer radikalen linken Gruppierung angeschlossen. Ihr Leben war ganz und gar bestimmt davon. Die «Genossen» wollten ihre Mitglieder in jeder ihrer Lebensäußerungen «besitzen», es gab eigentlich kein Privatleben mehr. Lotte wiederum fühlte sich als Verkünderin einer neuen Welt wichtig, ja großartig. Als man ihr die Verantwortung für das Verfassen und Verteilen eines staatskritischen Flugblatts anvertraute, hatte sie – wie sie später etwas spöttisch erzählte – das Gefühl, sie sei nun den «Geschwistern Scholl» nahegekommen. Sie war eine Heldin und hätte ihr Leben für ihre Ideologie hingegeben, wie sie manchmal dachte. Dass der böse Staat es ganz sicher nicht auf ihr Leben abgesehen hatte und ihr Heldenmut deshalb ziemlich nutzlos war – das konnte sie nicht sehen. Sie war ganz und gar identifiziert mit den Ideen anderer und sah sich vor allem als Prophetin einer wunderbar neuen Zeit. Dass bei Demonstrationen einige ihrer Genossen kurzfristig inhaftiert waren, bestärkte noch diesen Glauben.

Wie so oft war es die Liebe, die ihr aus dieser Lage heraushalf. Ein deutlich älterer Soziologe erläuterte und relativierte ihre Positionen.

Seine Klarheit und Bildung gerade in diesen Belangen ließ sie nach einigen Monaten fragen: «Wo bin ich denn da hineingeraten?», und wiederum einige Zeit später definierte sie sich selbst als Intellektuelle, die über dem alten «Kinderkram» stand. Dass ihre Genossen sie als «Abtrünnige» und «Verräterin» bezeichneten, ihr sogar per gemeinsamen Beschluss den Umgang mit ihrem Freund «verbieten» wollten, empfand sie nur ganz zu Beginn als verwirrend.

«Wir war'n die stärkste der Parteien. Erfahrungsberichte aus der Welt der K-Gruppen».[99] So hieß ein kleines Buch, das in den Achtzigerjahren des letzten Jahrhunderts im Rotbuch-Verlag erschienen ist und die identitätsstiftenden Selbsttäuschungen der kleinen «K-Gruppen» beleuchtete. Alle Autoren beschreiben das wunderbare Gefühl «dazuzugehören» und «etwas Sinnvolles zu tun». Bei vielen stellte sich dann irgendwann ein «Kater» nach dem Rausch ein und bei manchen verflüchtigte sich das Rauschgefühl langsam, ohne den großen Absturz.

Dass Menschen sich zusammentun, um irgendetwas für ihre Vorstellungen «Sinnvolles» zu machen, hat es immer gegeben. In traditionellen Gesellschaften haben sich viele Möglichkeiten eher von selbst ergeben, als dass man lange und der eigenen Person angepasst danach suchen musste. Die Kirchen vor allem boten viele Gelegenheiten: Armut lindern, sich Kranken zuwenden, den Kindergottesdienst leiten, religiöse Kreise aufbauen … – das alles bot sich einem Gemeindemitglied sozusagen «von selbst» an.

Moderne Menschen gehen oft sehr gezielt auf Suche und finden dann etwas, was ihre Identität bereichert, was sie als einen ethisch-moralischen Anker in ihrer Person ansehen und was ihnen die Möglichkeiten des Transzendierens eröffnet.

Dass Anke F. nach ihrer langen Psychoanalyse beim Buddhismus landete, sieht sie selbst als folgerichtig an. Sie ist inzwischen ein führendes Mitglied in einer buddhistischen Gemeinde. Anke meint, dass nur die beharrliche Schau nach innen es ihr langsam ermöglicht habe, die Welt anders wahrzunehmen als nur durch ihre eigene «neurotische Brille». Das sei die Vorbedingung für ihre Meditationsübungen geworden, wodurch man übrigens eben auch von sich absehen lerne. Ohne dass Anke das so nennt: Es klingt, als hätte sie dadurch die öfters erwähnte «exzentrische Position» (sich selbst von außen sehen) erreicht, die ihr im Buddhismus besonders viel Kraft gibt.

Sie sei, wie sie sagt, durch ihre Freunde im buddhistischen Zentrum so sehr gestärkt worden, dass sie nun anders mit sich und der Welt umgehe. «Ich bin nicht so wichtig» – das sei wohl die wichtigste Erkenntnis, die man dort aber auch lebt. Mit gewissem Stolz sagt sie: «Ich bin Buddhistin.» Für Anke ist es zweifellos ein wichtiger Bestandteil ihrer Identität.

«Etwas gefunden zu haben» (und damit einen Sinn im Leben zu haben) ist für viele Menschen wichtig. Die Gefahr, sich darauf «auszuruhen», also sich zu verfestigen, gibt es natürlich ebenfalls. Auch hier gilt: Das Ausbalancieren zwischen einem die Identität festigenden Glauben (einer Haltung) und der Möglichkeit, alles auch «anders» zu sehen, ist eine der Aufgaben, die man moderne «Identitätsarbeit» nennen kann.

11 «Mach dir ein Bildnis» – Liebe und Identität

Die Liebe der Eltern

So schwierig es auch ist, Liebe zu definieren, sie geht wohl alle Menschen an – wenn auch in recht ungleicher Form. Ich will den Versuch einer Definition erst gar nicht wagen, sondern beschreiben, wie Menschen ihre Liebesgefühle, zu wem auch immer, in Beziehung bringen zu ihrer Identität, also zu ihrer gefühlten Einzigartigkeit. Dies geschieht meist gar nicht bewusst, sondern breitet sich als ein gar nicht benennbares Gefühl aus, als eine kaum wahrgenommene leise Begleitmelodie des Gefühls für die eigene Person.

Dass die Liebe von Eltern zu ihren Kindern grundlegende und meist festsitzende Bestandteile der Identität liefert, bezweifelt kaum jemand. Immer wieder werden für alle möglichen Eigenarten die «Wurzeln in der Kindheit» gesucht. Fast alle Eltern haben das Bedürfnis, jedem Kind bestimmte Eigenarten zuzuschreiben, es in seiner Individualität zu kennzeichnen. Man lächelt manchmal ob der Feststellungen von Eltern über ihr zwei Wochen altes Kind: Er (sie) sei «richtig witzig» oder «dickköpfig» oder «sanft». Oft bewahrheitet sich dieses – wohl nicht deshalb, weil die Eltern solch intuitive Hellseher sind, sondern weil sie in winzigsten nonverbalen Interaktionen diese Vorstellungen dem Kind nach und nach vermitteln, später sprachlich kodieren und all dies mit dem Kind «aushandeln». Das «sanfte» kleine Mädchen stößt auf sehr viel mehr Verwunderung oder sogar Ablehnung als der «dickköpfige» Junge, wenn es sich dann doch auch widerständig benimmt. Solch frühe Zuschreibungen, man könnte sie «Wurzel-Identitäten» nennen, haften sehr fest. Alle Psychotherapeuten wissen, wie schwer es manchem fällt, sich davon zu lösen, wenn solche zugeschriebenen Identitäten hinderlich sind für einen konstruktiven Lebensverlauf.

Aber auch die umgekehrte Seite lässt sich beobachten, nicht umsonst heißt es im Volksmund, die Kinder würden ihre Eltern «erziehen». Neue oder unbeachtete Seiten der Person werden durch ein Kind in den Vordergrund gerückt, manch einer wundert sich, wie er sich in seinem Selbstbild verändert.

Regine, die unbedingt ein Baby wollte, weil sie sich gerne «etwas zum Liebhaben, ein Wesen, das ich umsorgen kann» wünschte, erschrak über sich selbst, als das Kind da war, ihr den Schlaf raubte und «einfach nicht mehr loszukriegen» war – und zeitweise gar keine Liebesgefühle auslöste. Da half auch der fürsorgliche Partner nicht wirklich weiter. Regine suchte Hilfe in einer Therapie und sah ihre Sehnsucht nach einem Baby bald einmal sehr viel realistischer. Das «Sorgen und Pflegen» sei ihr wohl nicht in die Wiege gelegt, bekannte sie, aber wie erfindungsreich sie darin war, dem Kind bald einmal Entwicklungsanstöße zu geben, wie gerne sie neue Spiele ausprobierte – das wurde im Laufe des ersten Jahres klar. Regine empfand allmählich nun nicht mehr nur ihre Defizite als Mutter. Sie konnte erkennen, dass sie in vieler Hinsicht auch eine «gute Mutter» war.

Die Liebe zu Tieren

Ein meist unterschätztes Kapitel zum Thema Liebe ist die Liebe zu Tieren. Nicht so selten habe ich bei Patienten, deren Liebesgefühle wie «ausgetrocknet» erschienen, eine weiche Stelle entdeckt: die Liebe zu einem Tier. Manchmal kann man darauf auch «aufbauen» und ein wenig Entwicklungsarbeit in Richtung Empathie auch für Mitmenschen leisten.

Natürlich werden Tiere – vor allem Hunde und Katzen – sehr stark aufgeladen mit Projektionen. Dass ein Hund sein Frauchen «liebt», ist ein wenig weit hergeholt. Dass aber das Frauchen zärtliche Gefühle hat, sich als eine sehr einfühlsame Hundemama erweist und sich auch so fühlen kann, gibt manchem Menschen das Gefühl der Einmaligkeit, das Gefühl, man sei doch wichtig, man sei eine Person, der man vertrauen kann. Auch dies schafft ein Stück Identität, sogar «gemeinsam konstruierte», denn die Tiere spüren natürlich, wer ihnen wohlwollend gegenübertritt, und danken es mit Vertrauen.

«Ich bin doch kein ganz schlechter Mensch, meine Katze will nur bei mir sein», sagte mir eine junge verwirrte Frau einmal.

Die geschlechtliche Liebe

Natürlich aber ist es immer wieder die Liebe zwischen zwei erwachsenen Personen, die in umfassender Weise das Gefühl für die eigene Person ergreift und verändern kann. Was Liebe so wichtig macht in der heutigen Zeit ist die Tatsache, dass wir innerhalb der vielen zersplitterten Rollen und individuellen Identitätszuschreibungen an sie ganz besonders hohe Erwartungen stellen.[100] Sie soll uns irgendwie zu einem Ganzen machen; der/die Geliebte besitzt (illusionär) zeitweise die Fähigkeit, uns als ganze Person zu sehen und alles, was uns ausmacht, zu akzeptieren oder zumindest ohne Vorbehalte zu sehen. Erst dann fühlen wir uns als etwas «Besonderes, Einmaliges».[101] In der Liebe steckt das Versprechen, dass wir als Individuen gesehen werden, als ganz und gar spezielle Menschen. Wir werden in der Liebe befreit vom Gefühl, wir seien eben auch nur ein winziges Teilchen einer ununterscheidbaren Masse. Nein, durch den/die Geliebte/n werden wir erst so einmalig, wie wir uns immer schon empfinden wollten. Kurzfristig glauben wir auch, dass wir etwas «ganz Besonderes» seien. Dadurch wird das Gefühl, das man für sich selbst hat, gesteigert, die Position des «Geliebtwerdens» verleiht der eigenen Person eine neue Facette, eben die des «Besonderen».

Zu unterscheiden sind das Gefühl, geliebt zu werden, und das Gefühl zu lieben. Beides ist zentral für die eigene Person und beides verändert – mehr oder weniger kurzfristig – das Leben und die Sicht auf sich selbst und die Welt. Natürlich ist Verliebtheit mit anderen Gefühlen verknüpft als andauernde Liebe – beides aber versieht die liebende oder geliebte Person mit einem wiederum neuen Gefühl für die eigene Identität. Robert Musil sagt einmal in seinem Theaterstück «Die Schwärmer», man erkenne Liebe daran, ob die geliebte Person durch die Liebe «steigt oder fällt». Das klingt wunderbar. Stimmt es aber?

Um nicht in idealisierende Schönfärberei zu verfallen: Nicht alle Gefühle, die mit Liebe zusammenhängen, erhöhen die Personen, viele Gefühle können mit der Zeit auch recht destruktiv wirken – je nachdem, wie Liebe gelebt und erlebt wird.

Ich kenne Personen, die durch stetige Liebe gelangweilt werden, die Liebe nicht als solche erkennen können, weil sie z. B. allzu sehr vermischt ist mit Eigenliebe oder mit dem Bestreben, die Geliebte ganz und gar zu besitzen. In Ödön von Horváths «Geschichten aus dem Wienerwald» sagt der unermüdliche Liebhaber Oskar zu seiner Freundin: «Du entkommst meiner Liebe nicht» – ein furchtbarer Ausspruch, der seine Geliebte in tiefste Depression stürzt. Ich kenne auch Liebende, die durch ihre Liebe als Person zerstört wurden, und solche, die jemanden «zu Tode lieben». Romane und Theaterstücke sind voll davon.

Aber die schlichte andauernde Liebe ohne dramatische Verzierung ist für die öffentliche Darstellung nicht interessant. Das Thema ist nicht auf einen Nenner zu bringen; ich greife im folgenden Beispiele heraus, die mir als Therapeutin oder als Freundin untergekommen sind, wo durch die Liebe (passiv oder aktiv) das Identitätsgefühl eines Menschen in wichtiger Weise verändert wurde.

Veränderungen, die man durch Liebe gemeinsam schafft

Richard, jetzt 63, hat sehr früh geheiratet. Seine damalige Freundin Helene wurde ungeplant schwanger, sie wollte auf keinen Fall abtreiben, doch als alleinerziehende Mutter wollte sie sich auch nicht sehen. Richard wusste sehr genau, dass er seine Freundin Helene nie geliebt hatte, nicht einmal an Verliebtheit konnte er sich erinnern. Es war eine oberflächliche und, wie er dachte, kurzfristige Beziehung gewesen, die Botschaft von ihrer Schwangerschaft hatte ihn plötzlich mit Schrecken erfüllt. Helene war in Panik, drohte mit Selbstmord – und so gab er seufzend nach. Sie heirateten. Nur ungern erinnert Richard sich an die scheinheilige Zeremonie, die wie im Bilderbuch von glücklichen Tränen der Eltern und Schwiegereltern geziert war; es gab große Worte der Standesbeamtin, ein recht schön arrangiertes Essen im «kleinen Kreis», Richard hatte keinen seiner Freunde eingeladen. Er schämte sich dieser Geschichte, die so gar nicht zu seinem noch recht studentisch-chaotischen Lebensstil passte.

Trotzdem: Das Kind kam, ein zweites folgte, Richard wurde ein ordentlicher «bürgerlicher» Ehemann. Seine Pläne, ins Ausland zu gehen, eventuell ein Studium zu beginnen: Alles wurde zunichtegemacht. Helene war für ihn im Laufe der Zeit immer unattraktiver geworden, obwohl sie – nach allgemeiner Auffassung – immer hübscher wurde. Er sah es nicht, aber er bemühte sich um alles, was eine gute Familie nötig hat. Eigentlich war er ein Muster-Ehemann und -Familienvater. Die beiden Töchter liebte er sehr, und ihretwegen hätte er den Zustand auch gar nicht ändern mögen. Nach wie vor war der Kontakt zu Helene auf Alltägliches beschränkt, nichts, was ihn bewegte, konnte er mit ihr teilen. Aber genau genommen empfand er sich auch als nicht recht attraktiv, ein Mann, der seine höheren Pläne nicht realisiert hatte … wie uninteressant! Dass er immer öfter an Magenbeschwerden litt, dass er sich oft müde und depressiv fühlte: Er ahnte, warum dies so war. Einer der Ärzte sagte es ihm auch: er möge einmal nachsehen, was in seinem Leben nicht in Ordnung sei. Richard empfand sich als langweilig und bestimmt zu einem ereignisarmen, öden Leben. Als Helene sich den Fuß brach, wohnten die Töchter schon nicht mehr zu Hause und Richard war nun sehr gefordert: Krankenhausbesuche, Physiotherapie, Reha – er tat alles pflichtgemäß, wie er eben immer seine Pflichten erledigt hatte.

Die Krankenhausbesuche aber waren bald nicht mehr nur Pflicht: Zu sagen, dass «Schwester Carola» ihm gefallen hätte, dass sie es ihm «angetan» hätte, ja, dass er sich «verliebt» hätte – das würde es nicht ausdrücken, wie er später oft meinte. Es war der berühmte «Coup de foudre», also das blitzartige Einschlagen eines Gefühls, das er noch nie so erlebt hatte. Wie hatte das geschehen können? Er erinnerte sich genau: Als Helene so sehr gestöhnt hatte bei einer der Untersuchungen, hatte er den behandelnden Arzt gefragt, ob man ihr nicht ein Schmerzmittel geben könne? Er hatte es wohl ungeduldig gefragt, er konnte Helene schlecht jammern hören. In diesem Moment legte sich eine Hand auf seine Schulter und als er sich umdrehte, sah er in Carolas freundlich-verständnisvolles Gesicht. «Der Arzt kann da nichts anderes machen, beruhigen Sie sich, es wird gleich vorbei sein», sagte sie mit solch unverkennbarem Mitleid mit ihm (immer wieder wunderte er sich nachher, warum dieses nicht eher Helene gegolten habe). Carola meinte später einmal, er habe so etwas «Fürsorgliches» an sich gehabt – sie sei sofort davon berührt gewesen. Dass Carola am Ende der Besuchszeit dienstfrei hatte und mit ihm gleichzeitig aus dem Krankenhaus trat, war nun wirklich ein Zufall. Beide meinen, es hätte dieses Zufalls nicht bedurft – sie hätten sich auf jeden Fall getroffen, das sei «Himmelsbeschluss» gewesen.

Die schrecklichen Auseinandersetzungen mit Helene, die Wut der Töchter auf den Vater (diese legte sich allerdings bald), die komplizierte Scheidung, die Trennung Carolas von ihrem langjährigen Partner, der Richard Prügel androhte – all das stand er durch. Es gab für ihn kein Zögern: Nun sollte sein Leben beginnen, immerhin zwanzig Jahre später als gedacht.

«Ich bin ein anderer Mensch seither – nein, ich bin jetzt der Mensch, der ich sein wollte.»

Wie er sich denn nun fühle? «Auf jeden Fall wertvoller … also auch irgendwie zerbrechlicher. Als sei ich von einem plumpen alten Tongefäß zu einer höchst kostbaren Vase mit elegantem Design mutiert.» Ich spüre, was Carola meint, wenn sie sagt, sie warte immer so gespannt, wie ich ihre Erzählungen aus dem Krankenhaus kommentiere, es sei alles sehr neu für sie. Ich bin plötzlich interessant geworden. Mir kommen auch viele neue Ideen, sogar bei der Arbeit.

Und das Wichtigste: Sexualität. Ich habe immer gespürt, dass ich Fantasie auch in diesem Bereich habe, aber mit Helene konnte ich nichts davon verwirklichen. Carola ist genau so neugierig wie ich. Sie ist zwar auch nicht mehr die Jüngste, aber gerade das macht sie für mich so interessant. Sie hat eigentlich mehr erlebt als ich, hat schon viele Reisen gemacht, war unter exotischen Bedingungen als Krankenschwester in Afrika eingesetzt – da komme ich mir dann manchmal auch klein vor. Allerdings hat sie keine Kinder, das ist ja auch ein Stück Leben, in dem ich nun Vorsprung habe. Ich freue mich so, wenn wir ausgehen und ich sie alten Bekannten vorstellen kann. Seit einiger Zeit haben auch meine Töchter Kontakt zu ihr, ich kann spüren, dass sie sie mögen. Ja, das gehört auch dazu: Ich bin jetzt Teil eines «interessanten» Paares.

Hier hat sich durch die Liebe zu einer neuen Partnerin das Gefühl, das Richard für sich selbst hatte, wirklich um 180 Grad gedreht. Er fühlt sich neu, er hat das Gefühl, nun sei er der, der er sein wollte, ja, immer schon gewesen sei – nur hätte sich früher sein eigentliches Wesen «versteckt». Man kann das so ausdrücken, aber hinter solchen Aussagen steckt immer wieder die Vorstellung, Identität sei etwas, was es «gibt», tief drin, man muss es nur «herausholen». Carola war die «Zauberin», der dies gelungen ist. Man kann diesen Prozess der Verwandlung natürlich auch anders bezeichnen: Carola hat ihn mit neuen Facetten seiner Person versehen, hat ihm einiges zugeschrieben, was Helene nicht empfinden konnte. Wie viel vom «neuen Richard» aus Carolas Vorstellungsschatz stammt, wie viel in ihm «verborgen» war – das ist nicht zu entscheiden. Beide aber bewegen sich nun in einem neuen Kosmos von Begriffen und Gefühlen für sich selbst. Ihre Interaktion – gerade weil sie so neu ist – wird aufgeladen mit immer wieder neuen Facetten, die ihre Identität berühren.

Heißt das aber, man könne «alles» sein, je nach Wetterlage der Beziehung? Sicher nicht! Es gibt natürlich Grenzen: Grenzen der Biologie, der Erziehung, der Bildung, der kulturellen Chancen. Richards Gefühl «überspringt» das alles – wie lange kann das andauern?

Man sollte nicht zu pessimistisch sein. Die Vorstellung, der «alte Adam» würde nach einiger Zeit doch wieder zum Vorschein kommen, muss sich nicht bewahrheiten. Es gibt Wendepunkte im Leben, die wirklich eine neue Richtung anzeigen. Wie sehr die Richtung abweicht vom alten Weg? Richard ist jedenfalls nie mehr in seine alte Resignation zurückgefallen, nie mehr hat er sich als langweiliges Nichts empfunden. Ob diese «neue» Identität sich bei jeder neuen Liebe einstellt, ist schwer vorherzusagen. Carola hat Richard mit vielen «neuen» Eigenschaften ausgestattet – manche davon waren wirklich nur verschüttet, manche aber sind auch überraschend neu aufgetaucht.

Ähnliches erlebte Felix: Der ewig unzufriedene Hypochonder Felix hatte durch seine Heirat nicht gerade den Frieden gefunden, den er gewollt hatte. Seine Frau Erika war in mancher Beziehung, wie es das ja öfters gibt, seiner Mutter nicht unähnlich, wenngleich sozusagen in einer «anderen Klasse». Hatte seine Mutter gewollt, dass er eine «anständige Lehre» mache und nicht etwas so Windiges wie die Kunsthochschule, so sah Erika in ihm einen künftigen Wissenschaftler, der es im akademischen Leben zu Ehren bringen sollte. Kunst?

Das sei doch nur ein interessantes Hobby, so sehr gut fand sie seine Bilder und kleinen Basteleien nicht.

Der schwache Felix hatte sich immer den «vernünftigen» Gründen der beiden Frauen gebeugt. Zuerst machte er eine kaufmännische Lehre, dann wurde er Student, stieg die akademische Leiter hoch und mietete ein kleines Atelier für die Freizeit. So wie von seiner Mutter fühlte er sich auch von Erika unverstanden – dass es ihm im Atelier wohler war als daheim, daran gab es keinen Zweifel. Aber Erika, so wie früher die Mutter, wollte ihn «zur Vernunft» bringen. Felix war zweifellos auf vielen Gebieten begabt, es gelang ihm vieles. Erika aber stöhnte über den in sich gekehrten, dauernd unzufriedenen Mann, der keine anderen Bedürfnisse kannte als seine eigenen (dass er in zentralen Dingen eben nicht seine eigenen hatte leben können, verstand sie nicht).

Er begann sie zu hassen, empfand sie als kalt, uneinfühlsam, wenig begabt und mied sie, so wie er auch die Nähe zur Mutter mied. Es gab viele andere Frauen, ein recht zerflattertes Leben: Irgendwann ging die Ehe kaputt, beide waren froh über die Trennung. Er empfand sich einerseits als ungerecht behandelt, fühlte sich aber andererseits auch schuldig und war froh, dass die Ehe kinderlos geblieben war. Felix konnte sich immer nur kurzfristig vom Gefühl befreien, er sei ein verantwortungsloser und eigensüchtiger Mensch, unmoralisch, aber auch verkannt.

Wenn er in seinem Atelier saß, überkam ihn oft ein Gefühl von Glück, er spürte, dass er wirklich ein Künstler war. Manche seiner Freunde sagten das auch, er fühlte sich dann begabt und voll von Ideen. Sehr schnell konnten diese Gefühle aber auch verschwinden, und er sah sich als alternden Hagestolz, dem nichts im Leben so recht gelungen war. Er hasste sich dann.

Einige Jahre später traf Felix Elena: ein langsames Kennenlernen, sehr viel Verbindung über die bildende Kunst, die Beziehung wurde immer ausgefüllter. Elena hatte Kontakte zur Kunstszene, Felix traf Menschen, die ihn nun wirklich verstanden. Das Leben füllte sich. Die akademische Welt gab er auf, er hatte ein wenig geerbt, allerdings war sein Lebensstandard nun doch wesentlich bescheidener als vorher. Was aber machte das schon aus!

Nun war Felix angekommen: Was er immer gespürt hatte, spürte auch Elena. Er war ein Künstler; das akademische Leben war nur «aufgesetzt» gewesen, das hatte ihn nicht wirklich befriedigt. Nun war es «erlaubt» auszuprobieren, sich in immer wieder anderen Sparten zu versuchen: Malerei, Objekte, Bildhauerei, Installationen – Elena gab Kommentare ab, versuchte, zu helfen, organisierte Vernissagen und nach einiger Zeit hatte Felix gar keine Gedanken mehr an seine vorher «schwankende Gesundheit» und die ewigen Gefühle der Leere und der Depression. Er fühlte sich als das, was schon immer sein Ideal gewesen war: als ein bildender Künstler. Er wurde nicht, wie es ihm vorgeschwebt hatte, einer der «Großen» – aber man beachtete ihn, viele bewunderten sein neues Leben.

Die neue Partnerin hatte also wirklich einen neuen Menschen aus ihm gemacht – aber selbstverständlich war da schon einiges vorgebahnt gewesen. War Elena zufrieden? In gewissem Maße schon, aber dass Felix sich meist allzu sehr um sich selbst drehte, das war ihr bald einmal aufgefallen. Sie bewunderte aber seine Begabung und dass er sie sehr liebte, war nicht zu übersehen. Auch Elena sah sich nun – gespiegelt in den Augen von Felix –, als eine sehr viel wichtigere Person, als sie das vorher gewesen war. Als Partnerin und Gehilfin eines solch begabten Mannes konnte sie besser als früher sehen und begreifen, wie Kunst entstand, sie fühlte sich in jeder Hinsicht ernst genommen. Das war in der Zeit vor Felix ganz anders gewesen, da war sie ob der Vergeblichkeit ihres Kunstgeschichtsstudiums oft verzweifelt und hatte sich als Versagerin gefühlt.

Wenn Felix ab und zu einmal Erika sah, wunderte er sich: Wie hatte er nur diese spießige und selbstgerechte Frau je heiraten können? Obwohl: Sie schien ihm verziehen zu haben und war offenbar mit einer neuen Beziehung zu einer Frau recht glücklich. Dass sie diesen doch noch immer ein wenig ungewöhnlichen Sprung gewagt hatte, verblüffte ihn. Es veränderte sein Bild von ihr dann auch – vor allem, als sie ihre Freundin heiratete. Das fand er bemerkenswert. Auch Erika war in seinen Augen eine «andere» geworden.

Ich liebe, also bin ich?

Die Veränderung durch die Liebe eines anderen kennt man. Nicht immer geht allerdings alles so märchenhaft aus wie in den beiden geschilderten Fällen. Es gibt oft Merkmale der Person, die sehr fest eingeschrieben sind und die nicht leicht zu verändern sind. Natürlich gehören dazu vor allem die elterlichen Zuschreibungen. Wem man das Gefühl gegeben hat, er sei ein «kleiner Prinz», dem die Welt gehört, der wird dieses Gefühl nicht so leicht aufgeben können. Wie man weiß, trägt dies nicht gerade zu glücklichen Liebesbeziehungen bei.

Wie aber verändert das Gefühl zu lieben die eigene Person? Manch einer (eine) ist verwundert, wozu man plötzlich fähig ist, wenn man sich verliebt. Gerade in der ersten Zeit verändert sich nicht nur die Welt, sondern auch die eigene Person. Wie gut kann man plötzlich Witze erzählen! Wie wunderbar erscheint die Natur! Man hat neue Begabungen, man spürt, dass man unglaublich viel wagen kann. Das Hin und Her des Austausches lässt die Liebenden ineinander verschwimmen. Mag sie wirklich klassische Musik? Oder ist es nur der Widerschein seiner Begeisterung? Diese liebevollen Geschenke, die einem dauernd einfallen; früher war man eher fantasielos gewesen … Und so findet auch der Liebende, natürlich vor allem, wenn er zurück geliebt wird, immer neue Facetten der eigenen Person.

Ist es aber nur das: dass man «zurück geliebt» wird? «Wenn ich dich lieb habe, was geht's dich an», sagt die schöne Philine zu Wilhelm Meister in Goethes Bildungsroman. Dieser Satz gehört wohl zu jenen berühmten Sätzen, die man mit Hilfe der Psychologie am wenigsten entschlüsseln kann. Zumindest behauptet Peter von Matt dies in seinem Aufsatz «Dramaturgie einer Himmelsmacht».[102] Soll das heißen, dass Liebende sich auch ohne das «Gegenstück» (den/die Geliebte/n) auffällig verändern können? Dass also alleine die Tatsache, dass man liebt, einen Menschen verändert? Was kann die Liebe bewirken? Weder in der Literatur noch im Leben steht das fest. Liebe kann weicher machen, zerbrechlicher, einsichtiger, einfühlsamer. Und auch dies kann zu einem Bestandteil der eigenen Person werden, selbst wenn die Liebe nicht erfüllt wird. Es kann aber auch mit Bitterkeit erfüllen, mit Traurigkeit und einem nie endenden Gefühl des Versagens.

Im Roman «Roderick Hudson» von Henry James muss die Geliebte des Protagonisten, Mary Garland, bald einmal einsehen, dass sie nicht wieder geliebt wird, obwohl Roderick, ein Künstler, sich mit ihr verlobt hat. Er ist besessen nicht nur von seiner Kunst und seinen oft vergeblichen Anstrengungen und Erwartungen an sich selbst zu genügen. Er ist vor allem auch besessen von einer Frau, die als die «schönste in ganz Europa» beschrieben wird. In allen Stürmen seines Lebens aber bleibt Mary treu und unauffällig an seiner Seite bis zu seinem selbst verschuldeten Tod. Wir erfahren vom Romancier nicht viel über ihr weiteres Schicksal, es ist aber dem Duktus des Romans nach anzunehmen, dass sie ihrer Liebe treu bleibt und ihr weiteres Leben dem Gedächtnis des Geliebten widmet. Wie es in ihr aussieht, wie sie sich als unglückselig Liebende selbst fühlt, erfahren wir nicht. Man kann mutmaßen, dass sie den Teil der «Liebenden» in sich selbst nie ablegen wird. Es lässt sich das alles nur ahnen, aber aller Erfahrung nach verändert uns auch die nicht erfüllte Liebe – und sei es nur deshalb, weil sie uns zeigen kann, dass wir auch imstande sind, großen Kummer zu überwinden. Auch diese Erfahrung kann das Gefühl, das man für sich selbst hat, verändern.

> Hilde und Maria, beide näher den Sechzigern als den Fünfzigern, lieben denselben Mann – und er liebt ebenfalls beide. Ihr Arrangement ist eigenartig, funktioniert aber seit 25 Jahren: Helmut verbringt jeweils 3 Tage der Woche bei einer Frau, die anderen 3 Tage bei der anderen, am Sonntag fahren sie alle drei gemeinsam in ein Wochenendhaus.

Ich kenne Hilde recht gut, habe oft mit ihr über ihre Lebensgestaltung gesprochen – und bewundere sie für ihre Gelassenheit. Sie sagt, dass sie Helmut liebt, ein anderer Mann wäre nie in Frage gekommen. Diese Liebe sei sozusagen «ein Teil ihres inneren Schatzes», sie wäre nicht mehr sie selbst, wenn sie diese aufgäbe. Ob sie nicht gelitten habe? (Sie war die «erste Frau» gewesen.) Ja, doch, sehr. Helmut aber hätte sie nie belogen, sie hätte immer gewusst, worauf sie sich eingelassen habe. Sie fühlt sich von ihm ganz ernst genommen – und das sei etwas Neues für sie gewesen, damals. Niemand vorher in ihrer trübseligen Jugend hätte für sie dieses Verständnis gehabt wie Helmut, durch ihn sei sie erst «ein Mensch» geworden. Wut. Verzweiflung, Trotz? – Ja, all dies auch, aber nur in der ersten Zeit. Er sei recht egoistisch, das wisse sie. Trotzdem: Er sei der wichtigste Teil ihres Lebens. Kinder allerdings hätte sie unter diesen Umständen nicht gewollt. Eifersucht auf Maria? Hilde winkt müde ab: Ach Gott, wie lange ist das her … Dass man diese Eifersucht überwinden kann, das hat ihr das Gefühl gegeben, sie sei eine starke Frau.

Die drei haben sich miteinander und einzeln und vor allem mit Helmut oft und intensiv, auch kämpferisch auseinandergesetzt. Sie haben sich, wie Hilde meint, ihr System «erarbeitet», das war eine Gemeinschaftsarbeit, jeder hat mit dem anderen gerungen. Es hat aber, wie sie meint, allen gutgetan, sich dadurch auch kennenzulernen und sich selbst in den Augen der anderen zu sehen. Ihre Liebe zu Helmut hat darunter nicht gelitten, im Gegenteil, seine Ehrlichkeit gibt ihr nach wie vor Zuversicht, dass auch das kommende Alter zu bewältigen sein wird. «Wenn ich dich liebe, was geht's dich an» – auch unter dem Dach dieses Satzes kann man die Geschichte des Dreiergespanns interpretieren.

Wer liebt, hat die Chance, sich auch selbst zu verändern. Liebende erkennen in sich selbst oft neue Qualitäten, und das nicht nur dadurch, dass der/die Geliebte einem wieder neue Eigenschaften zuschreibt. Vieles an diesem «Neuen», das man in sich spürt, wird gemeinsam gebildet. Es ist nicht nur ein Prozess, in dem der eine dem anderen bestimmte Labels verpasst (auch das kann es geben), es ist eine gemeinsame «Konstruktion», die sich im Alltag der gemeinsamen Erfahrungen und Gespräche herausbildet.

Am Beginn ihrer Liebe hat Helmut Hilde recht überhöht, als eine dem Übersinnlichen zugeneigte Frau gesehen; er wollte sie dazu bringen, ihre (wie er fantasierte) hellseherischen Gaben zur Entfaltung zu bringen. Hilde, die damals noch recht jung gewesen war, fühlte sich geschmeichelt. Sie war tatsächlich zu einer Art «alten weisen Frau» in die «Lehre» gegangen, hatte aber den ganzen Humbug dann doch bald durchschaut. Helmut musste einsehen, dass Hilde ein kluges, aber hinter dem etwas esoterischen Gehabe doch auch realistisches Mädchen war.

Als Maria, die besonders tüchtige und etwas ältere Frau dazukam, änderte sich vieles an den gegenseitigen Gefühlen und auch am Gefühl für sich selbst. Hilde beschreibt, wie schwierig es für sie gewesen sei, sich von den Diagnosen ihrer Mutter, einer Psychologin, zu befreien. Sie sei masochistisch, sie sei unterwürfig, unemanzipiert, der «Kerl» sei nur ein Macho-Ausbeuter und Ähnliches. Hilde hatte den Kontakt zur Mutter damals für lange Zeit abgebrochen. In ihr hatte sich – unterstützt durch eine längere Psychotherapie – ein anderes Selbstbild entwickelt. Sie fühle sich allmählich ziemlich stark und unabhängig. Als sie beruflich sehr viel weiter kam, als sie je vorausgesehen hatte, konnte sie ihre seltsame Lebensform ohne Hemmungen auch gegenüber Freunden verteidigen. Sie fühle sich autonom, meinte sie, es sei ihr eben vorbestimmt, nur einen Mann lieben zu können, und dazu stehe sie auch. Helmut bewundert sie dafür.

Dass das Gefühl für die eigene Person immer wieder neu und anders ausgestaltet wird, wenn es sich im anderen spiegelt, ist das Zeichen einer lebendigen Liebe. Wenn, wie im Fall von Erika und Felix, dem Künstler, alles nach einiger Zeit feststeht («spießig» versus «unzuverlässig»), dann hat die Liebe keine Zukunft. Erstarrte Zuschreibungen hemmen das Lebens- und Liebesgefühl, zumindest in einer modernen Welt. Das gilt auch dann, wenn diese Zuschreibungen sehr schmeichelhaft und positiv sind. Die Entwicklung eines Menschen durch die Liebe geschieht auch durch neue Facetten, die man dem/der Geliebten zuschreibt – sie dürfen aber auch nicht allzu sehr einengen.

Das alte Wort, von Moses in den Zehn Geboten überliefert, «Du sollst dir kein (Gottes-)Bildnis machen» (Ex 20, 1–5), hat Max Frisch im modernen Diskurs über die Liebe in sehr ausgeprägter Form übernommen. «Du sollst dir kein Bildnis machen» ist seine Formel gegen die Erstarrung in der Liebe.

Diese Formel aber muss zeitgerecht verändert werden, wenn wir davon ausgehen, dass es auch der/die «andere» ist, der/die unserem Gefühl für uns selbst Halt gibt: «Du musst dir von mir ein Bildnis machen, damit ich weiß, wer ich bin.»

12 Identität im Roman

Geistige Bewegungen und Diskurse einer Zeit spiegeln sich am schönsten in der Literatur, vor allem im Roman. Dem Thema Identität im Roman wurde von literaturkundigen Wissenschaftlern schon längst nachgegangen, und es wäre vermessen, zu glauben, man könnte als Psychologin einige der berühmtesten Romane unserer Zeit in Hinblick auf das Identitätsthema literarisch gekonnt analysieren, bewerten und einordnen. Wenn ich im Folgenden trotzdem einige Romane als Beispiele für das Identitätsthema nenne und beschreibe, dann bin ich mir der Grenzen bewusst, innerhalb derer dieses Unterfangen nur sinnvoll sein kann. Ich möchte aufzeigen, wie prägnant (und wohl auch ohne Kenntnisse der wichtigen Identitätstheorien) Literaten ein Thema vertiefend darstellen können und wie nahe sie dabei den theoretischen Konstrukten der Sozialwissenschaftler oft kommen. Mein kleiner Exkurs geschieht übrigens ganz und gar im demütigen Sinn von Freud, der meinte, dass Dichter die psychologischen Themen schon immer klarer und tiefgründiger beschreiben konnten als Psychologen.

Ich begebe mich in meinen Beschreibungen in drei Zeitalter: in das Ende des 17. Jahrhunderts, in die Mitte des 20. Jahrhunderts und in unsere Zeit, in das 21. Jahrhundert. Goethe («Die Leiden des jungen Werthers»), Max Frisch («Stiller» und «Mein Name sei Gantenbein») und Michael Frayn («Willkommen auf Skios») haben jeweils auf ihre Art mit dem Thema zu tun. Was im «Werther» nur implizit angedeutet wird, ist sowohl bei Frisch als auch bei Frayn explizit thematisiert.

«Stiller» (Max Frisch)

Stiller, ein offenbar äußerst sensibler und selbstunsicherer Mann, weigert sich, seine Identität preiszugeben, als er in die Schweiz mit gefälschtem Pass als ein «Mr. James White» einreist. Er kommt ins Gefängnis (unklar, warum; offenbar gibt es irgendeinen Verdacht, er sei ein Spion), damit seine Identität geklärt wird. «Ich bin nicht Stiller», erklärt er immer wieder, und dieser Satz durchzieht als Leitmotiv das ganze Buch.

Im Gefängnis wird er gebeten, seine Geschichte aufzuschreiben. Er wird außerdem mit vielen Personen aus seiner Vergangenheit konfrontiert, an Hand deren Erzählungen er sich die Vergangenheit von Stiller «rekonstruiert». Die wichtigste Konfrontation ist die mit seiner Frau Julika, einer ehemaligen Balletteuse, in die er sich (wieder) verliebt. Jede Begegnung mit der Vergangenheit macht ihm erneut klar, dass er nicht (mehr) der Schweizer Anatol Stiller ist, obwohl natürlich alle Fakten stimmen und die sechs oder sieben Jahre, in denen er verschwunden war, ihn äußerlich nicht so sehr verändert haben, als dass man ihn verwechseln könnte. «Man kann alles erzählen, nur nicht sein wirkliches Leben», schreibt er in seine Hefte. «Diese Unmöglichkeit ist es, was uns verurteilt zu bleiben, wie unsere Gefährten uns sehen und spiegeln, sie, die vorgeben, mich zu kennen, die sich als meine Freunde bezeichnen und nimmer gestatten, dass ich mich wandle ...».[103] Hier wird schon der Ton angeschlagen, der im Übrigen das Gesamtwerk von Max Frisch durchzieht: die Zuschreibungen, die wir von anderen erfahren, die uns festlegen und Wandlung schwierig machen. Auch auf seine Frau Julika trifft das zu: «Ich begriff: ihr ganzes Verhalten bezieht sich nicht auf mich, sondern auf ein Phantom, und einmal mit ihrem Phantom verwechselt ... ist man einfach wehrlos.»[104] Mit anderen Menschen aus seiner Vergangenheit ergeht es ihm ähnlich: Er kann sie nicht mehr als die erkennen, als die sie ihm vor sechs Jahren erschienen sind. Ihre Veränderung ist für ihn so krass (das betrifft auch die Ehefrau), dass er immer wieder erklärt, alle diese Personen seien ihm vollkommen fremd. «Es sind zwei verschiedene Juliken», schreibt er in sein Protokoll[105] über die Ehefrau.

Als er endlich nachgibt (nicht ohne vorher sein gesamtes künstlerisches Werk der Vergangenheit zerstört zu haben – auch damit will er sich nicht mehr identifizieren) und mit Julika ein «neues Leben» beginnt, eines, in dem sie sich nun endlich wirklich lieben könnten, weil sie sich neu sehen lernen – zeigt sich, dass die beiden als Paar bei allem guten Willen doch nicht aus ihrer Haut herauskönnen. Die Ehe, mit neuem Elan begonnen, durchaus auch mit einem neuen Blick aufeinander, bleibt wiederum unbefriedigend und endet mit Julikas Tod. Beide konnten einander nie wirklich nahekommen.

«Mein Name sei Gantenbein» (Max Frisch)

Ein Ich-Erzähler erfindet sich immer neu. Er habe etwas erlebt, meint er, und er erfinde dazu Geschichten. Offenbar ist sein Erleben das einer Trennung – die verlassene Wohnung mit all den traurigen Hinterlassenschaften wird beschrieben. Es gibt verschiedene Entwürfe, die er von sich selbst macht, manchmal werden sie als die Geschichte und das Erleben eines anderen erzählt, manchmal wechselt er unvermittelt in die Ich-Form. Eine tragende Figur ist der titelgebende «Gantenbein», der vortäuscht, blind zu sein, und damit wiederum andere und neue Versionen seines Selbst zeigt, wobei die Reaktion der anderen auch auf ihn selbst zurückwirkt. So kann er die Untreue seiner Frau, da er sie ja nicht «sehen» muss, recht gut ertragen, erhält sich damit auch die Liebe seiner Frau, während andere Personen (er selbst? Fremde?), mit derselben Untreue genarrt, mit tobender Verzweiflung reagieren. Auch die weibliche Person wechselt ihre Identität häufiger: Sie ist Schauspielerin, Ärztin oder auch Hausfrau; mal ist sie Mutter, mal lebt sie ein sehr autonomes Leben. Jedes Mal werden andere Teile ihrer Person sichtbar.

Eine Person, die vergleichsweise mit sich identisch ist – die Prostituierte Camilla –, tarnt sich allerdings nach außen mit einer vorgetäuschten Arbeit als Maniküre. Die Geschichte der Begegnung zwischen ihr und Gantenbein wird in konventionellem Erzählstil geschildert, jeder kann insgeheim den anderen erkennen als das, was er wirklich ist. Sie bemerkt, dass Gantenbein nicht blind ist, für ihn ist ihre Tätigkeit ebenfalls sofort klar. Sie will sich von den Täuschungen über ihre wahre Identität durch eine Heirat befreien. Darf sie deshalb nicht am Leben bleiben? Sie wird von einem eifersüchtigen Liebhaber knapp vor der Hochzeit ermordet.

Der Roman wurde zur Zeit seines Erscheinens (1964) zwiespältig aufgenommen, bejubelt und verdammt. Es ist wohl eine der extremsten Schilderungen moderner Identitätsproblematik. Mit wem immer der Leser sich auch identifiziert: Er muss sich von jeder Identität wieder lösen, es bleiben immer nur «Reste» übrig. Man weiß immer nur in Augenblicken, mit wem man es eigentlich zu tun hat. Die Frage nach dem «Eigentlichen» oder nach der «wahren Person» kann nicht beantwortet werden.

Viele Facetten des Erlebens mit sich selbst werden beschrieben. Da ist zum Beispiel die Frage der Sprache. Soll Gantenbein Hochdeutsch oder Schweizerdeutsch sprechen, wenn er sich die Blindenbrille kauft? Wenn man mit Menschen aus der Schweiz oft beisammen war, weiß man gerade um dieses Problem, das übrigens bei meinem fünfjährigen Aufenthalt in der Schweiz immer wieder gerade unter sprachmächtigen Freunden diskutiert wurde. Jeder Schweizer fühlt sich «ein wenig anders», oft «ein wenig gehemmt» oder sogar «ungelenk», wenn er aus dem heimatlichen Schweizerdeutsch ausbricht. (Das war zumindest bis in die 1960er-Jahre hinein so, vielleicht ist jetzt für jüngere Leute die Situation anders, weil auch deutsches Fernsehen den Abend dominiert?) Man wird ein wenig «ein anderer», wenn man eine andere Sprache spricht. Auch diese verändert das Gefühl für die eigene Identität.

Die Blindenbrille selbst, die nicht nur alle Gegenstände und Menschen verfärbt, sondern auch die eigene Haut, ist ein nächstes Thema, das mit Identität zu tun hat. «Ich werde nie wieder küssen», denkt Gantenbein, als er die Lippen der Brillenverkäuferin durch die Blindenbrille hindurch als violette Pflaumen fantasiert und sich vor der eigenen Haut ekelt.

Eingeschobene Erzählungen verdeutlichen sehr direkt, was es mit den Selbstzuschreibungen und dem Ich-Gefühl auf sich hat. Da ist z. B. die Erzählung vom Pechvogel. «Er bildete sich ein, ein Pechvogel zu sein, ein redlicher, aber von keinem Glück begünstigter Mann … Die Erfindung, ein Pechvogel zu sein, ist eine der beliebtesten, denn sie ist bequem.»[106] Die Geschichte endet mit dem «großen Los», das der Pechvogel gezogen hat. Er ist darüber todunglücklich und natürlich verliert er seine Brieftasche mit dem Geld. «Ich glaube, es war ihm lieber so, andernfalls hätte er sich ja ein anderes Ich erfinden müssen, der Gute.»[107]

Vergleicht man die beiden Romane, dann fallen die unterschiedlichen Herangehensweisen an das Thema Identität auf. Stiller selbst «weiß» natürlich, dass er der bekannte Schweizer Bildhauer Anatol Stiller ist. Er erkennt nur sehr hellsichtig, wie sehr er sich hat prägen lassen von Freunden, von Erfahrungen und vor allem auch von Selbstdeutungen, die ihn daran hindern, sich neuen Erfahrungen hinzugeben. In immer neuen Gruselgeschichten entwirft er für den naiven Gefängniswärter ein immer wieder neues Bild von sich selbst als ruchlosem Mörder, als Abenteurer und Held. Er probiert «Geschichten» an sich selbst aus, was übrigens auch Gantenbein tut. Allerdings ist bei Gantenbein das Thema noch sehr viel dringlicher: Die Identität von Gantenbein wird auch innerhalb des Romans gewechselt, sodass der Leser nie weiß, mit wem er es zu tun hat. Es ändern sich Beruf, Ehefrauen und Vorlieben – und damit auch die Erlebensweisen von sich selbst. Ob nicht durch alle diese Personen hindurch (die abwechselnd in der Ich-Form und übergangslos als andere Personen beschrieben werden) ein Kern von Identität bleibt, ist ungewiss. Viele Kritiker meinten, in allen Facetten irgendwie doch auch den Autor Max Frisch erkennen zu können.

Die «balancierende Identität» auszuhalten und zu bejahen; die Zuschreibungen von anderen als ein gemeinsam erarbeitetes «Konstrukt» zu erkennen und trotzdem der Gleiche zu bleiben: Das wird in beiden Romanen versucht.

Am tragischsten erscheint diese «gemeinsame Erarbeitung» der Identitätskonstrukte beim Ehepaar Anatol Stiller und seiner Frau Julika. In einer fast atemlosen Aussprache (die übrigens nur von Stiller geführt wird, während Julika todkrank auf der Veranda des Sanatoriums liegt) wird hier das Bild eines Paares entworfen, das einander mit Erwartungen, Unterstellungen und verbalen Zuschreibungen so sehr in die Enge getrieben hat, dass nichts mehr von gegenseitiger Zuneigung übrig bleibt. Beide, so meint Stiller, seien zutiefst unsicher in ihren Rollen als Mann und Frau gewesen und hätten einander gefunden, weil jeder hoffte, der andere würde gar nicht erwarten, dass er sich rollengemäß benähme. Die «frigide» Julika und der «seelisch impotente Stiller» hätten voneinander Erlösung erhofft.

Diese Hoffnung konnten beide nicht einlösen, weshalb sie in ihrem Verhalten immer narzisstischer und egoistischer wurden, was sie einander auch immer wieder vorwarfen. Julika betrachtete sich immer mehr als ein «Opfer», während der nach außen hin brutalere Stiller die Täterrolle übernahm. Auf dieser Basis konnte die Beziehung nur scheitern. All dem wollte Stiller entfliehen.

Die Beschreibungen, die von Gantenbein und seinen Alter Egos gegeben werden, ändern sich immer wieder. Sexuell «betrogen werden» und die darob entstehende Eifersucht – ein durchgehendes

Thema im Roman – wird zum Beispiel immer wieder mit anderen Strategien bewältigt: durch «Nicht-Hinsehen» (blind sein), durch gewalttätige Ausbrüche oder durch Duldung. Und immer wieder ergeben sich neue Reaktionen auch der jeweiligen «Betrügerinnen», was natürlich auch die Gefühlslage zwischen der Ich-Person und ihren Frauen ändert, wobei immer wieder die Möglichkeitsform verwendet wird: «Nehmen wir an …», so beginnen viele der Beschreibungen. Deutlicher als im «Stiller» zeigt der Roman «Mein Name sei Gantenbein» die Balance, in der sich jeder halten muss, um psychisch zu überleben. Das Darstellungsmittel, das Frisch wählt: die Aufsplitterung der Protagonisten in verschiedene Personen, zeigt in überdeutlicher Form, welch unterschiedliche Facetten eine Person aufweisen kann, in wie vielen Rollen und Kostümierungen sich Identität aufzeigen lässt.

«Willkommen auf Skios» (Michael Frayn)

Michael Frayns Roman treibt das Thema «Identität» auf die Spitze. Was bei Max Frisch bei allem durchscheinenden Humor noch durchaus existentielle Tiefe hat und ernste Fragen aufwirft, wird bei Frayn zu einem grandiosen Spiel.

Zwei sehr unterschiedliche Männer vertauschen ihre Identitäten durch einen Zufall. Ein berühmter Wissenschaftler, Dr. Norman Wilfred, und ein charmanter Frauenheld, Oliver Fox, werden verwechselt, wobei der eigentliche Protagonist, der Frauenheld, ohne jede Kenntnis des Spezialgebietes seines Alter Ego die Rolle , die ihm aufgezwungen wird, so perfekt spielt, dass ihm nicht nur die Frauenherzen zufliegen. Dieses Plot ähnelt den vormodernen Verwechslungskomödien à la «Die Hochzeit des Figaro»; in diesen alten Spielen weiß allerdings jeder genau, wer er ist und dass er seine falsche Rolle nur um gewisser Vorteile willen spielt.

Bei Frayn geht es raffinierter zu – man könnte sagen «postmoderner». Die Verwechslungskomödie dient nicht nur der wirklich köstlichen Verhöhnung des neumodischen Wissenschaftstourismus; sie zeigt vor allem auf, was es mit der Identität und den Zuschreibungen durch andere auf sich hat.

«Er war Oliver Fox. In den Kreisen, in denen er verkehrte, hatten alle von ihm gehört, noch bevor sie ihn kennenlernten. Freunde von

Freunden – manchmal sogar vollkommen Fremde – begannen zu lachen, kaum wurden sie ihm vorgestellt. Und warteten darauf, dass er vor ihnen den Oliver Fox gab.»[108] Als Oliver Fox später merkt, dass man ihn mit einem anderen Mann, Dr. Norman Wilfred, verwechselt, irritiert ihn das wenig. Er denkt vor sich hin: «Vielleicht war er diesmal ein Allgemeinarzt aus einer Kleinstadt auf dem Land – vielleicht aber auch nicht. Vermutlich eher nicht. Nun, er würde es im weiteren Verlauf herausfinden (…) im Augenblick war er eine lebende Metapher der condition humaine …»[109] Oliver Fox, nunmehr von der Umwelt als Wissenschaftler deklariert, verwirrt sich selbst in Bezug auf seine Identität. Er sieht, dass alle seine widersinnigen «hoch wissenschaftlichen» Reden Anklang finden: «Unglaublich, dachte Dr. Wilfred. Man war wer man behauptet zu sein, sogar wenn sie wussten, dass man es nicht war. Und noch während er das dachte, wurde ihm klar, dass es Dr. Wilfred war, der es dachte. Er war Dr. Wilfred nicht nur für die Leute hier. Er wurde zu Dr. Wilfred sogar für sich selbst.»[110]

Auch Dr. Wilfred (der echte) versucht übrigens in die Rolle des Frauenhelden zu schlüpfen, was ihm allerdings nicht so recht gelingt, weil außer einem etwas naiven Mädchen kein Publikum da ist, das ihn in seiner Identität bestärkt.

Was Oliver Fox, der Frauenheld, immer wieder betont: Er könne nicht lügen. Und tatsächlich spricht er nie eine handfeste Lüge aus, er vertraut darauf, dass man ihn so sieht, wie man ihn sehen will – und langsam beginnt er mit diesem Bild zu verschmelzen.

«Die Leiden des jungen Werthers» (J.W. v. Goethe)

Man fragt sich, ob Romane im 18./19. Jahrhundert sich auch mit dem Problem der schwankenden Identität befasst haben. War das nicht eine Zeit, in der Identitäten als weniger labil angesehen wurden? Eine Zeit, in der man noch sicher «wusste», wer man war, weil die traditionellen Rollen noch festgelegt waren und Halt gaben? Oder: Gab es auch schon im 18. Jahrhundert Zuschreibungen durch andere, Schwierigkeiten, sich selbst eine feste Identität zuzuschreiben, weil eben alte Rollenvorschriften nicht mehr ganz adäquat waren? Der junge Goethe jedenfalls hat zu der Zeit, als er «Die Leiden des jungen Werthers» schrieb, gewaltig gehadert mit den ihm zugemuteten Identitäten als Jurist, als eifriger Student. Er selbst sah sich wechselweise als religiöser Schwärmer, als literarisches Genie, als Naturwissenschaftler und Kunstliebhaber. Es dauerte lange, bis er alle seine Strebungen in sich vereinen konnte – ganz gelungen ist ihm das nie.[111] Der moderne Roman im deutschen und europäischen Raum – und der «Werther» ist ein erster Vorläufer – wird erst geboren, als eben auch in der Allgemeinheit schon Zweifel eingesetzt haben an der Unumstößlichkeit der Person. Noch im «Simplicius Simplicissimus» oder im «Don Quichote» gibt es nur den «Typ», und der ist ja eben durch sein «Typsein» festgelegt und hat wenig Raum zur Veränderung. Im modernen Roman aber gibt es schon Brüche – immerhin, sie werden in ihren Anfängen noch konterkariert von Figuren, die sich nicht zu fragen haben, «wer sie denn sind».

Werther beschreibt seinen Nebenbuhler Albert (der mit Werthers geliebter Lotte verlobt ist) folgendermaßen: »Indes konnte ich Albert meine Achtung nicht versagen. Seine gefasste Außenseite sticht gegen die Unruhe meines Charakters sehr lebhaft ab (…) Er hat viel Gefühl und weiß, was er an Lotten hat. Er scheint wenig üble Laune zu haben (…).[112] Oft beneid ich Alberten, den ich bis über die Ohren in Akten vergraben sehe.»[113]

Und auch die Außenwelt, die die Liebestragödie ahnt, sieht, wie sehr Werther sich verändert, wie stetig aber trotz innerer Beunruhigung Albert bleibt: «Albert, sagen sie, hatte sich in so kurzer Zeit nicht verändert, er war wie immer derselbige.»[114]

Hier prallen schon die alte und die neue Welt aufeinander: die ruhige bürgerliche Welt, in der eine Verlobung eine feststehende Konvention ist, sodass Alberts Beunruhigung durch den fremden Vogel Werther nicht allzu groß ist; auf der anderen Seite der Rebell Werther, der sich gegen die Normen der bürgerlichen Welt auflehnt, seine Zeit vergeudet und nicht weiß, wie er sich sehen soll.

Wir finden Ähnliches in einigen Romanen von Thomas Mann oder von Theodor Fontane. Das Thema der aufstrebenden bürgerlichen Welt mit ihren disziplinierenden Regeln wird immer wieder konterkariert von den «Wirrköpfen», den «Aufwieglern» und unsteten Naturen, wie sie z. B. durch Christian, den problematischen Sohn der Buddenbrooks, dargestellt wird. Die klaren, standesfürchtigen und unbeirrbaren Vorväter der Buddenbrooks dagegen stehen diesem Phänomen ratlos gegenüber, ohne ihre Position zu verändern.

Niemand hat sich detaillierter mit dem Thema der gesellschaftlich starr definierten Identität befasst als Theodor Fontane: Die aufmüpfige Effi Briest zum Beispiel, die gegen die unbarmherzige Moral der Gesellschaft keine Chancen hat mit ihrem tragischen Schicksal; die über Standesstolz erhabene Corinna in «Jenny Treibel» oder der stur bis in den selbst gewählten Tod hinein adelsstolze Schach von Wuthenow: Sie kämpfen gegen die vorgegebenen Identitätsentwürfe – rebellieren oder bleiben tragisch eingebunden. Immer wieder lässt sich an diesen Schicksalen deutlich ablesen, wie tief die Gesellschaft eingreift in diese intimste Frage einer Person: Wer bin ich?

Die immer komplizierter werdenden gesellschaftlichen Strukturen aber erlauben auch im modernen Roman keine Darstellung von Personen, die ohne Zögern von sich sagen können: Das bin ich!

13 Zusammenfassende Bemerkungen

Das Gefühl für die eigene Person ist – das hoffe ich in vielen Beispielen gezeigt zu haben –, sehr veränderlich. Es setzt sich zusammen aus Gefühlen, aus Worten, aus Gedanken, aus Körperempfindungen. All dies verändert sich meist langsam, manchmal aber auch erstaunlich rasch. Am wichtigsten dabei sind unsere Beziehungen zu anderen Menschen. Manchmal sagen und zeigen sie uns, wie sie uns sehen, manches an ihren (vermeintlichen) Urteilen projizieren wir auch in sie hinein, weil die Urteile aus früheren Zeiten unsere Wahrnehmung blockieren. Die zumeist wichtigsten Zuschreibungen kommen aus unserer Kindheit. Diese sind es oft, die wir in neue Beziehungen hineintragen und die vieles unklar machen. Haben wir uns wirklich so sehr geändert, dass von der elterlichen Zuschreibung als «Wirrkopf» nichts mehr übrig geblieben ist, weil die Geliebte mich nun als einen «vernünftigen Mann» sieht?

Sosehr wir uns auch ab und zu wundern mögen über unsere Veränderungen, sosehr sind wir gleichzeitig aber auch immer wieder davon überzeugt, dass wir letztlich «doch dieselben» sind, durch alle Veränderungen hindurch. Wir sitzen gleichsam auf einer Wippe, die dauernd in Bewegung ist. Immer wieder wird klar, wie schwankend dieses Gefühl für uns selbst gerade in unserer wechselvollen Zeit ist, weil wir uns weniger denn je festklammern können an Vorbildern, die uns Sicherheit verleihen.

Diese Unsicherheit birgt Gefahren und Chancen. Es ist gefährlich, sich der Schaukelbewegung entziehen zu wollen, indem man z. B. ein festes Gehäuse aus Ideologien um sich herum aufbaut. Es ist aber ebenso gefährlich, sich der Schaukelbewegung hinzugeben, ohne ab und zu innezuhalten und sich ernsthaft zu fragen, wo man denn in sich selbst eine Konstante finden könnte?

Labile Seelen können abstürzen. Viele moderne Leiden haben damit zu tun, dass das Identitätsgefühl schwankt, dass manch einer nicht mehr genau weiß, «wer er(sie) ist», und deshalb in Depression verfällt, aggressiv wird oder hemmungslos seinen Stimmungen ausgesetzt ist. «Borderline»-Persönlichkeit nennen wir dieses Leiden an der Identität dann; das schwankende Identitätsgefühl gilt als eines ihrer wichtigen Kennzeichen.

Ob wir denn nicht alle «borderlinig» seien, wurde dann schon oft gefragt. Man kann verstehen, dass diese Frage nicht ganz unsinnig ist. Tatsächlich wurde von manchen Fachleuten auch schon konstatiert, dass die Diagnose «Borderline-Störung» in unsicheren Zeiten (z. B. während der ersten Jahre nach dem Fall der Mauer) öfters gestellt wurde als in gefestigten gesellschaftlichen Strukturen.

Und die Chancen? Die Freiheit von vielen Normen, die wir uns gerade im letzten Jahrhundert errungen haben, ist ein wertvolles Gut, das wir nicht missen mögen. Es hat viel Neues in der europäischen Geschichte bewirkt, es hat Forschung und moderne Wissenschaft ermöglicht, demokratische Strukturen geschaffen und der Kunst in jedem Bereich Auftrieb gegeben.

Im persönlichen Bereich verdanken wir dieser Freiheit die Selbstbestimmung über sehr viele Lebensbereiche, ungemein viele Wahlmöglichkeiten in unserer Lebensgestaltung. Dies alles möchte niemand missen, obwohl wir es mit so vielen Unsicherheiten «bezahlen».

Der Prozess der Identitätsbildung kann nie ganz abgeschlossen werden. Das Konzept einer solide gegründeten Identität in den vorgeformten Bahnen von Rolle und Status, von bestimmten Altersmodalitäten und Geschlechtsbestimmungen ist endgültig passé. Es gibt Brüche und Abbrüche – in jeder Phase des Lebens. Das kann lebendig und neugierig erhalten. Wir haben, wenn wir uns diesem Dauerprozess hingeben, immer wieder neue Fragen zu stellen. Der moderne Mensch hat meist nur vorläufige Antworten, zur Ruhe kommt er selten. Die Frage ist das bestimmende Element des Menschen in unserer Zeit – egal, ob er in die Tiefen von Wissenschaft und Philosophie eindringt, oder ob er sich selbst befragt: Bin ich noch derselbe wie früher oder bin ich ein ganz anderer? Wer bin ich denn eigentlich?

14 Anhang

Anmerkungen

1 Pascal Mercier, Nachtzug nach Lissabon, S. 35
2 Vgl. Seiffge-Krenke, Therapieziel Identität
3 Krappmann, Soziologische Dimensionen der Identitäten
4 Giddens, Konsequenzen der Moderne
5 Vgl. Sennett, Der flexible Mensch
6 Vgl. Jörissen, in: Zirfas und Jörissen, Schlüsselwerke der Identitätsforschung
7 Giddens, ebd.
8 Ebd., S. 9
9 Gay, Die Moderne
10 Vgl. Keupp, Vom Ringen um Identität
11 Giddens, ebd., S. 54 f.
12 Welsch, Identität im Übergang, in: Jörissen und Zirfas, Schlüsselwerke
13 Vgl. Honneth, Kampf um Anerkennung
14 Honneth, ebd., S. 120
15 Als Symbolischen Interaktionismus bezeichnet man eine sozialphilosophische (soziologische) Richtung, die die Bedeutungsentstehung von Sachverhalten durch soziale Interaktion betont. Erst durch Interpretation werden gemeinsam Erfahrungen geschaffen. Identität entwickelt sich nur in diesem Zusammenhang und wird immer wieder durch neue Interpretationen verändert.
16 Vgl. Geulen, in: Jörissen und Zirfas, Schlüsselwerke
17 Geulen, ebd.
18 Vgl. Zirfas, Identität in der Moderne, in: Jörissen und Zirfas, Schlüsselwerke, S. 9
19 Erikson, Identität und Lebenszyklus
20 Bommert, Grundlagen der Gesprächspsychotherapie
21 Eckert und Biermann-Ratje, Gesprächspsychotherapie
22 Krappmann, Soziologische Dimensionen der Identität
23 Zit. alle in: Jörissen und Zirfas, Schlüsselwerke
24 Vgl. Keupp und Höfer, Identitätsarbeit heute
25 Veith, Das Konzept der balancierenden Identität von Lothar Krappmann , in: Jörissen und Zirfas, Schlüsselwerke
26 Keupp und Höfer, Identitätsarbeit, und Keupp, Vom Ringen
27 Vgl. Sennett, Der flexible Mensch

28 Sennett, ebd., S. 97
29 Seiffge-Krenke, Therapieziel Identität
30 Montaigne, Essais
31 Ebd., S. 324
32 Ebd., S. 324
33 Gergen, Das übersättigte Selbst
34 Vgl. Perls, Goodman und Hefferline, Gestalt-Therapie, S. 170
35 Viele der folgenden Überlegungen stammen aus meinem Buch über Singles (siehe Literaturverzeichnis) und aus verschiedenen Vorträgen zum Thema
36 Vgl. Szczesny-Friedmann, Die kühle Gesellschaft
37 Vgl. Beck und Beck-Gernsheim, Das ganz normale Chaos der Liebe
38 Winnicott, The Maturational Process and the Facilitating Environment
39 Vgl. Geulen, in: Jörissen und Zirfas, ebd.
40 Habermas, zit. n. ebd., S. 169
41 Gay, Meine deutsche Frage
42 Vgl. Jaeggi, Ich sag mir selber Guten Morgen
43 Vgl. Keupp, Vom Ringen
44 Vgl. Krauß, Alles über Liebe
45 Vgl. Jaeggi, Liebe, Beziehung, Unbewusstes
46 Teile dieses Kapitels aus: Jaeggi, E. In: Wohin geht die Reise? Identitäten in den mittleren Lebensjahren, in: Wiese und Joraschky (Hrsg.) Identitäten im Verlauf des Lebens, Vandenhoeck & Ruprecht 2007
47 Vgl. A. Freud und P. Blos; beide Autoren haben erstmals in der Psychoanalyse die Pubertät thematisiert
48 Erikson, Identität
49 Vgl. Keupp und Höfer, ebd.
50 Vgl. Bohleber, Identitäten
51 Vgl. zit. n. Seiffge-Krenke, Therapieziel Identität
52 Marcia, Identity in Adolescence
53 Vgl. Jung, Die Lebenswende
54 Vgl. Olbrich, Erwachsenenalter
55 Gergen, Das übersättigte Selbst
56 Vgl. Keupp und Höfer, ebd.
57 Riesman, Individualism Reconsidered
58 Taylor, The Ethics of Authenticity
59 Augustinus, Bekenntnisse
60 Vgl. Trilling, Das Ende der Aufrichtigkeit
61 Rosenmayer, Die Kräfte des Alters
62 Vgl. Schirrmacher, Das Methusalem-Komplott
63 Krappmann, ebd.
64 Keupp, ebd.
65 Lacqueur, Auf den Leib geschrieben
66 Rösing, Religion, Ritual und Alltag in den Anden
67 Vgl. Gergen, ebd.
68 Zit. n. Basil (Hrsg.), Ein wilder Garten ist dein Leib
69 Benjamin, Die Fesseln der Liebe

70 Rohde-Dachser, Der dunkle Kontinent
71 Dijkstra, Das Böse
72 Zit. in Dijkstra, ebd., S. 197
73 Gergen, ebd.
74 Vgl. Mertens, Entwicklung der Psychosozialität
75 Vgl. Flaake, Körper, Sexualität und Geschlechter
76 Vgl. Spreng, Adam und Eva
77 Vgl. Edding, Einflussreicher werden
78 Vgl. Schigl, Psychotherapie und Gender
79 Nadig, Die verborgene Kultur der Frau
80 Vgl. Spreng, ebd.
81 Vortrag in Hamburg: «Vom Mut des Therapeuten», Nov. 2012, unveröffentlicht. Einige der theoretischen Teile dieses Kapitels sind einem Vortrag entnommen, den ich in Hamburg im Nov. 2011 gehalten habe.
82 Dreitzel, Die gesellschaftlichen Leiden und das Leiden an der Gesellschaft
83 Vgl. R. Jaeggi, Entfremdung
84 zit. Simmel, in: R.Jaeggi, ebd., S. 117
85 Vgl. Ambühl, Zur Entwicklung der theoretischen Orientierung von Psychotherapeuten
86 Vgl. Giese und Herzog, Zulassen, rauslassen ...
87 Vgl. Ambühl, ebd.
88 Illouz, Die Errettung der modernen Seele
89 Vgl. Jaeggi, Und wer therapiert die Therapeuten?
90 Seiffge-Krenke, ebd.
91 Buchholz, Die unbewusste Familie
92 P. Fonagy und D. Stern sind die bedeutendsten psychoanalytischen Kleinkindforscher, die sowohl theoretisch als auch für die Praxis neue Wege aufgewiesen haben.
93 Vgl. Jaeggi und Riegels, Theorie und Technik
94 Nunner-Winkler, Adoleszenzkrise und Identitätsbildung
95 Vgl. Armstrong, Die Achsenzeit
96 Assmann, Thomas Mann und die Ägyptologie
97 Voegelin, Ordnung und Geschichte
98 Vgl. Taylor, Sysiphos und wir
99 «K-Gruppen» war in den 1960er-/1970er-Jahren die Sammelbezeichnung für extrem linke Gruppierungen, meist von Studenten gegründet. Es fanden sich darunter Maoisten, Trotzkisten, Marxisten – trotz ähnlicher Grundhaltung waren sie oft miteinander verfeindet.
100 Vgl. Precht, Liebe. Ein undeutliches Gefühl
101 Vgl. Luhmann, Liebe und Passion
102 v. Matt, Öffentliche Verehrung der Luftgeister
103 Frisch, Stiller, S. 64
104 Frisch, ebd., S. 83
105 Frisch, ebd., S. 172
106 Frisch, Gantenbein, S. 47
107 Frisch, ebd., S. 47

108 Frayn, Skios, S. 33
109 Frayn, ebd., S. 48
110 Frayn, ebd., S. 96
111 Safranski, Goethe
112 Goethe, Werther, S. 52
113 Goethe, ebd., S. 67
114 Goethe, ebd., S. 122

Bibliographie

Ambühl, H. (1995) Zur Entwicklung der theoretischen Orientierung von PsychotherapeutInnen, in: Psychotherapie, Psychosomatik, Medizinische Psychologie 45 (S. 109–120)

Augustinus (1997) Bekenntnisse. dtv, München

Armstrong, K. (2006) Die Achsenzeit. Vom Ursprung der Weltreligionen. Siedler-Verlag, Berlin

Assmann, J. (2007) Thomas Mann und die Ägyptologie. C. H. Beck, München

Basil, O. (1910/68) Ein wilder Garten ist dein Leib. Die Frau um die Jahrhundertwende. Forum, Wien

Baumann, Z., Vecchi, B. u. a. (2004) Identity. Polity Press, Malden, Mass.

Beck, U., Beck-Gernsheim, E. (1990) Das ganz normale Chaos der Liebe. Suhrkamp, Frankfurt/M.

Benjamin, J. (1993) Die Fesseln der Liebe: Psychoanalyse, Feminismus und das Problem der Macht. S. Fischer, Frankfurt/M.

Blos, P. (1962) Adoleszenz. Eine psychoanalytische Interpretation. Klett-Verlag, Stuttgart

Bohleber, W. (2000) Identität, in: W. Mertens (Hrsg.), Handbuch psychoanalytischer Grundbegriffe. Kohlhammer, Stuttgart

Bommert, H. (1987) Grundlagen der Gesprächspsychotherapie. Kohlhammer, Stuttgart

Buchholz, M. B. (2010) Über den Individualismus hinaus. Die Entwicklung des Selbstempfindens bei Daniel N. Stern und einige Befunde der Säuglingsforschung, in: Jörissen, B. und Zirfas, J.

Buchholz, M. B. (1990) Die unbewusste Familie. Psychoanalytische Studien zur Familie in der Moderne. Klett-Cotta, Stuttgart

Dijkstra, B. (1999) Das Böse ist eine Frau. Männliche Gewaltfantasien und die Angst vor der weiblichen Sexualität. Rowohlt, Reinbek

Dreitzel, H.-P. (1980) Die gesellschaftlichen Leiden und das Leiden an der Gesellschaft. Fritz Enke Verlag, Stuttgart

Eckert, J. und Biermann-Ratje, E. (2012) Gesprächspsychotherapie. Lehrbuch. Springer, Heidelberg

Edding, C. (2002) Einflussreicher werden. Vorschläge für Frauen. Gerling Akademie Verlag, Hamburg

Eißler, K. (1978) Creativity and Adolescence. The Effect of Trauma in Freuds Adolescence, in: The Psychoanalytic Study of the Child, Bd. 33 (S. 461–517)
Erikson, E. (1959/ 1975) Identität und Lebenszyklus. Suhrkamp, Frankfurt/M.
Flaake, K. (2001) Körper, Sexualität und Geschlecht. Studien zur Adoleszenz junger Frauen. Psychosozial, Gießen
Fonagy, P. (2011) Affektregulierung, Mentalisierung und das Selbst. Klett-Cotta, Stuttgart
Frayn, M. (2010) Willkommen auf Skios. Hanser, München
Freud, A. (1958) Probleme der Pubertät, in: Die Schriften der Anna Freud Bd.VI. Kindler, München
Frisch, M. (2011) Mein Name sei Gantenbein. Suhrkamp TB, Frankfurt/M.
Frisch, M. (2012) Stiller. Suhrkamp TB, Frankfurt/M.
Gay, P. (2008) Die Moderne. Eine Geschichte des Aufbruchs. S. Fischer, Frankfurt/M.
Gay, P. (1998) Meine deutsche Frage. Jugend in Berlin 1933–39. C.H. Beck, München
Gergen, K.J. (1996) Das übersättigte Selbst. Identitätsprobleme im heutigen Leben. Carl-Auer-Systeme, Heidelberg
Geulen, D. (2010) Jürgen Habermas: Identität, Kommunikation und Moral, in: Jörissen und Zirfas (Hrsg.) Schlüsselwerke der Identitätsforschung. Verlag für Sozialwissenschaften, Wiesbaden
Giddens, A. (1990/1995) Konsequenzen der Moderne. Suhrkamp, Frankfurt/M.
Giese, E. und Herzog G. (1995) Zulassen, rauslassen. dtv, München
Goethe, J.W. v. (1923) Die Leiden des jungen Werthers. Ges. Werke, Bd. 23. Wegweiser-Verlag, Berlin
Honneth, A. (2012) Kampf um Anerkennung. Zur moralischen Grammatik sozialer Konflikte. Mit einem neuen Nachwort. Suhrkamp, Frankfurt/M.
Illouz, E. (2011) Die Errettung der modernen Seele: Therapien, Gefühle und die Kultur der Selbsthilfe. Suhrkamp, Frankfurt/M.
Jaeggi, E. (2001) Viel zu jung, um alt zu sein. Das neue Lebensgefühl ab sechzig. Rowohlt, Reinbek
Jaeggi, E. (1992) Ich sag mir selber Guten Morgen. Singles – eine moderne Lebensform. Piper Verlag, München
Jaeggi, E. (2002) Und wer therapiert die Therapeuten? Klett-Cotta, Stuttgart
Jaeggi, E. (2006) Liebe, Beziehung, Unbewusstes, in: Buchholz, M.B. und Gödde, G. (Hrsg.) Das Unbewusste in der Praxis. Psychosozial, Gießen
Jaeggi, E. und Riegels, V. (2009) Theorie und Technik der tiefenpsychologisch fundierten Psychotherapie. Klett-Cotta, Stuttgart
Jaeggi, R. (2006) Entfremdung. Campus Verlag, Berlin
Jaspers, K. (1949) Vom Ursprung und Ziel der Geschichte. Piper, München
Jörissen, B. und Zirfas, J. (Hrsg.) (2010) Schlüsselwerke der Identitätsforschung. Verlag für Sozialwissenschaften, Wiesbaden
Jung, C.G. (1931) Die Lebenswende. Rascher-Verlag, Zürich
Keupp, H. und Höfer, R. (Hrsg.) (1998) Identitätsarbeit heute. Klassische und aktuelle Perspektiven der Identitätsforschung. Suhrkamp, Frankfurt/M.
Keupp, H. (2011) Vom Ringen um Identität in der spätmodernen Gesellschaft, «Tangenten»-Vortrag im Internet

Klika, D. und Welsch, W. (2010) Identität im Übergang, in: Jörissen, B. und Zirfas J. (2010)

Krappmann, L. (1969) Soziologische Dimensionen der Identität. Strukturelle Bedingungen für die Teilnahme an Interaktionsprozessen. Klett-Cotta, Stuttgart

Krauß, T. (2011) Liebe über Alles – Alles über Liebe. Psychosozial, Gießen

Lacqueur, T. (1996) Auf den Leib geschrieben. Die Inszenierung der Geschlechter von der Antike bis Freud. dtv, München

Luhmann, N. (1982) Liebe als Passion. Zur Codierung von Intimität. Suhrkamp TB, Frankfurt/M.

Maccoby, E. (2000) Psychologie der Geschlechter. Klett-Cotta, Stuttgart

Marcia, J. E. (1980) Identity in Adolescence, in: Adelson, J.(ed.) Handbook of Adolescent Psychology. Wiley, New York

Mead, G. H. (1934/ 1973) Geist, Identität und Gesellschaft. Suhrkamp, Frankfurt/M.

Mercier, P. (2004) Nachtzug nach Lissabon. Hanser, München

Mertens, M. (1992/93) Entwicklung der Psychosexualität und der Geschlechtsidentität. Bd.1 und 2. Kohlhammer, Stuttgart

Montaigne, M. de (1953) Essais. Manesse Verlag, Zürich

Nadig, M. (1986) Die verborgene Kultur der Frau. S. Fischer, Frankfurt/M.

Nunner-Winkler, G. (1979) Adoleszenzkrise und Identitätsbildung. Suhrkamp, Frankfurt/M.

Olbrich, E. (1997) Erwachsenenalter, in: Straub u. a. (Hrsg.) Psychologie. Eine Einführung. Grundlagen, Methoden, Perspektiven. dtv, München

Perls, F., Goodman P., Hefferline, R. (1951/81) Gestalt-Therapie – Lebensfreude und Persönlichkeitsentfaltung. Klett-Cotta, Stuttgart

Plessner, H. (1979) Philosophische Anthropologie. Suhrkamp, Frankfurt/M.

Precht, R. D. (2009) Liebe. Ein unordentliches Gefühl. Goldmann Verlag, München

Riesman, D. (1954) Individualism Reconsidered. Free Press, New York

Rohde-Dachser, Ch. (1991) Expeditionen in den dunklen Kontinent. Weiblichkeit im Diskurs der Psychoanalyse. Springer, Berlin

Rosenmayr, L. (1995) Die Kräfte des Alters. Deuticke, Wien

Rösing, I. (2008) Religion, Ritual und Alltag in den Anden. Die 10 Geschlechter von Amarete. Reimer Verlag, Berlin

Safranski, R. (2013), Goethe. Kunstwerk des Lebens. Hanser, München

Schigl, B. (2012) Psychotherapie und Gender. Konzepte, Forschung, Praxis. Springer VS, Heidelberg

Schirrmacher, F. (2004) Das Methusalem-Komplott. Blessing-Verlag, München

Seiffge-Krenke, I. (2012) Therapieziel Identität. Veränderte Beziehungen, Krankheitsbilder und Therapie. Klett-Cotta, Stuttgart

Sennett, R. (1998) Der flexible Mensch. Die Kultur des neuen Kapitalismus. Berlin Verlag, Berlin

Spreng, M. (2008) Adam und Eva – die unüberbrückbaren neurophysiologischen Unterschiede. Jahrestagung der Aktion DIE WENDE, Schönblick/Schw.-Gm.

Stern, D.(2003) Die Lebenserfahrung des Säuglings. Klett-Cotta, Stuttgart

Szczesny-Friedmann, C. (1991) Die kühle Gesellschaft. Von der Unmöglichkeit der Nähe. Kösel, München

Taylor, Ch. (1991) The Ethics of Authenticity. Harvard Press, Cambridge Mass.

Taylor, Ch. (2000) Sysiphos und wir, in: Fehige, C. u. a. (Hrsg.) Der Sinn des Lebens (S. 87–95). dtv, München

Trilling, L. (1989) Das Ende der Aufrichtigkeit. S. Fischer, Frankfurt/M.

v. Matt, P. (2013) Öffentliche Verehrung der Luftgeister. C. H. Beck, München

Veith, H. (2010) Das Konzept der balancierenden Identität von Lothar Krappmann, in: Jörissen und Zirfas (2010)

Voegelin, E. (2004) Ordnung und Geschichte. Wilhelm Fink Verlag, München

Winnicott, D. W. (1965) The Maturational Process and the Facilitating Environment. Internat. Univ. Books, New York

Zirfas J. (2010) Identität in der Moderne. Eine Einleitung, in: Jörissen B. und Zirfas J.